P. A. Cunningham/F. Fröschl
Outsourcing

Peter A. Cunningham / Friedrich Fröschl

Outsourcing

Strategische Bewertung
einer Informationsdienstleistung

unter Mitwirkung von:

Felix Hamann
Andreas Pestinger
Frank Solbach

EDITION
BLICKBUCH
WIRTSCHAFT

Die Deutsche Bibliothek – CIP-Einheitsaufnahme
Cunningham, Peter A.:
Outsourcing : strategische Bewertung einer Informationsdienstleistung / Peter A. Cunningham / Friedrich Fröschl. Unter Mitw. von: Felix Hamann ... – 1. Aufl. – Frankfurt am Main : Frankfurter Allgemeine Zeitung, Verl.-Bereich Wirtschaftsbücher, 1995
ISBN 3-929368-41-2
NE: Fröschl, Friedrich:

Frankfurter Allgemeine Zeitung
Verlagsbereich Wirtschaftsbücher

Verantwortlich Verlagsbereich Wirtschaftsbücher: Helmut Klinge
Gestaltung: F.A.Z.-Grafik

Druck: Druckwerkstätten Stollberg GmbH, Stollberg
Erste Auflage 1995
ISBN 3-929368-41-2

Einleitung

Die Fragestellung, ob die Konzipierung, die Erstellung und der Betrieb von Informationssystemen von einem Unternehmen selbst übernommen oder aber an externe Dienstleister abgegeben werden soll, ist mittlerweile zu einem der wichtigsten Entscheidungsprobleme für das Informationsmanagement der neunziger Jahre geworden. Der Begriff Outsourcing – eine Kontraktion aus den beiden Wörtern »Outside« und »Resourcing« – entwickelt sich in diesem Zusammenhang zum zentralen Schlagwort. Der Terminus steht allgemein für die langfristige Bereitstellung von Informationsverarbeitungs-Dienstleistungen plus der Übernahme der Verantwortung durch einen Outsourcing-Anbieter; aufgrund seiner relativen Neuartigkeit und Bedeutungsvielfalt bedarf es jedoch einer weitergehenden Bestimmung des damit gemeinten Sachverhaltes. So lagern Unternehmen nicht nur den Betrieb ihrer Rechenzentren und Netze aus, sondern geben auch die Entwicklung von Anwendungen und die Verantwortung für weitere DV-Funktionen aus der Hand. Und die Anbieter von Informationstechnologie, bisher überwiegend produktorientiert, wandeln sich vor diesem Hintergrund immer mehr zu Anbietern von Gesamtlösungen, die solche differenzierten Informationsverarbeitungs-Dienstleistungen bereitstellen.

Das IS-(Informationssystem-)Management sieht sich heutzutage mit strategischen Unternehmens- und Informationszielen sowie Systemintegrationsprojekten konfrontiert und einer immer größeren und kaum noch zu überblickenden Anzahl an technologischen Alternativen zur Realisierung einzelner Vorhaben gegenüber. Outsourcing kommt jetzt noch als eine weitere Herausforderung hinzu, die bewältigt werden will und manchen DV-Leitern bereits sprichwörtlich »auf den Wecker« geht.

Die Fachabteilungen stellen schon Fragen und Forderungen genug, und aus den IS-Abteilungen regt sich meist heftiger Widerstand gegen eine, oftmals über ihre Köpfe hinweg gefällte Auslagerungsentscheidung, sehen diese doch ohnehin wenig Veranlassung dazu, Teile der Verantwortung für die Informationssysteme an Dritte abzugeben. Dennoch zeichnet sich heute ein klarer Trend in Richtung Outsourcing ab, zumal Anwender, die dieses Vorhaben bereits in Angriff genommen und umgesetzt haben, in der Mehrzahl der Fälle nur positives zu berichten wissen.

Ziel und Gegenstand dieses Buches ist es, den oft stark emotional beladenen Prozeß der Auslagerung der betrieblichen Datenverarbeitung sowohl aus Anbieter- als auch aus Kundensicht umfassend und objektiv darzustellen und zu bewerten.

Dafür konnte zum einen auf umfassendes Outsourcing-Marktforschungsmaterial der Firma INPUT, einem weltweiten Berater und Marktforscher für die IT-Servicesbranche, und zum anderen auf das Outsourcing-Know-how und die Kompetenz des Hauses Siemens Nixdorf, dem größten europäischen Computerunternehmen, zurückgegriffen werden.

Hiermit liegt dem Leser nun ein Buch vor, das eine strategische Einschätzung des IV-Phänomens Outsourcing vornimmt und auf die in diesem Zusammenhang oft gestellten Fragen und auftretenden Widersprüchlichkeiten klare Antworten zu geben versucht. Es stellt daher ein für beide Marktseiten äußerst hilfreiches Entscheidungsinstrument dar und dürfte darüber hinaus Wissenschaftlern, DV-Journalisten und allgemein Informatikinteressierten einen reichhaltigen Fundus an Informationen zum Themenkomplex Outsourcing bieten.

München, San Francisco 1995 Die Autoren

Inhalt

1. IS-Outsourcing – Entstehung und Entwicklung eines Marktes für Informationsdienstleistungen

Dieses Kapitel soll ein Grundgerüst sowohl für Abnehmer als auch für Anbieter von Informationsdienstleistungen bieten, um das Phänomen des *Informationssystem-Outsourcing* (IS-Outsourcing) objektiv einschätzen und beurteilen zu können. Im einzelnen wird zunächst ein kurzer historischer Überblick über die Geschichte der modernen Informationsverarbeitung gegeben. Anschließend werden die Vor- und Nachteile eines IS-Outsourcing skizziert, und es erfolgt eine Bestandsaufnahme der Informationsverarbeitung in den neunziger Jahren aus der Sicht der Kunden und der Anbieter von Informationssystemen. Die grundlegenden Definitionen und die Charakteristika der im Mittelpunkt stehenden Informationsdienstleistung IS-Outsourcing sind Gegenstand der beiden abschließenden Abschnitte.

1.1 Wandel der Informationstechnologie

Outsourcing ist zu einem Schlüsselwort in der Informationsverarbeitungswelt der neunziger Jahre avanciert. Seine hohe Verbreitung spiegelt das erneute Interesse am Fremdbezug von Informations- und Kommunikationsdienstleistungen wider. Das zugrundeliegende Konzept ist dabei keineswegs neu. Seit den Anfängen des modernen Informationstechnologiezeitalters wurden Produkte oder Dienstleistungen von »draußen« bezogen, um mit ihnen bestimmte Informationsverarbeitungsaufgaben zu erfüllen, die vordem unternehmensinterne Funktionen ausführten. Waren zunächst ausschließlich Hardware und Systemsoftware Objekte des Fremdbezuges, so können heutzutage komplette Produktgarnituren einschließlich flankierender Services und Managementleistungen von einem einzigen Dienstleister bezogen werden.

Gleichzeitig war und ist mit IS-Outsourcing als solchem auch immer ein beträchtliches Maß an Zurückhaltung und Skepsis verbunden. Nicht wenige Entscheidungsträger in Unternehmen sind der festen Überzeugung, daß die »Weg- bzw. Aufgabe« weitreichender Managementverantwortung im Zusammenhang mit der Erstellung bestimmter Informationsdienstleistungen dem Eingeständnis eingener Unfähigkeit gleichkommt.

Andere hingegen glauben, daß die Auslagerung der Informationsverarbeitung der kosteneffektivste und problemloseste Weg ist, die benötigte Informationsverarbeitungs-Unterstützung zu erhalten.

Es stellt sich somit die Frage, ob das IS-Outsourcing das Potential besitzt, sich als eine feste Größe in den Arenen der Informationstechnologie auch noch für die Zeit nach der Jahrtausendwende zu behaupten. Ein historischer Rückblick auf die letzten 50 Jahre der Computerindustrie – dies entspricht ungefähr der Zeitspanne der modernen Informationsverarbeitung – legt diesen Schluß nahe. Ebenso ist es wahrscheinlich, daß die in Unternehmen oft anzutreffende skeptische Haltung vieler Entscheidungsträger diesem Thema gegenüber auf absehbare Zeit aufgegeben wird, ähnlich wie seit Anfang der fünfziger Jahre die bedenkliche Zurückhaltung gegenüber dem allgemeinen Konzept einer Auslagerung bestimmter Unternehmensfunktionen wie z. B. Cafeteria-Services oder Reinigungs- und Wachdienste in anderen Sektoren der Volkswirtschaft weitgehend verschwunden ist.

Durch die gesamte Entwicklungsgeschichte der modernen Informationsverarbeitung hindurch haben Unternehmen im Zusammenhang mit ihren Informationssystemen immer wieder die Grundsatzfrage nach dem »make or buy« gestellt. Wie in anderen Feldern des ökonomischen Handelns auch beeinflussen im wesentlichen drei Faktoren die Antwort auf diese Frage:

- Verfügbarkeit und Komplexität der Technologie,
- Anwendungen,
- wirtschaftliche Rahmenbedingungen.

Abbildung 1 zeigt, daß die Schwelle zwischen Eigenfertigung und Fremdbezug in den vier identifizierten Produkt- und Dienstleistungskategorien der Informationstechnologiebranche im Zeitablauf immer mehr abgesunken ist.

Die fünfziger Jahre – die Ära der Hardware-Systeme

Während der fünfziger und der frühen sechziger Jahre traten eine Reihe von Firmen, wie z. B. Honeywell, Sperry, IBM oder General Electric, als Anbieter für Computersysteme auf und konstituierten dadurch die erste Computerindustrie. Einige von ihnen waren dabei mehr »Benutzer« als traditionelle Anbieter von Ausrüstung für das EDV-Geschäft.

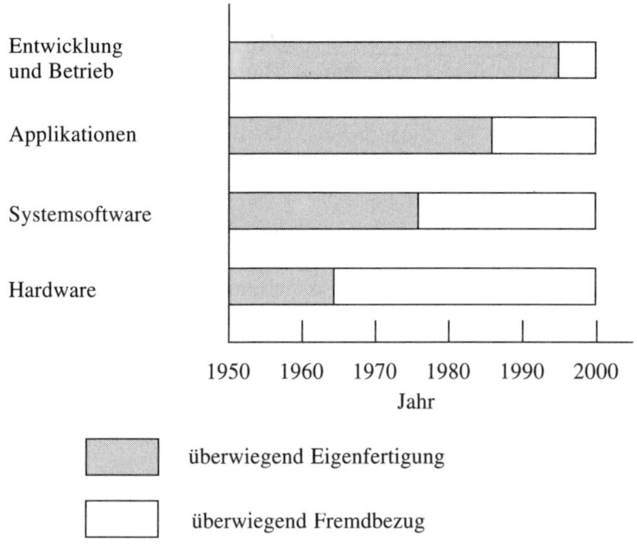

Quelle: INPUT

Abbildung 1: Schwelle Eigenfertigung – Fremdbezug

Heutzutage wird es in der Regel kein Nutzer von Informationstechnologie mehr ernsthaft in Betracht ziehen, seine Hardware-Produkte selbst zu entwickeln und zu produzieren. Ausnahmen in ganz speziellen Anwendungsgebieten bestätigen hier eher noch die Regel. Die Computerindustrie der fünfziger Jahre war somit gekennzeichnet vom Gebrauch kundenspezifischer Hardware- und individuell entwickelter Softwaresysteme.

Die sechziger Jahre – die Ära der Systemsoftware

In den sechziger Jahren und sogar bis in die siebziger Jahre hinein entwickelten die Benutzer von Computersystemen weiterhin ihre eigene Systemsoftware, obwohl bei den Betriebssystemen die Standardisierungsbemühungen bereits erste Erfolge zeigten. Die Entscheidung

»Eigenfertigung oder Fremdbezug« begann sich auf die nächste Stufe in der Hierarchie der Informationstechnologieprodukte zu verlagern. Produkte wie der Transaktionsmonitor TSO (Time Sharing Option) oder das Datenbanksystem IMS (Information Management System) gingen auf Entwicklungsanstrengungen von Benutzern zurück, die in Folge von den Systemherstellern – in diesem Falle der IBM – adaptiert und weiterentwickelt wurden.

Die siebziger Jahre – die Ära der Anwendungen

Die siebziger Jahre sind vom Beginn des Standardsoftware-Konzeptes gekennzeichnet. Die Standardisierung auf den Ebenen der Systemsoftware, z. B. Datenbankmanagementsysteme (DBMS) oder Transaktionsmonitore wurde vorangetrieben, wenn auch immer noch auf proprietärer Herstellerbasis. In diesem Zeitraum begannen die Benutzer verstärkt, den Fremdbezug von Applikationen und flankierenden Dienstleistungen ins Kalkül zu ziehen.

Die achtziger Jahre – die Ära des »Systems Operations«

Die achtziger Jahre waren von der endgültigen Etablierung des Konzeptes der Standardsoftware geprägt, bis zu dem Ausmaß, daß bis zum Ende dieser Dekade für bestimmte Software-Kategorien – für den PC beispielsweise – nur noch in den seltensten Fällen eine Inhouse-Produktion in Betracht kam. Während dieser Phase gewann der Systems-Operations-Ansatz an Attraktivität (zur Definition der Outsourcing-Typen siehe Abschnitt 1.4.1). Mit diesem Begriff wird die Übernahme der operativen Tätigkeiten und des Managements der gesamten oder zumindest eines signifikanten Teiles der Informationsverarbeitung eines Unternehmens bezeichnet.

Dennoch fuhren Unternehmen im allgemeinen damit fort, ihre Informations- und Kommunikationsumgebungen auf individueller Basis und in weitgehender Eigenregie zu planen, zu implementieren und zu betreiben. So wurde das Standard-Equipment, die System- und Anwendungssoftware sowie die Kommunikationseinrichtungen von den internen DV-Abteilungen zusammengekauft und assembliert, was im Ergebnis jeweils zu einer relativ einzigartigen Informationsinfrastruktur im jeweiligen Unternehmen führte.

Die neunziger Jahre – die Ära der Standard Operations

Daß die gegen das Konzept des IS-Outsourcing vorhandenen unberechtigten Widerstände und Zweifel endgültig überwunden werden können, scheint erst in dieser Dekade realistisch. Die folgende Abschätzung der Entwicklung der Marktfaktoren Verfügbarkeit und Komplexität der Technologie, Anwendungen und wirtschaftliche Rahmenbedingungen läßt darauf schließen.

Die rasante technologische Entwicklung in den vergangenen Jahren ermöglichte aufgrund der »Agenten« Downsizing und Networking[1] eine immer stärkere Reduzierung der Hardware-Kosten. Als logische Folge sank der Hardware-Anteil am DV-Budget der Unternehmen, und die Ausgaben wurden statt dessen auf Aktivitäten wie Software-Entwicklung, Systemwartung und andere informatikbezogene Dienstleistungen umgelenkt. Die ökonomischen Überlegungen, die mit der Entscheidung »Eigenfertigung oder Fremdbezug« verbunden sind, betreffen heute überwiegend und in steigenden Maße diese letztgenannten Komponenten. In diesem Zusammenhang fällt eine zunehmende Unzufriedenheit der Unternehmen mit den Ergebnissen ihrer Software-Entwicklungsprojekte auf. Hierfür können die Unfähigkeit, vom steigenden Datenaufkommen und Informationsflüssen im Anwenderunternehmen wirklich profitieren zu können, und ein stetig abnehmender marginaler Nutzenzuwachs, der aus der informationstechnischen Erschließung neuer Anwendungsfelder resultiert, als Gründe angeführt werden. Wenn demzufolge wenig Innovatives entwickelt wird, das entscheidende Wettbewerbsvorteile verspricht, »könnten die Unternehmen ebensogut teilen, zumindest vom ökonomischen Standpunkt aus betrachtet«, beschrieb ein Unternehmensberater kürzlich diese Entwicklung. Das berührt wiederum die Wirtschaftlichkeit des Einsatzes der Informationssysteme und der Informationsdienstleistungen insgesamt und führt dadurch zu verstärktem Kostenbewußtsein und Zweckmäßigkeitsdenken.

1 Downsizing bezeichnet den Trend, die IV-Versorgung von Unternehmen nicht mehr mit Mainframes, sondern mit Systemen kleinerer Größe zu realisieren. Der Begriff Networking steht für den steigenden Vernetzungsgrad (LAN/WAN), der eine effektive unternehmensweite Informationsverarbeitung mit kleineren Systemen erst ermöglicht.

Abbildung 2 zeichnet die Evolution zweier wichtiger Informationsverarbeitungs-Dienstleistungen nach. Jede dieser beiden Serviceleistungen hat sich von einer »Commodity«-Dienstleistung zu einer Dienstleistung mit hohem Mehrwert und einer ausgeprägten Verantwortungskomponente entwickelt. In beiden Fällen ist das Ergebnis für den Kunden eine Fülle von Serviceverfügbarkeit auf den unterschiedlichsten Ebenen. Mit anderen Worten: Es besteht weiterhin die Möglichkeit, Rechenzeit und Manpower »einzukaufen«.

	1960	**1970**	**1980**	**1990**
Professional Services	Manpower	Applikations-Projekte	System-integration	Applikations/ System Management
Processing Services	Rechenzeit	Facilities Management	Systems Operation	Business Operations
Quelle: INPUT				

Abbildung 2: Entwicklung der Professional Services und Processing Services (1960–1990)

Anbieter von Professional Services (professionellen Dienstleistungen) begannen in den sechziger Jahren damit, bei der Planung von Informationssystemen zu beraten und Bedarfsanalysen zu verkaufen, oder aber sie fungierten als Auftragsprogrammierer für den Kunden (»Bodyshopping«). Im Regelfall waren sie Alleskönner. Der nächste Schritt in der Welt der Professional Services bestand darin, diese beiden Komponenten zusammenzuführen und ein komplettes Anwendungssystem auf Projektbasis für den Auftraggeber zu entwickeln. Schließlich wandelten sich Professional-Services-Anbieter zunehmend zu Systemintegratoren, die die Generalverantwortung für die Auswahl und Implementierung der Plattformen übernahmen und für die Applikationsentwicklung und -installation verantwortlich zeichneten. Heute übernehmen sie zusätzlich zum Aufgabenumfang eines Systemintegrators auch die komplette Wartung und den Prozeß der Systemerweiterung einschließlich aller bestehenden und neuen Applikationen.

Im Bereich der Processing Services (Verarbeitungsdienstleistungen) wurde dem Kunden zunächst entweder der Zugang zu Hardware-Systemen und Software oder zu kundenspezifischen Dienstleistungen, wie etwa der Übernahme von Lohnbuchhaltungsfunktionen und ähnliches, ermöglicht. Dieses Leistungsspektrum expandierte im Laufe der Zeit in zwei Hauptrichtungen. Zum einen wurden Netzwerkdienstleistungen angeboten, zum anderen wurde der Betrieb des Rechenzentrums, das sogenannte Facilities Management (FM), übernommen. Der Begriff Facilities Management erwies sich, als die IS-Anbieter über die »Faszilität« hinaus auf die Übernahme der Netzwerke, Remote Locations, Benutzerschnittstellen usw. zielten, als zu eng. Auf Facilities Management folgte daher Systems Operations. Dies schließt nun nicht mehr allein den Betrieb, sondern auch Planung, Kontrolle und Management der Computersysteme und auch Netzwerk- und Entwicklungskomponenten mit ein. In wachsendem Maße richtet sich der Fokus auf die Demontage der kundeneigenen Rechenzentren. Das Kundenunternehmen bezieht die benötigte Verarbeitungskapazität aus dem Servicerechenzentrum des Anbieters. Systems-Operations-Outsourcing schickt sich in den neunziger Jahren an, auch nicht ausschließlich informatikbezogene Funktionen mit einzubeziehen. Die Entwicklung verläuft in Richtung Business-Operations-Outsourcing, der Auslagerung von ganzen Geschäftsprozessen und -funktionen.

Zwar ist keine dieser geschilderten Veränderungen über Nacht eingetreten, doch erscheinen sie im Rückblick als durchaus nachvollziehbar. Jene Unternehmen, die bisher noch gezögert haben, Informationsverarbeitungs-Dienstleistungen fremdzubeziehen – und wenn sie es doch taten, dann nur auf einer Art Subunternehmerbasis für »bits and pie-ces« –, sehen sich im Hinblick auf die Effektivität und Qualität ihrer eigenen Informationsverarbeitung nun Herausforderungen gegenüber, die sie alleine nur schwer bewältigen werden können. Zunehmend beginnen sie deshalb, den Bezug umfassender informationstechnischer Dienstleistungen in Ein-Hersteller-Beziehungen zu etablieren.

Der Markt für Outsourcing-Dienstleistungen wird sich nach Analysen des Marktforschungs- und Beratungsunternehmens INPUT dadurch in den nächsten Jahren voraussichtlich mit zweistelligen Wachstumsraten vergrößern. Diese Prognose der Analysten gilt sowohl für den amerikanischen als auch für den europäischen Markt. Der Outsourcing-Markt der USA ist derzeit am stärksten ausgeprägt. Er entspricht etwa 60 Prozent des Weltmarktes. Der deutsche Markt dagegen ist gerade dem stadium nascendi entwachsen. Für diese verspätete Entwicklung werden oftmals grundsätzliche Mentalitätsunterschiede als Begründung angeführt. So werden von amerikanischen Unternehmen seit jeher solche Funktionen ausgelagert, die nicht den Kernaktivitäten zuzurechnen sind. Zudem stehen arbeitsrechtliche Restriktionen und ein bisher noch stark regulierter Telekommunikationsmarkt der rascheren Verbreitung des IS-Outsourcing-Konzeptes in Deutschland entgegen.

Auch ein innereuropäischer Vergleich offenbart große Akzeptanzunterschiede. Die Ursache hierfür sehen die INPUT-Marktforscher aber nicht in den verschiedenen unternehmerischen Denkweisen, sondern vielmehr im unterschiedlichen Reifestadium, in dem sich die einzelnen Ländermärkte befinden. In Großbritannien beispielsweise zwang die anhaltende Rezession Unternehmen frühzeitig, Maßnahmen zur Kostenreduktion und Optimierung der Unternehmensprozesse und der Informationsverarbeitung zu ergreifen. Die Auslagerung der Datenverarbeitung erwies sich hierbei als probates Mittel und erfolgreiche Strategie. Großbritannien entwickelte sich somit zum größten europäischen Markt für Outsourcing-Dienstleistungen mit einem Volumen von etwa umgerechnet 2100 Millionen DM im Jahre 1994.[2] Gemessen an den Umsätzen der Outsourcing-Anbieter folgt der deutsche Markt in Europa erst auf Platz drei nach Frankreich.

1.2 Die Auslagerung von DV-Funktionen

Für die Auslagerung von DV-Funktionen und Systemen spricht eine Reihe von Gründen. Für das Behalten derselben ebenfalls. Über die wichtigsten Faktoren soll bereits an dieser Stelle ein Überblick gegeben werden. Dies wird zum weiteren Verständnis der Entstehung eines Marktes für Informationsdienstleistungen beitragen. Auf die verschiedenen Argumente wird im weiteren Verlauf an anderen Stellen noch detaillierter eingegangen.

2 Für die Umrechnung von US-Dollar in DM wurde ein Wechselkurs von 1,50 DM/$ zugrundegelegt.

1.2.1 Pro IS-Outsourcing

Neuere Untersuchungen zum Thema Outsourcing belegen durchgehend, daß die Motive und Beweggründe, die eigene Informationsverarbeitung in die Hände eines externen Dienstleisters zu geben, nicht ausschließlich wirtschaftlicher bzw. finanzieller Natur sind. Zunehmend gewinnen auch die qualitativen und strategischen Aspekte dieser Entscheidung an Gewicht.

- Kostensenkung,
- Risikoreduzierung,
- Vereinfachung des Beschaffungsprozesses,
- Konzentration auf das Kerngeschäft,
- Wechsel der IS-Architektur,
- Organisationsänderung/Restrukturierung.

Unternehmen sind zum einen bestrebt, die laufenden Betriebskosten für die Datenverarbeitung zu reduzieren oder wenigstens weitere Ausgabensteigerungen zu vermeiden. Zum anderen soll der laufende (Leasing) bzw. einmalige Kapitalbedarf (Kauf) gesenkt werden. Laut Pressemeldungen konnten schon Kosteneinsparungen von bis zu 40 Prozent durch die Auslagerung der Datenverarbeitung erreicht werden. Solche Einsparungen können sich aus der Bereitstellung kostengünstigerer Rechnerleistung, Software-Lizenzen, Datenübertragungsleistungen, Druckleistungen, Logistikleistungen sowie gesunkenen Personalbeständen zusammensetzen. Erfahrungen in realen Outsourcing-Arrangements legen jedoch nahe, das realistische Ersparnispotential weitaus niedriger anzusetzen – gewöhnlich mit 10, höchstens 20 Prozent. In jedem Fall aber werden die Kostenstrukturen transparenter, und eine verursacherbezogene Verrechnung wird erleichtert. Fixkostenblöcke werden abgebaut und/oder in variable Kosten umgewandelt, in Abhängigkeit vom vereinbarten Verrechnungsmodus. Da bei der Übernahme von Hard- und Software Kapital freigesetzt wird, stellen sich kurzfristige, positive Cash-Flow-Effekte ein.

Eine deutliche Verringerung des laufenden und einmaligen Kapitalbedarfs wird mit IS-Outsourcing dagegen in den meisten Fällen erzielt. Dies war schon beim Bezug von Rechenzentrumsdienstleistungen der Fall und hier von entscheidender Bedeutung für die Auslagerungsentscheidung. Im einzelnen geht es dabei um den Kauf bzw. das Leasing von Hardware, Software und Equipment. Weitere positive finanzielle Effekte resultieren aus dem Aktivieren selbsterstellter Software und der Auflösung von Pensionsrückstellungen im Falle der Überlassung von Arbeitnehmerverhältnissen, falls keine entsprechenden Kompensationszahlungen erfolgen.

Ein weiterer Grund für IS-Outsourcing heißt Risikominimierung. Signifikante Änderungen in bestimmten Informatikfeldern, beispielsweise die Konsolidierung und der Wechsel der Betriebssystemumgebung, sind oft mit hohem Risiko beladen. Dieses kann mit der Beauftragung eines kompetenten, erfahrenen Dienstleisters weitgehend vermieden werden. Weiterhin vermindert sich der Aufwand für Qualitätssicherung und Sicherheit, da diese Aufgaben auf den Dienstleister übertragen werden.

Eine immer komplexere und schwieriger zu beherrschende Unternehmensumwelt und Technologie läßt bei vielen Unternehmen den Wunsch aufkommen, Entscheidungsprozesse zu vereinfachen. Bis zu einem gewissen Ausmaß werden Unternehmen daher immer bereit sein, eine »Single Source« mit der Erbringung einer bestimmten Informationsdienstleistung zu beauftragen. Die Anzahl der Verhandlungspartner für den Bezug von Dienstleistungen oder DV-Technologie reduziert sich dabei auf eins. Langandauernde Verhandlungen mit mehreren Lieferanten über Software, Hardware, Netzleistungen u. ä. können vermieden werden. Der Kommunikations- und Abstimmungsaufwand verringert sich. Damit ist gleichzeitig auch der Charakter einer partnerschaftlich ausgerichteten Geschäftsbeziehung zwischen Anbieter und Kunden angedeutet. Outsourcing führt im Ergebnis zu einer Verlagerung der Entscheidungsprozesse in den Kompetenzbereich des Dienstleisters. Der Kunde kann von seinem Dienstleister die Evaluierung der vorherrschenden Informationssystem-Architekturalternativen und eine Abschätzung der technischen Realisierungsmöglichkeiten sowie ihre effektive Umsetzung erwarten.

Ein Artikel in der Harvard Business Review (Quinn, J., Doorley, T., Paquette, P.: »Beyond Products: Service Based Strategy«, March/April 1990, S. 58–67) legte die theoretische Grundlage für das IS-Outsourcing-Konzept aus Wettbewerbssicht. Die Autoren argumentieren, daß jedes Unternehmen sich auf das eigene Kerngeschäft besinnen und eine Auslagerung aller nicht primären Aktivitäten in Betracht ziehen soll. Die zur Verfügung stehenden Ressourcen müssen auf Aktivitäten gelenkt werden, die im unmittelbaren Zusammenhang mit der Realisierung von Wettbewerbsvorteilen stehen. Bei der Informationsverarbeitung dürfte es sich für viele Unternehmen nur um eine Funktion mit sekundärer Bedeutung handeln.

Zunehmend entpuppt sich ein Outsourcing der Informationsverarbeitung auch als »Agent of Change«. Es erweist sich als besonders leistungsfähig im Falle eines Reengineering der Informationssystem-Architektur. Der Übergang von einer zentralisierten Mainframe-Infrastruktur auf ein netzwerkbasiertes Client-Server-System ist ohne die Hilfe eines externen Dienstleisters nur schwerlich zu bewältigen. Die Auslagerung der alten Informationsverarbeitung während des Umstellungsprozesses (= Transition Outsourcing) kann hierbei eine große Hilfe für den Kunden sein.

Die Alternative IS-Outsourcing wird vermehrt auch im Zusammenhang mit Organisationsveränderungen diskutiert. Die Übernahme oder Abspaltung einzelner Geschäftsbereiche oder der Verkauf ganzer Unternehmen hat schwerwiegende Veränderungen für die Informationsverarbeitung über die Grenzen der internen Organisation hinaus zur Folge. In einigen Fällen führen Veränderungen in der Aufgabenumwelt des Unternehmens zu einer fundamentalen Restrukturierung der Organisation, die im Ergebnis in eine Outsourcing-Entscheidung münden kann. So führte beispielsweise eine drastische Ausgabenreduzierung des amerikanischen Department of Defense zu erheblichen Einbußen bei amerikanischen Flugzeugbauern, die organisatorische Veränderungen unvermeidlich erforderten. Konsequenterweise haben Unternehmen wie General Dynamics und United Technologies daraufhin begonnen, ihre Informationsverarbeitungs-Funktionen auszulagern, um sich somit den veränderten ökonomischen Bedingungen anzupassen.

1.2.2 Contra IS-Outsourcing

Trotz dieser Ausführungen, die im Regelfall die Entscheidung für die Auslagerung der eigenen Informationsverarbeitung positiv beeinflussen, ist auch die Kehrseite der Medaille zu beachten. So haben die folgenden Aspekte eher negativen Einfluß auf den Ausgang der Auslagerungsentscheidung:

- wirtschaftliche Risiken,
- »poor bidding«,
- Angst vor Kontrollverlust,
- Integration von Informationssystemen und Geschäftsabläufen,
- Informationstechnologie als Wettbewerbsfaktor,
- »Egoismus« von Unternehmensberatern.

Nicht wenige Unternehmen stellen die auf dem Wege des IS-Outsourcing erreichbaren Einsparungspotentiale in Frage. Sie konstatieren, externe Analysen seien oft einseitig ausgerichtet und erfassen die Kosten der internen Datenverarbeitung zu hoch. Dieses systematischen Fehlers sind sich viele Unternehmensleitungen aber durchaus bewußt. Entsprechende Maßnahmen werden daher ergriffen, damit nicht noch stärker bei den Kosten für die interne Datenverarbeitung »übertrieben« wird. Es ist nicht auszuschließen, daß der Fremdbezug von Informationsdienstleistungen in bestimmten Fällen lediglich auf einem in der Branche üblichen »Standard-Niveau« erfolgen kann. Zieht eine solche Vereinheitlichung der Informationsverarbeitung erhebliche organisatorische Änderungen nach sich, so entstehen Kosten, die den Outsourcer zusätzlich belasten. Weiterhin ist nach einem Outsourcing wichtiges Know-how aufgrund vorgenommener Personalfreisetzungen intern bzw. für die Fachabteilungen nicht mehr verfügbar. Für Sonderwünsche und spezielle Leistungen muß dann extra bezahlt werden. Wird die vorhandene IT-Infrastruktur bzw. Teile davon vom Outsourcing-Anbieter nicht übernommen, bleibt nur der Verkauf; unter Buchwert im Normalfall, unter Marktwert im ungünstigsten Falle. Bei der Veräußerung von Software müssen zudem Klauseln in Lizenzverträgen beachtet werden.

Outsourcing-Anbieter helfen ihrer Sache wenig, wenn sie das Potential für Preissenkungen aufgrund technologischer Verbesserungen und Innovationen über den Zeitraum des Vertrages hinweg unterschätzen und deshalb ihren potentiellen Auftraggebern keine kundenorientierten und fairen Angebote unterbreiten. So besaß beispielsweise ein Anbieter, dessen Angebot von INPUT einmal genau unter die Lupe genommen wurde, den Mut, dem potentiellen Kunden ernsthaft eine Anhebung der Speicherkosten parallel zum Inflationswachstum über einen Vertragszeitraum von sieben Jahren vorzuschlagen. Ein anderer Anbieter offerierte eine 32prozentige Kostensenkung pro Gigabyte Speicher über den gleichen Zeitraum. Tatsächlich aber belaufen sich die durchschnittlichen jährlichen Preisrückgänge für Speicherkomponenten auf circa 20 Prozent.

Diese Umstände führen dazu, daß viele potentielle Outsourcing-Kunden Bedenken haben, in einer für sie teuren »Lock-in-Situation« steckenzubleiben. Ein Wechsel zu einem anderen Dienstleister oder der Wiederaufbau der ausgelagerten Funktionen ist manchmal nur schwer möglich. Der Kontrollverlust über das eigene IV-Schicksal wird ebenso befürchtet wie die Unfähigkeit, an technologischen Fortschritten zu partizipieren. Das latente Risiko ist hierbei auch durch sehr umfangreiche und entsprechend detaillierte Verträge nicht vollständig zu regulieren und auszuschließen. Der Umgang mit einem gewissen Risikoniveau muß daher akzeptiert werden. Dennoch sollten die Wettbewerbssituation und spezifische Entwicklungen im Umfeld des Dienstleisters sowie etwaige Verhaltensänderungen beobachtet und mögliche Konsequenzen für den Outsourcer abgeschätzt werden. Darüber hinaus scheinen nicht alle Unternehmen mit den finanziellen Aspekten eines Outsourcing-Abkommens vertraut zu sein. Sie wissen nicht, daß der Outsourcing-Anbieter im ersten Vertragsjahr infolge hoher Start- und Konversionskosten ausschließlich Verluste einfährt, im zweiten Jahr in der Regel den Breakeven-Punkt erreicht und erst im dritten Jahr der Geschäftsbeziehung Gewinne realisiert. Ändert sich in dieser Zeit die Unternehmensumwelt oder die Geschäftsstrategie, so hat der Anbieter wenig Interesse daran, diesem Wandel zu folgen, wenn man den Aussagen von Unternehmen, die Outsourcing aus diesem Grunde abgelehnt haben, Glauben schenkt.

Auch tauchen Fragen in bezug auf die zukünftige Rolle der Informationstechnologie auf. Wenn Informationssysteme zunehmend integrale Bestandteile von Geschäftsprozessen werden, wie können dann die Informationssysteme separat ausgelagert werden? Gleichzeitig stellen diese Bedenken aber auch ein gewichtiges Argument für IS-Dienstleister dar, die Auslagerung ganzer Geschäftsfunktionen und -abläufe in ihr Angebotsportfolio aufzunehmen.

Eine ganze Reihe von Unternehmen pflegen immer noch den Mythos, ihre Inhouse-Datenverarbeitung sei eine Quelle komparativer Wettbewerbsvorteile. Zwar mag dies in der Tat auf einige wenige Unternehmen zutreffen, aber ein solcher Vorteil ist in der Regel immer nur von begrenzter Dauer oder aber dauerhaft nur mit einem großen internen Aufwand zu realisieren. Der Wettbewerbsvorsprung resultiert ohnehin meist aus relativ wenigen strategischen Anwendungssystemen. Nichtsdestotrotz wollen sich viele Unternehmen aber das Image des technologischen Vorreiters und Innovatoren anheften. IS-Outsourcing würde ihrer Meinung nach nur dazu führen, den (vermeintlichen) technologischen Vorsprung gegenüber der Konkurrenz aufzugeben.

Manche Unternehmensberatungen nutzen eine solche skeptische Haltung für ihre eigenen Zwecke. Sie werden ihre Kunden kaum ermutigen, die eigene Datenverarbeitung von einem IS-Dienstleister übernehmen zu lassen, würden sie doch dadurch in Gefahr laufen, ihren bestehenden Kunden zu verlieren. Für viele Consultingfirmen stellt die Analyse bzw. der Vergleich des Inhouse-DV-Kosten-/Leistungsverhältnisses mit dem entsprechenden Angebot eines Outsourcing-Anbieters ein lukratives Geschäft dar. Nach Abschluß der Analyse wird versucht, die Inhouse-Lösung auf »Marktniveau« zu heben und somit einen langfristigen Beratervertrag zu erhalten.

1.3 Der Markt für Informationstechnologie heute

In den letzten fünf Jahren haben im Markt für Informationstechnologie eine Reihe von Veränderungen stattgefunden, die Kunden und Anbieter gleichermaßen betreffen und Einfluß auf die Akzeptanz externer Informationsdienstleistungen haben.

1.3.1 IS-Kunden

Folgende bedeutsame Aspekte spielen im Zusammenhang mit der Informationsverarbeitung aus Kundensicht eine Rolle:

- Vielfalt der technologischen Alternativen,
- Volumen der bestehenden Investitionen,
- Größe und Komplexität von IV-Lösungen,
- Abschreibungsdilemma,
- Auswirkungen auf die Organisationsstruktur,
- Erfordernis flexibler und schnellerer Reaktionen,
- wirtschaftlich orientierte Wertmaßstäbe.

Es ist eine Tatsache, daß sehr viele – vielleicht zu viele – Möglichkeiten existieren, Informationstechnologie innerhalb eines Unternehmens für verschiedene Funktionen und Abläufe einzusetzen und anzuwenden. Systementwickler haben in der Vergangenheit schon immer Anwendungen sehr viel schneller kreiert als Endbenutzer sie effektiv verwenden und nutzen konnten. In der zweiten Hälfte der achtziger Jahre ist die Rate der Neuentwicklungen förmlich explodiert und hat die ohnehin nicht einfach zu bewältigenden Herausforderungen im Umfeld der Informationstechnologie noch zusätzlich belastet. Den IS-Abteilungen fällt es schwer, hier den Überblick zu behalten, um aus dem mittlerweile kaum noch zu überschaubaren Angebot das »Optimale« für die Anforderungen des Unternehmens und der Fachabteilungen auszuwählen.

Nach zwei bis drei Jahrzehnten Entwicklungsarbeit stellen die Informationssysteme ein wertvolles, aber auch hinderliches Gepäck auf dem Weg zu einer effektiven Informationsverarbeitung dar. Darauf läßt der umfangreiche und gut dokumentierte Wartungsaufwand für die Legacy-Systeme (Altanwendungen) schließen. Ob nun versucht wird, diese alten Applikationen zu optimieren, sie in neue Technologien zu integrieren oder sie einfach nur weiter zu unterstützen, die dazu notwendigen Anstrengungen binden Ressourcen, die ansonsten für neue Aufgaben und neue Technologien wesentlich besser eingesetzt werden könnten. Für die Attraktivität des IS-Outsourcing-Konzeptes stellt die Größe der bisher getätigten Investitionen in die Informationstechnologie daher ein entscheidendes Hindernis dar.

Informationssysteme müssen ebenso wie Maschinen und Gebäude aus handels- und steuerrechtlichen Gründen abgeschrieben werden. Unglücklicherweise fallen wirtschaftliche und technologische Lebensdauer bei Informationssystemen im Regelfall so weit auseinander, daß sie technologisch hoffnungslos veraltet sind, bevor sie wirtschaftlich vollständig abgeschrieben werden konnten. Nur die stärkere Einbeziehung der obersten Führungsebene in diese Belange kann den Weg zur Ausmusterung veralteter Informationstechnologie freimachen.

Eine Reihe von Faktoren ist dafür verantwortlich, daß die Informationssysteme in den letzten Jahren immer umfangreicher und komplexer geworden sind. Sie betreffen größere Teile der Unternehmensorganisation, berühren mehr Mitarbeiter und verursachen größere organisatorische Änderungen. Die internen IS-Abteilungen müssen immer häufiger feststellen, daß sie über das für die Entwicklung solcher vielschichtigen Lösungen notwendige Know-how und die benötigten Ressourcen nicht verfügen. Zudem verringert sich die Zeitspanne zwischen Identifizierung der Bedürfnisse und Implementierung bzw. Einsatzes des Systems zunehmend. Dennoch ist der Gegentrend bereits zu beobachten. Unternehmen kehren zurück zu kleineren und einfacheren Systemen auf dezentraler Basis und ändern ihre bisherigen Entwicklungsmethoden. Dieser Trend wird noch dadurch gefördert, daß die Fachabteilungen zunehmend die Verantwortung für ihre eigene Informationsverarbeitung auch tatsächlich wahrnehmen. Dies hat weitreichende Konsequenzen zur Folge: Endbenutzer wollen nicht alle theoretisch möglichen »Verästelungen« des Systems nutzen. Ihnen reichen in der Regel schon 80 Prozent. Darüber hinaus ist hinlänglich bekannt, daß es die verbleibenden 20 Prozent eines Systems sind, die für 80 bis 95 Prozent der Entwicklungszeit und -anstrengungen verantwortlich gemacht werden können. Die Endanwender sind in erster Linie an der Lösung ihrer eigenen Probleme interessiert. Sie sind nicht darauf aus, an den Informationsverarbeitungs-Problemen anderer Geschäftsbereiche zu partizipieren und optimieren daher nur ihre eigenen Systeme. Die Entwicklungsmethoden, die üblicherweise in Client-Server-Umgebungen angewendet werden, sind paralleler Natur und stehen damit im Gegensatz zu der seriellen Prozeßorientierung bei früheren Entwicklungsprojekten. Folglich gibt es auch keine separaten, klar zu identifizierenden Phasen des Projekt- oder Software-Lebenszyklus mehr, wie Spezifikation, Design, Codieren, Test und Implementierung.

Beinahe jedes Unternehmen versucht, in bezug auf die Informationsverarbeitung mit weniger Personal ein besseres oder zumindest gleichwertiges Ergebnis zu erreichen. Als Folge davon verliert aber die IS-Abteilung die Fähigkeit, auf unerwartete Anfragen von Mitarbeitern der Fachabteilungen sachlich und zeitlich angemessen zu reagieren, geschweige denn die stetig anwachsende Menge an informationstechnischen Alternativen im Markt zu beurteilen. Des weiteren hat der verfügbare Pool an IS-Profis mit der rasanten technologischen Entwicklung in fachlicher Hinsicht nicht in gleichem Maße Schritt halten können. Viele der älteren Mitarbeiter sind daher in den neuen Informationsverarbeitungs-Umgebungen nur noch schwer einsetzbar und deshalb wenig gefragt. Auf der anderen Seite sind die Anbieter von Informationsdienstleistungen als Arbeitgeber für kompetente IS-Professionals wesentlich attraktiver als die DV-Abteilungen von Industrieunternehmen. Sie bieten ihren Mitarbeitern weitaus bessere Entwicklungsmöglichkeiten und beeinflussen dadurch stark die Rekrutierungsanstrengungen der IS-Abteilungen der Unternehmen. Das Tempo der Veränderungen in Wirtschaft und Technologie ist sehr viel höher als noch vor einigen Jahren. Gebunden an die bestehende und meist veraltete DV-Infrastruktur und einer Explosion in den IS-Anwendungsbereichen ausgesetzt, fällt es der IS-Abteilung in der Regel schwer, sowohl dem Tagesgeschäft nachzukommen als auch außerplanmäßigen Anforderungen zu entsprechen.

Der Maßstab für die Beurteilung der Qualität der Informationsverarbeitungs-Funktion hat sich gewandelt. Waren früher Leistungsdaten und raffinierte technische Details ausschlaggebend, so ist heute der wirtschaftliche Erfolg des Unternehmens die herausragende Größe. Der Beitrag, den die Informationsverarbeitung zur Erhaltung und Sicherung der Wettbewerbsposition liefert, ist weitaus wichtiger als die Schnelligkeit des Prozessors X oder die Kapazität des Plattenspeichers Y. Der wirtschaftlich orientierte Wertmaßstab zur Beurteilung der Qualität von Informationstechnologie läßt verstärkt andere Alternativen der Informationsverarbeitung in den Vordergrund rücken. So ist als ein Ergebnis der rasanten Markt- und Technologieentwicklungen eine fundamentale Veränderung des Stellenwertes der Mainframe-Systeme innerhalb des Informationsnetzwerkes festzustellen. Obwohl die Großrechner nicht gänzlich von der Bildfläche verschwinden werden, resultiert der Nutzen der Informationstechnologie heutzutage hauptsächlich aus dem effektiven Einsatz von Workstations, lokalen Netzwerken und Einzelplatz-PCs. Das Rechenzentrum ist nur noch Servicestelle; eine »Utility« im wahrsten Sinne des Wortes. Wird der Wert des Rechenzentrums in dieser Art und Weise gesehen, geraten andere Informationsverarbeitungs-Konzepte wie das IS-Outsourcing ins Blickfeld der Entscheider. Die Informationsverarbeitung erweist sich in den neunziger Jahren als integrierte und besser verstandene Unternehmensfunktion, die sich ebensolchen Anforderungen gegenübersieht wie die Gesamtheit aller anderen Unternehmensfunktionen auch. In diesem Zusammenhang taucht die grundsätzliche Frage auf, ob die Existenz einer separaten internen Unternehmensfunktion »Informationsverarbeitung« noch in jedem Falle berechtigt ist.

Wird die interne IS-Abteilung aussterben?
Wenn nein, was werden ihre Aufgaben sein?
Wenn ja, wie und von wem werden ihre Aufgaben gelöst?

Ist die Verantwortung für die Informationssysteme, die Anwendungen und das Personal erst einmal vom Dienstleister übernommen, so bleibt von der internen IS-Abteilung oft nur noch der Rumpf übrig. Dennoch ist es von entscheidender Bedeutung, daß das Kundenunternehmen die Planungs- und Kontrollhoheit über seine Informationssystem-Strategie behält und auch wahrnimmt. Die meisten IS-Leitungen, die einen solchen Schritt gehen, finden sich anschließend in einer Situation wieder, in der ihnen für die Bewertung von Technologie und die Festlegung von Strategien wesentlich mehr Zeit zur Verfügung steht. Diese Aufgaben sollten in jedem Fall im Unternehmen verbleiben. Ansonsten gerät der Kunde in die Gefahr, sich selbst in ein nur schwer reversibles Abhängigkeitsverhältnis hinein zu manövrieren.

1.3.2 IS-Anbieter

Die Schlüsselfähigkeiten von IS-Anbietern addieren sich auf zu einem starken und bewährten Ressourcenpotential mit der Betonung auf Informationsdienstleistungen:

- Bandbreite des Angebotes und Leistungsfähigkeit,
- Größe und Mitarbeiterfähigkeiten des IS-Anbieters,
- Erfahrung und Expertise,
- Fähigkeit zur Risikoübernahme,
- Business-Know-how,
- Kundenorientierung,
- finanzielle Solidität.

Die Spezialisierung auf bestimmte Bereiche der Informationsverarbeitung, das »Time-to-Market« und seine Anziehungskraft für hochqualifiziertes Personal befähigen den IS-Anbieter, sich mit einem zeitgemäßen Lösungsangebot bei IS-Kunden zu qualifizieren. IS-Anbieter müssen vor diesem Hintergrund einen größeren Forschungs- und Entwicklungsaufwand betreiben, um die vielfältigen Angebote an Informationstechnologie und ihren Einsatz verstehen und bewerten zu können.

Erzielte in den siebziger Jahren die Mehrzahl der IS-Anbieter überwiegend circa 100 Millionen US-Dollar Umsatz, so erreichen heute viele Dienstleister, die kaum mehr als zehn Jahre im Markt agieren, annähernd ein Umsatzvolumen von einer Milliarde US-Dollar. Professional-

Services-Anbieter z. B. betreiben nicht länger nur Software-Entwicklung im Auftrag, sondern investieren zunehmend auch in Eigenentwicklungen, die auf verschiedene Problemstellungen übertragbar sind. Die größeren Software-Häuser bauen eigene Professional-Services-Einheiten auf, und die bereits schon großen und finanzkräftigen Computerhersteller verlagern ihren Schwerpunkt in Richtung Software und Services. Anbieter von Verarbeitungs- und Netzwerkdienstleistungen offerieren Lösungen auf globaler Ebene.

Neben der Leistungsfähigkeit und der Größe eines IS-Anbieters hat auch seine »Reife« eine herausragende Bedeutung. In vielen Anbieterorganisationen agiert ein erfahrenes Management, das bereit ist und es vorzieht, auch langfristige Geschäftsbeziehungen auf Vertrauensbasis zu Kunden aufzubauen und zu pflegen. IS-Anbieter verfügen darüber hinaus über einen umfangreichen »Pool« an IT-Know-how und Expertise. Siemens Business Services (SBS), der IS-Outsourcing-Bereich der Siemens Nixdorf Informationssysteme AG und der Siemens AG, deckt z. B. wesentliche Applikationsbereiche verschiedenster Teilbranchen der High-Tech-Industrie ab, da er das komplette Spektrum der Siemens-Geschäftsfelder bedient – von Halbleiter über Energieversorgung, öffentliche Kommunikationssysteme, Verkehrstechnik bis hin zum Medizinsystembereich. Zusätzlich profitiert SBS von den »Built-operate-Transfer«-Modellen der Siemens AG weltweit. Das Know-how und die Erfahrung der internen IS-Abteilungen muß dabei notgedrungen auf den Unternehmens- oder Konzernbereich beschränkt bleiben. Anbieter besitzen schon aus diesem Grunde einen gewissen Vorsprung bei der Bewertung und Anwendung neuer Technologien.

Ihre Größe, verbunden mit einem erfahrenen Management, ermöglicht es den Anbietern, auch größere Risiken einzugehen und zu tragen. Die Auftragsprogrammierer der Vergangenheit waren auf kurzfristige Zeit- und Materialverträge aus, Software-Anbieter verkauften nur, aber installierten ihre Produkte nicht. Heute akzeptieren Anbieter zunehmend Anfangsverluste, wenn die Geschäftsbeziehung langfristig ausgelegt ist.

Die gestiegene Bedeutung der Informationstechnologie für die Fachabteilungen wirkt sich positiv auf die Marketingaktivitäten der IS-Anbieter aus. Seitdem die Fachabteilungen immer mehr in der Lage sind, ihre Probleme und Anforderungen in einem weiten Kontext zu definieren, entstehen komplexere Ideen und Lösungen. Viele Anbieter haben sich darauf eingestellt und vermögen nun, das Nutzenpotential der Informationstechnologie für die Aufgaben der Fachabteilungen besser verständlich zu machen, als es die internen DV-Abteilungen bisher taten. Hierbei besteht die Möglichkeit, direkt in die Fachabteilungen hinein zu verkaufen. Dies gestattet, eine größere Bandbreite an technologischen Alternativen anzubieten und neue technologische Entwicklungen schneller an den Mann bzw. die Frau zu bringen.

Informatikbezogene Dienstleistungen erlangten in Unternehmen und Organisationen aller Rechtsformen und Größen seit den achtziger Jahren als rentable Alternative zur Eigenfertigung Beachtung und Akzeptanz. So wuchs die IT-Servicesindustrie beispielsweise allein in Europa im Jahre 1994 um 6 Milliarden DM. Dennoch behielten die Unternehmen eine grundsätzlich kritische Haltung gegenüber dem Fremdbezug von Informationsverarbeitungs-Dienstleistungen bei. So wurde in den achtziger Jahren noch stark bezweifelt, daß IS-Anbieter in der Lage sind, die Anforderungen und Bedürfnisse auch großer und anspruchsvoller Kunden zu erfüllen. Der Markt für Informationstechnologie in den neunziger Jahren ist jedoch dadurch gekennzeichnet, daß potente und finanzstarke Anbieter am Markt agieren, die in der Lage sind, auch hochkomplexe Aufgabenstellungen anzugehen und die entsprechenden Prozesse zu steuern. Mit wachsender Größe vieler unabhängiger Anbieter, wie beispielsweise Andersen Consulting, CSC und EDS, und dem Eintritt großer Systemhersteller, wie Siemens Nixdorf und IBM, in den Markt für Informationsverarbeitungs-Dienstleistungen wird dieses Glaubwürdigkeitsproblem alsbald endgültig verschwunden sein.

Im Unterschied zum einfachen Kauf von Informationsverarbeitungs-Dienstleistungen geht der Kunde bei einem Outsourcing-Vertrag eine sehr viel engere Bindung zum Dienstleister ein. Die langfristige Geschäftsbeziehung steht im Vordergrund und nicht das »nackte« Vertragsverhältnis, das im Normalfall relativ leicht gekündigt werden kann. Auch ist mit einem IS-Outsourcing nicht der simple Übergang der Verantwortung für die Computer auf einen Dienstleister allein gemeint. Es beinhaltet vielmehr die Idee einer Partnerschaft im Managementprozeß. Beide Parteien sind im Idealfall gleichermaßen in die Planung, Organisation, Kommunikation und das Controlling der Informationssystemstrategie im Rahmen des Outsourcing-Prozesses involviert.

Das schließt für den Anbieter die Übernahme von größerer Verantwortung und größerem Risiko mit ein. Der Verkäufer eines Software-Paketes oder einer einfachen Verarbeitungsdienstleistung kann im Zweifelsfall immer noch den Käufer der nicht sachgerechten Anwendung bezichtigen. In einer Outsourcing-Partnerschaft ist diese Möglichkeit der Verantwortungsablehnung und -abweisung nicht mehr denkbar. Der Anbieter verspricht Ergebnisse und hat diese vereinbarungsgemäß zu erbringen.

1.4 Definitionen und Kennzeichen des Outsourcing

Bisher wurde das IS-Outsourcing als ein bedeutender Trend in der IT-Industrie identifiziert und dargestellt. Die Evolution einzelner Informationsdienstleistungen wurde nachgezeichnet und verschiedene Aspekte der Nutzung von Informationstechnologie aus Kunden- und aus Anbietersicht beleuchtet. Nun sollen das IS-Outsourcing anhand der zugrundeliegenden Entscheidungs- und Beziehungsmerkmale näher beschrieben und verschiedene Typen des IS-Outsourcing vorgestellt werden.

1.4.1 Das Leistungsspektrum

Ein aufmerksamer Beobachter des IT-Markts wird im Zusammenhang mit dem Outsourcing-Geschäft auf so verschiedene Begriffe wie ›Selektives Outsourcing‹, ›Funktionales Outsourcing‹, ›Kooperatives Outsourcing‹, ›Transitions Outsourcing‹, ›Funktionales Management‹, ›Business Process Management‹, ›CoSourcing‹ und weitere Termini stoßen. Dabei hat die Begriffsvielfalt oftmals mehr mit Imageaspekten als mit der Substanz dieser Informationsdienstleistung zu tun. So mancher Anbieter will sich selbst vom Stigma des »feindlichen Eroberers« der internen DV-Abteilungen distanzieren. Mit der Einführung neuer Begriffe wird versucht, schon vorab eine Partnerschaftskomponente zu implizieren und herauszustellen. Dies dient zur Abgrenzung gegenüber den traditionellen Anbieter-Kunden-Beziehungen, in deren Rahmen lediglich kostengünstigere und eventuell auch qualitativ bessere Serviceleistungen bereitgestellt werden. Der augenscheinlichen Bedeutungskrise dieser Wortkonstruktionen gewahr, soll ein ausführlicher Überblick über die Definitionen gegeben werden, die das Marktforschungs- und Beratungsunternehmen INPUT und andere namhafte Anbieter von Informationsdienstleistungen (wie die Siemens Nixdorf Informationssysteme AG) zur Charakterisierung und Abgrenzung des Outsourcing-Marktes verwenden.

Der Terminus Outsourcing impliziert eine langfristige Beziehung zwischen einem IS-Kunden und einem IS-Anbieter, die über die Mindestdauer von einem Jahr hinausgeht. Das Kundenunternehmen überträgt im Rahmen eines Outsourcing-Vertrages die Verantwortung für die Gesamtheit oder einen signifikanten Teil eines Unternehmensprozesses auf einen oder gar mehrere Dienstleister. Die Auslagerung kann dabei entweder nur auf die Informationssysteme beschränkt bleiben oder aber die Informationstechnologie als Komponente mit einschließen. Der Vertrag kann auch Vereinbarungen über nicht direkt im Zusammenhang mit der Informationsverarbeitung stehende Aktivitäten beinhalten; die Informationsverarbeitung muß aber immer integraler Bestandteil des Vertrages sein.

IS-Outsourcing bezeichnet eine Ansammlung verschiedener Informationsverarbeitungs-Dienstleistungen, die auf der Basis einer langfristig angelegten Partnerschaft vom Anbieter erbracht werden.

Business Operations Outsourcing (auch unter Business Outsourcing oder Funktionales Outsourcing subsumiert) bezeichnet eine Geschäftsbeziehung, in der ein Anbieter einen kompletten Geschäftsprozeß oder eine vollständige Unternehmensfunktion übernimmt, einschließlich der gesamten sie unterstützenden Informationstechnologie. Der Ausgabenanteil für die Informationssysteme muß bezogen auf das Gesamtvertragsvolumen mindestens 30 Prozent ausmachen.

IS-Outsourcing kann als Teilsegment des Business Operations Outsourcing Marktes aufgefaßt werden. Das heißt, die Auslagerung der Informationsverarbeitung stellt gleichzeitig immer auch die Auslagerung einer bestimmten Unternehmensfunktion – nämlich der Informationsverarbeitungs-Funktion – dar (vgl. Abbildung 3).

Vier Servicekategorien können beim IS-Outsourcing unterschieden werden (vgl. Abbildung 4):

(1) Das *Systems Operations Outsourcing* definiert eine Beziehung, in der der Anbieter für den Betrieb und das Management des Computersystems/des Rechenzentrums, also ausschließlich für die Hardware (Platform Systems Operations) oder zusätzlich auch für die Entwicklung und Wartung der Anwendungen eines Kunden (Applications System Operations) verantwortlich ist.

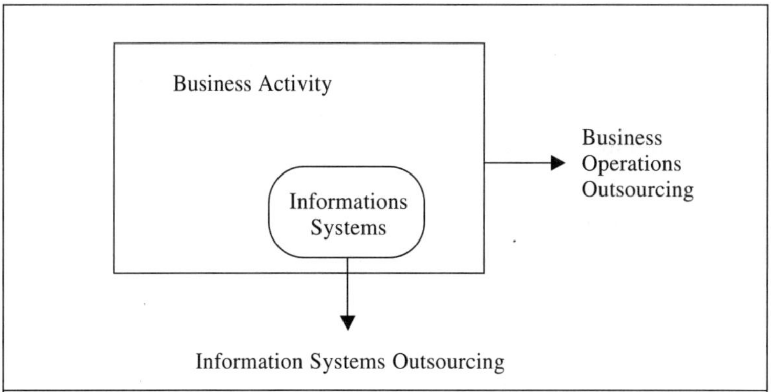

Quelle: INPUT

Abbildung 3: Business-Operations-Outsourcing

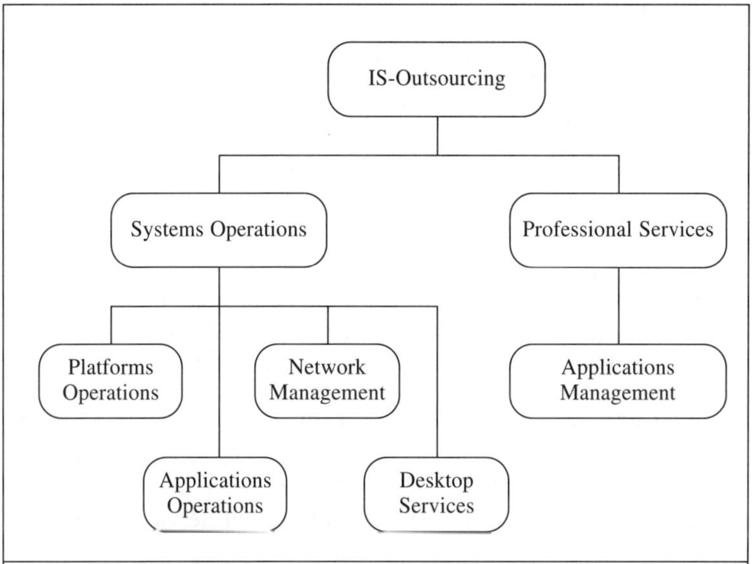

Quelle: INPUT

Abbildung 4: Outsourcing-Kategorien

(2) *Desktop Services* definieren eine Geschäftsbeziehung, in der ein Anbieter die Verantwortung für die Entwicklung, Wartung und Vernetzung der Personal Computer, Workstations, Client/Server bzw. LAN-Systeme in der Kundenorganisation übernimmt. Ein Vertrag über Desktop Services umfaßt im Regelfall folgende Dienstleistungen:

- Angebot von Software,
- Angebot von Hardware,
- Hardware- und Software-Installation,
- Wartung der Hardware,
- Installation und Erweiterung des LANs,
- LAN-Management,
- Schnittstellenmanagement,
- Software-Wartung,
- Software-Update,
- Software-Upgrade,
- Asset-Management (Inventarisierung und Optimierung),
- Logistikmanagement,
- First-level Support (Hotline),
- Second-level Support (Problemlösungsservice),
- Benutzertraining und -schulung.

Desktop Services umschreibt alle Aktivitäten, die getroffen werden müssen, um die Funktionsbereitschaft von Desktops bzw. Desktop-Systemen (PCs, Workstations, Vernetzung, Peripheriegeräte) aufrecht zu erhalten und zu optimieren sowie die Hinführung der Anwender zur optimalen Nutzung der Desktops.

(3) Beim *Network Management Outsourcing* übernimmt der Anbieter die volle Verantwortung für den Betrieb und das Management der Daten- und Telekommunikationsnetze. Dies kann auch Sprachdienste, Bilder und Videoelemente beinhalten.

(4) Das *Applications Management* schließlich bezeichnet die Übernahme der Verantwortung seitens eines Herstellers für die Pflege, Anpassung und/oder Weiterentwicklung ausgewählter oder aller Anwendungssysteme auf der Basis eines langfristigen Professional-Services-Vertrages.[3]

3 Professional Services bieten aus Kundensicht die Nutzung externen IT-Know-hows auf personeller Ebene, wozu z. B. informatikbezogene Beratung und Softwareentwicklung bzw. -anpassung zählen.

Das Applications Management ist als Prozeß zu verstehen, der dem Kunden eine fortlaufende Beratung und Unterstützung bei der Aktualisierung und Optimierung seiner Anwendungssoftware bietet. Im Unterschied zum Applications Management ist der Anbieter hier ausschließlich für die Software verantwortlich. Die Hardware verbleibt in Kundenbesitz und -verantwortung.

Nicht zum IS-Outsourcing werden die folgenden Serviceleistungen gerechnet:

- Projektbasierte Dienstleistungen sind kein Bestandteil des Outsourcing. Deshalb sind Systemintegration und Anwendungsentwicklung keine Outsourcing-Kategorien.
- Wartungsdienstleistungen alleine konstituieren kein Outsourcing-Verhältnis. Dennoch ist die Verantwortung für Hardware- und Software-Wartung meist Bestandteil des Vertrages.
- Verträge über Verarbeitungsdienstleistungen (Processing Services) unabhängig von der Laufzeit.
- Das Management von Sprachvermittlungsnetzen.
- Geschäftsabläufe mit nur minimalem IS-Anteil. So fällt die Auslagerung der Marketingfunktion an eine externe Agentur beispielsweise nicht unter das Outsourcing.

Die oben genannten Definitionen fokussieren auf die verschiedenen Outsourcing-Kategorien, die ein Outsourcing-Vertrag abdecken kann. So kann zum Beispiel ein Vertrag über Applications Operations alle Facetten des IS-Outsourcing enthalten, d. h. auch Platform Operations, Desktop Services und Network und Applications Management. Der Schlüssel zum Outsourcing-Verständnis liegt dabei immer im zugrundeliegenden Servicevertrag. Wenn ein Kunde nur das Netzwerk auslagert, fällt dies unter die Kategorie Network Management. Lagert eine Fluggesellschaft ihr Reservierungssystem, das nicht nur das Netzwerk, sondern auch die gesamte Infrastruktur einschließlich Personal umfaßt, aus, fällt dies unter Business Operations Outsourcing. Abbildung 5 listet die Serviceelemente auf, die Komponenten der verschiedenen Outsourcing-Kategorien sein können.

Die größten Outsourcing-Kontrakte im Jahre 1993 wurden in der Kategorie Applications Operations geschlossen. Hier werden Verträge einbezogen, wenn sie wenigstens das Management der Infrastruktur

Services	**Plat-form Opera-tions**	**Applica-tions Opera-tions**	**Desktop Services**	**Network Mana-gement**	**Applica-tions Mana-gement**	**Business Opera-tions**
Projekt/Vertrags-management	X	X	X	X	X	X
Rechenzentrums-Mgt.		X	X			X
Client-Server-Betrieb	X	X	X		X	
Equipment-Wartung	X	X	X			X
Systemsoftware-Wartung	X	X	X	X		X
Applikations SW-Wartung		X	X		X	X
Software-Entwicklung	X			X	X	
LAN-Management			X	X		X
WAN/MAN Management				X		X
Transaktions-Dienstleistungen		X				X
Andere professionelle Dienstleistungen			X		X	X
Betrieb von Geschäftsprozessen						X
Quelle: INPUT						

Abbildung 5: Outsourcing-Servicekomponenten

(Rechenzentren und weitere Plattformen) und die Unterstützung einiger Legacy-Applikationen beinhalten. Abbildung 6 zeigt die Outsourcing-Verträge mit einem Wert von über jeweils 400 Millionen Dollar auf, die 1993 abgeschlossen wurden.

Als Triebkräfte hinter der Popularität des Outsourcing-Konzeptes insgesamt können die jüngsten Trends im Bereich Systemintegration und Systems Operations identifiziert werden. Das Systemintegrationsgeschäft

Vertrag	Out-source-Typ	Platform Mana-gement	Appli-cations	Network	Desktop	Business Opera-tions
Xerox	Appl. Ops.	X	Limited	X	X	
UK Inland Revenue	Appl. Ops.	X	X	X		
British Aerospace	Appl. Ops.	X	X	X	X	
Kooperative Forbundet (KF Group)	Appl. Ops.	X	X	X	X	
Canada Post	Appl. Ops.	X	X	X	X	
Equifax	Plat. Ops.	X		X		
Amtrak	Plat. Ops.	X		X	X	X
Southern Pacific RR	Appl. Ops.	X	X	X	X	
Nielsen Marketing Research	Appl. Ops.	X	Mainten-ance	X	X	

Quelle: INPUT

Abbildung 6: Ausgewählte Outsourcing-Vertragsabschlüsse

spiegelt hierbei die fundamentale Erkenntnis wider, daß nicht eine Anhäufung einzelner Komponenten, sondern die Gesamtlösung für ein bestimmtes Informationsverarbeitungsproblem Gegenstand des Kaufes bzw. des Vertrages ist.

1.4.2 Die Outsourcing-Partnerschaft

Die IS-Abteilungen hatten üblicherweise aus Kontrollerwägungen und wirtschaftlichen Überlegungen heraus ihr eigenes Rechenzentrum betrieben. Diese Haltung erscheint heutzutage in vielen Fällen jedoch als nicht mehr gerechtfertigt und wirtschaftlich kaum noch vertretbar. Die Herausforderung, heute ein Rechenzentrum zu betreiben, erfordert weitaus größere finanzielle, technische und personelle Ressourcen, so daß sich ein eigenes Rechenzentrum für viele Unternehmen oft kaum noch rentiert. Viele größere Unternehmen konsolidieren daher ihre Rechenzentren zu noch größeren Verarbeitungszentren, um von der Rechenzentrumsautomatisierung und den Skaleneffekten zu profitieren und den Bedürfnissen der beteiligten Unternehmen nach Netzwerkintegration entgegenzukommen, was die Fähigkeiten ihres eigenen IV-Personals ohnehin häufig übersteigt.

Mit der Erfüllung der elementaren Processing-Serviceanforderungen durch Dritte kann sich das IS-Management nun auf seine Kernaktivitäten konzentrieren. Ohnehin sollten sie vor der Bewältigung des Tagesgeschäftes dem Aufspüren geeigneter Problemlösungen im Zusammenhang mit der Informationsverarbeitung Vorrang geben können. Wenn die Informationsverarbeitungs-Funktionen von einem externen Dienstleister übernommen werden, eröffnet sich die Möglichkeit, den Fokus der Aktivitäten auf neue, strategische Anwendungsbereiche und Lösungen zu lenken. Ohnehin ist so manches Unternehmen davon überzeugt, IS-Anbieter seien eher als die internen DV-Anbieter in der Lage, eine breite Palette von Informationssystem-Implementierungs- und Managementleistungen zu niedrigeren Kosten und in einer höheren Qualität zu erbringen.

Diese überwiegend nachfragegesteuerten Charakteristika des Outsourcing-Prozesses treffen mit bestimmten Entwicklungen auf der Angebotsseite des Outsourcing-Marktes zusammen. So setzen Anbieter zunehmend gezielt auch unkonventionelle Marketinginstrumente ein, wie z. B. das Angebot der Übernahme der Anlagen oder die Bereitstellung von Krediten, um Aufträge zu gewinnen. Solche Anbieter erringen sich ihre Outsourcing-Kontrakte eher, als sie einfach nur abzuschließen. Das Geschäft beinhaltet in den meisten Fällen den Transfer von Teilen des DV-Personals, die Übernahme des Rechenzentrums, der Leasinggüter und Software-Lizenzen (falls möglich) und schließt manchmal sogar Aktienkäufe des Unternehmens mit ein. Outsourcing-Anbieter in Bankenkreisen tätigen im Regelfall sogar größere Einlagen bei ihren »Kundenbanken«.

Heutige Anbieter-Kunden-Beziehungen im Bereich des Outsourcing unterscheiden sich von jenen vor einigen Jahren in weiteren Punkten:

- Größe, Beschaffenheit und Dauer der Zusage,
- Bandbreite der Verantwortung, die vom Anbieter wahrgenommen wird,
- Partnerschaft versus Anbieter/Subunternehmerbeziehung,

- Technologieerweiterungen und -verbesserungen sind obligatorisch,
- Agent of Change,
- Erweiterung um Professional Services,
- Erweiterung um Managementkomponenten.

Das Gesamtvolumen der Outsourcing-Verträge hat sich entscheidend vergrößert. In der Vergangenheit wurden Verträge über ein Facilities Management vorwiegend von mittelgroßen Unternehmen abgeschlossen, so daß ein 100-Millionen-US-Dollar-Vertrag gewöhnlich die obere Grenze war. Heute werden Outsourcing-Verträge von sehr großen Unternehmen wie z.B. Kodak, General Dynamics, United Technologies abgeschlossen. Zusätzlich besitzen Unternehmen wie General Motors oder IBM ihre eigenen konzerngebundenen Outsourcer. Vertragsabschlüsse in der genannten Größenordnung sind daher keine Besonderheit mehr, und Verträge über eine Milliarde US-Dollar bereits nicht mehr die absolute Ausnahme.

In einer im Jahre 1992 durchgeführten Untersuchung, deren Ergebnisse in einer Nachfolgebefragung 1994 bestätigt wurden, konnte INPUT feststellen, daß sich auch die Länge der Vertragsdauer wesentlich geändert hat. War in den achtziger Jahren noch ein Trend zu längerfristigen Verträgen mit einer Laufzeit von durchschnittlich zehn Jahren üblich, so sind Verträge von mittelfristiger Dauer heute der Regelfall. Potentielle Kunden sind davon überzeugt, sie können dadurch mehr Einfluß auf den Anbieter und seine Unternehmenspolitik nehmen. Sie geben darüber hinaus zu bedenken, daß die raschen Veränderungen in Unternehmensumwelt und Technologie den anfänglich geschlossenen Vertrag ohnehin nach einigen Jahren obsolet werden lassen.

Auch das Wesen des Vertrages hat sich geändert. Der Outsourcing-Kontrakt ist eher mit dem Kauf bzw. der Übernahme eines Unternehmens(teiles) zu vergleichen als mit einer Vereinbarung über den Bezug einer bestimmten Dienstleistung zu einem bestimmten Preis. Das »Unternehmen« ist in diesem Fall ein bestimmter Geschäftsprozeß, nämlich die Informationsverarbeitungs-Funktion, einschließlich Personal, Anlagen und der Ergebnisverantwortung.

Der Anbieter übernimmt einen sehr viel größeren Teil der Verantwortung an der Informationsverarbeitung. Früher fokussierten die Dienstleister vorwiegend auf das Rechenzentrum als Objekt eines Auslagerungsvertrages. In einigen Sektoren wie z.B. im Bank- und Versicherungssektor übernahmen sie zusätzlich auch noch die Verantwortung für die Anwendungen, bei denen es sich in den meisten Fällen aber um Eigenentwicklungen der Anbieter handelte und nicht um kundenindividuelle Anfertigungen, die in vielen Bereichen heute noch bei Banken und Versicherungen vorherrschen. Und nahezu immer waren es einfache, unkomplizierte Verarbeitungsdienstleistungen, die von den Outsourcing-Anbietern erbracht wurden. Heute haben diese ihren Kompetenzbereich wesentlich erweitert. Dieser umfaßt nun auch die Verantwortung für Daten- und Telekommunikationsnetze, das Management der Großrechner-Anwendungen, neue Software-Pakete, Endbenutzersysteme usw.. Darüber hinaus sind Anbieter stärker in die Planung der Informationssystem- und Unternehmensstrategie des Kunden involviert.

Der Begriff ›Partnerschaft‹ ist daher besser geeignet, die Beziehung zwischen Dienstleister und Outsourcer zu charakterisieren. Das traditionelle Käufer/Verkäufer Verhältnis ist dieser Informationsdienstleistung mit Vertrauenscharakter nicht mehr angemessen. Der Käufer bezieht ein »Set« an Dienstleistungen sowohl von strategischem als auch von taktischem Wert und erwartet vom Anbieter eine ausgeprägte Kommunikationsbereitschaft, hohe Leistungsfähigkeit, Flexibilität und Integrität. Einen Typus von Geschäftsbeziehung also, der schon seit längerer Zeit im Bereich anderer Produkt- und Servicemärkte angetroffen werden kann. Wird diese Beziehung aber zu eng oder ist der IS-Anbieter bereits in der Lage, Leistungen in Konkurrenz zu seinem Kunden anzubieten, so könnte dies umgekehrt einen äußerst negativen Effekt auf die Geschäftsverbindung haben. Eine wichtige Frage, die sich Anbieter daher stellen müssen, wenn von Kundenseite eine engere Zusammenarbeit gefordert wird, ist: Wie weit darf und sollte eine solche Kooperation gehen? Es besteht sonst die Gefahr, daß der Kunde im Outsourcing-Anbieter einen neuen Konkurrenten vermutet.

Eine direkte Konsequenz dieses Wandels in der Charakteristik der Geschäftsbeziehung ist die Weiterentwicklung der Vertragsstruktur in Richtung Rahmenvertrag. Noch in den achtziger Jahren wurden Verträge detailliert und bis in die Einzelheiten genau bestimmt. Beide Seiten versuchten, alle Eventualitäten vertraglich zu regeln und zu steuern. Das hat sich im Falle des Outsourcing aber als praktisch nicht möglich erwiesen. So sind die heutigen Outsourcing-Verträge von einer wesentlich größeren Flexibilität gekennzeichnet und geben mehr Raum für die Evolution des Partnerschaftsgedankens. Auf der anderen Seite aber werden manche Aspekte des Vertrages vom Kunden wesentlich enger gesehen, und der Kunde drängt auf eine vertraglich genaue Vereinbarung spezieller Punkte. Gemeint sind z. B. genaue Spezifizierungen der Vertragsstrafen bei Leistungsnichterfüllung und genaue Bestimmungen über Zeitpunkt und Umfang technologischer Auf- und Nachrüstungen.

Obgleich das Motiv der Kostenreduzierung weiterhin als eine Hauptantriebskraft für das Outsourcing identifiziert werden kann, wird den technologischen Aspekten, besonders den Upgrades, große Aufmerksamkeit gewidmet. Sie sind im Regelfall ein sehr wichtiger Bestandteil des Outsourcing-Vertrages. Zunehmend wird auf Kundenseite realisiert, daß es auch im Geschäftsinteresse der Anbieter selbst liegen muß, regelmäßig und kontinuierlich das Spektrum der Serviceleistungen zu verbessern.

In den siebziger und achtziger Jahren hatte der Abschluß eines Outsourcing-Vertrages großen Einfluß auf die Veränderung von Geschäftsabläufen in Unternehmen, kaum aber auf seine Informationssystem-Architektur oder etwa die Ausrichtung der Informationssystem-Strategie. In den meisten Fällen beinhalteten die Änderungen die Konsolidierung ähnlicher Informationssystem-Abläufe, oder den Wechsel zu einem neuen Systemhersteller oder Software-Paket.

Heutzutage übernimmt das Outsourcing zunehmend die Rolle eines »Agent of Change«. Häufig wollen Unternehmen ihre Informationsverarbeitung aufgrund bestimmter Mängel restrukturieren. Sie beabsichtigen beispielsweise, ein Downsizing durchzuführen oder ihre Systeme nach funktionalen, geographischen oder anderen Kriterien neu aufzuteilen, oder sogar beides zugleich. Dabei haben sie selten die notwendigen internen Ressourcen, um reibungslos von Punkt A nach Punkt B zu gelangen. Sie sehen sich somit gezwungen, einige Aktivitäten zwischenzeitlich auszulagern, um den Wandel erfolgreich zu bewältigen. Über die Bereitstellung der erforderlichen Ressourcen hinaus stellt der »Outsourcing-Agent« auch das für den Übergang notwendige Know-how zur Verfügung. So erweitern die großen Outsourcing-Anbieter ihr Dienstleistungsspektrum systematisch in Richtung Systemintegration und Beratung. Das Angebotsspektrum der Siemens Business Services (SBS) beispielsweise umfaßt Business Process Reengineering, Training, Großprojektrealisierung und IS-Outsourcing.

Ein weiterer Unterschied in der Geschäftsbeziehung zwischen Anbieter und Kunden früher und heute ist der gestiegene Anteil an professionellen Dienstleistungen. Diese Professional Services schließen nicht nur das traditionelle Systemdesign oder die Auftragsprogrammierung ein, sondern auch vorgelagerte (z. B. Unternehmens- und Strategieberatung) und nachgelagerte (z. B. Endbenutzersupport, Kundenservice) Dienstleistungen. Der Käufer etabliert dazu häufig eine Ein-Lieferanten-Beziehung, um ein komplettes Paket an Produkten und Dienstleistungen zu erhalten. Der IS-Dienstleister übernimmt somit letztlich immer mehr Managementaufgaben für den Outsourcer. Die Schnittstelle zur Käuferorganisation verlagert sich dadurch auf die Geschäftsführerebene. Der Outsourcing-Vertrag umfaßt nun sowohl operative und taktische als auch strategische Elemente. Nicht-Outsourcing-Anbieter von Software und Dienstleistungen werden von dieser Entwicklung in ihrem Unternehmenswachstum stark beeinflußt. Der Outsourcing-Kunde sucht nach Möglichkeiten, Komplexität im Beschaffungsprozeß zu vermeiden und etabliert dazu eine »single-source«. Allein dieser Outsourcing-Anbieter ist damit beauftragt, alle geforderten Informationsverarbeitungs-Dienstleistungen bereitzustellen. Dabei ist die nachgewiesene Fähigkeit des Anbieters, diese Leistungen auch tatsächlich erbringen zu können, eine der Schlüsselqualifikationen, um als möglicher Vertragspartner ausgewählt zu werden. Hierzu können auch Kooperationen mit anderen Anbietern eingegangen werden. Für den Outsourcing-Kunden ist dies von nur geringer Bedeutung.

1.5 Das IS-Outsourcing-Geflecht

Um den Outsourcing-Trend besser verstehen zu können, sind in Abbildung 7 die Beziehungen zwischen den verschiedenen Serviceleistungen der IT-Branche und den verschiedenen Outsourcing-Kategorien unter Berücksichtigung der Zeitkomponente aufgeführt.

Die Dienstleistungen im »Systems-Management«-Teil (schraffiert) schließen grundsätzlich eine Partnerschaftszusage zwischen Anbieter und Kunden ein. Professional Services, Processing Services und andere Dienstleistungen können zusätzliche Bestandteile einer solchen Outsourcing-Partnerschaft sein. Das Systems Management fokussiert in erster Linie immer noch vorwiegend auf informatikbezogene Funktionen und Abläufe.

Mit Applications Management/Maintenance ist, wie schon ausgeführt,

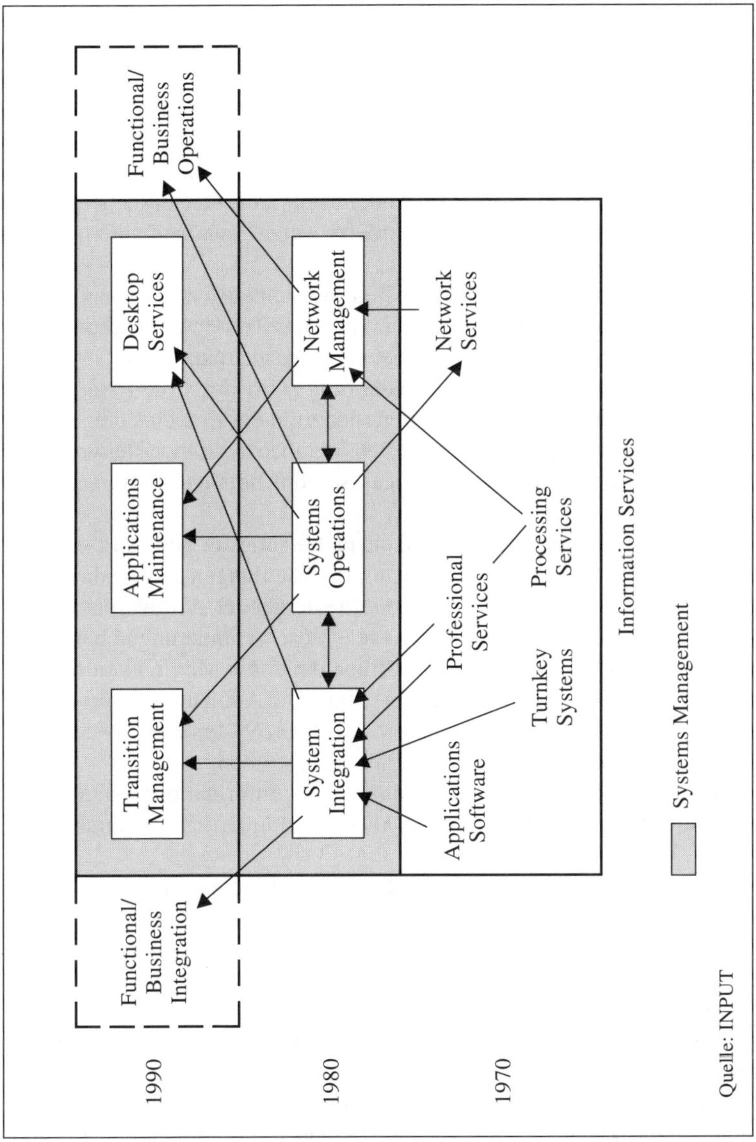

Abbildung 7: Das IS-Outsourcing-Geflecht

die Auslagerung der Anwendungsentwicklung und/oder Wartung und Updates gemeint. Die Wartung der installierten Großrechnersysteme bzw. -applikationen stellt eines der größten Hindernisse für den Fortschritt des Informationssystems dar. Der Anbieter könnte hier Wartungsaufgaben forcieren. Besonders wenn System-Reengineering-Maßnahmen erforderlich sind, werden dadurch interne Ressourcen für die Entwicklung neuer Anwendungen freigesetzt. Andererseits kann Outsourcing auf neue Initiativen gerichtet sein, insbesondere, wenn fundamentale Änderungen auf längere Sicht geplant sind.

Desktop Services sind das zur Zeit am schnellsten wachsende Teilsegment. Dieses Wachstum resultiert aus dem Trend, Anwendungen auf kleinere Plattformen »herunterzuziehen« und sie funktionalen Geschäftsbereichen zuzuordnen. Die Entwicklung wird durch den steigenden Bedarf an Endbenutzersupport, der wiederum ein Ergebnis der steigenden Komplexität der Desktop-Welten ist, noch verstärkt. Network Services machen die Desktop Services sowohl notwendig als auch erst möglich.

Das Transition Management ist ein erst in jüngster Zeit stark aufkommendes Betätigungsfeld für Anbieter. IS-Abteilungen ändern ihre Technologie, müssen sich z.B. infolge von Mergers & Acquisitons anpassen, konsolidieren Rechenzentren etc.. Diese Veränderungen benötigen oft drei bis vier Jahre Zeit und eröffnen daher die Möglichkeit für eine zunächst zeitlich begrenzte Partnerschaft. Der Anbieter übernimmt entweder die alten Systeme, installiert die neuen Systeme als Systemintegrator oder übernimmt beide Aufgaben zusammen.

Systemintegration ist die Kombination von Informationssystemen und Dienstleistungen, um ein Projekt als Generalunternehmer durchzuführen.

Systems Operations schließt die Übernahme von Rechenzentren, Netzwerken und in einigen Fällen das Applications Management ein.

Mit Network Management ist die Übernahme der Daten- und Telekommunikationsnetze angesprochen, unabhängig von der Übernahme von Rechenzentrumsoperationen.

Die beiden verbleibenden Systemmanagement-Beziehungen stellen mehr auf das Unternehmen insgesamt und seine Abläufe ab als auf die Informationsverarbeitung allein, obwohl die Informationstechnologie einen signifikanten Anteil hat, meist sogar die dominierende Komponente darstellt. Functional oder Business Integration ist die natürliche

Weiterentwicklung von Systemintegration. Da eine Restrukturierung der Informationstechnologie ohne eine Änderung der Organisationsstrukturen und Geschäftsprozesse nur einen geringen Nutzenzuwachs darstellt, wird es für IS-Anbieter und IS-Abteilungen zunehmend wichtig, beide Teilaspekte zu beherrschen. Projektteams müssen sich zeitgleich um Veränderungen in Organisation, Unternehmenspolitik, Geschäftsabläufen, Lohntarifen, Arbeitsqualifikationen und -funktionen, Beschäftigungsniveaus, Einrichtungen, Überwachung usw. kümmern, während die Informationssysteme im Kundenunternehmen restrukturiert bzw. optimiert werden. Im Extremfall würde eine solche Fülle von Aufgaben auch die Anforderungen an die Konstruktion und den Betrieb der Geschäfts- und Produktionstätigkeit einer nagelneuen Produktionsstätte erfüllen.

Functional oder Business Operation umfaßt ebenso alle Aspekte der Unternehmensabläufe und -funktionen, einschließlich aller Arbeitseinrichtungen und der Infrastruktur eines Unternehmens; das heißt im einzelnen z. B. alle Aufgaben im Personalbereich wie Einstellung, Fort- und Weiterbildung sowie Kündigung der Mitarbeiter sowie die Überwachung der Arbeitsabläufe.

Das IS-Outsourcing-Konzept erfordert die partnerschaftlich orientierte Geschäftsbeziehung und sollte nicht nur eine Vereinbarung über die Lieferung einer bestimmten Leistung zu einem bestimmten Zeitpunkt in einer bestimmten Menge an einen bestimmten Ort sein. Es kann durchaus traditionelle Dienstleistungen ebenso wie die Möglichkeit neuer und erweiterter Serviceleistungen beinhalten. Dadurch ergeben sich Chancen für Kunden, Anbieter und IS-Abteilungen.

2. Die Auslagerung der betrieblichen Informationsverarbeitung aus der Unternehmensperspektive

2.1 Einsatz der Informationstechnologie

Die Schlüsselherausforderungen, denen sich jede Organisation heute stellen muß, heißen Globalisierung, Spezialisierung, Integration und schnellere sowie diskontinuierliche Veränderungen der Unternehmensumwelten. Jeder dieser Faktoren beeinflußt und formt sowohl die gesamte Volkswirtschaft und ihre Industriezweige als auch das einzelne Unternehmen und hat dadurch auch direkten Einfluß auf die Informationssystem-Strategien und -Programme der IS-Kunden.

Heute existieren nur wenige Wirtschaftszweige, die sich internationalen Einflüssen vollständig entziehen können. Marktschranken und -hindernisse fallen allerorts. Als Beispiel sei hier der Abbau von Markthindernissen innerhalb Europas durch die Einführung des EG-Binnenmarktes seit dem 31.12.1992 angeführt. Diese Entwicklungen schaffen neue Chancen für Unternehmen und senken die Barrieren für den Eintritt in fremde Märkte. Grenzöffnungen erlauben vermehrt die Entstehung internationaler Kooperationen zwischen Unternehmen. Die IS-Strategie der Zukunft muß diesen Veränderungen Rechnung tragen und folgende Anforderungen unterstützen:

- internationale Ausrichtung,
- Anwendung internationaler Standards,
- Unterstützung internationaler Prozesse.

Die steigende Wettbewerbsintensität auf fast allen Weltmärkten, die schwierige allgemeine wirtschaftliche Situation und nicht zuletzt Anpassungs- und Organisationsprobleme sowie Restrukturierungserfordernisse veranlassen Unternehmensführungen immer häufiger, sich auf ihr eigentliches Kerngeschäft zu besinnen. Hieraus sollte idealerweise ein spezialisiertes und zielgerichtetes Unternehmen resultieren, das mit Nachdruck nur das betreibt, was es tatsächlich am besten kann, getreu einer amerikanischen Devise »Do the best, outsource the rest«.

Geschäftsleitungen sollten nun aber nicht zwanghaft über Möglichkeiten der Einschränkung ihrer bestehenden Geschäftsaktivitäten nachdenken. Es ist entscheidender, sich auf solche Funktionen und Prozesse zu konzentrieren, die für den Unternehmenserfolg und die Unternehmensmission tatsächlich strategische Bedeutung besitzen. Hält es beispielsweise ein Automobilhersteller unter Wettbewerbsgesichtspunkten für nicht erforderlich, Autoradios zu produzieren, warum, so müßte man dann fragen, sollte er weiterhin sein eigenes Rechenzentrum betreiben? Hiervon kann er ebenfalls kaum ein signifikantes Differenzierungs- oder Profilierungspotential für das eigentliche Kerngeschäft erwarten. Grundsätzlich bedarf es aber sorgfältiger Überlegungen in jedem Einzelfall, ob bestimmte intern abgewickelte Funktionen tatsächlich ohne die Gefahr von Wettbewerbseinbußen von externen Dienstleistern übernommen werden können.

Prinzipiell sollten die Informationssystem-Strategien und -Programme von Unternehmen vorwiegend unternehmenskritische Funktionen unterstützen. Dabei muß die Bereitstellung der zeit- und kosteneffektivsten Entwicklungs- und Betriebsmethoden im Hinblick auf die IS-Prozesse gewährleistet sein.

Das Tempo, mit dem sich die Veränderungen in den Unternehmensumwelten und auf den Wettbewerbsmärkten vollziehen, war noch nie so hoch. An dieser »Geschwindigkeitserhöhung« hat die Informations-

Trends	**Organisation**	**Informationssysteme**
Globalisierung	internationale Chancen und internationaler Wettbewerb	Unterstützung internationaler Anforderungen
Spezialisierung	Kerngeschäft und Kernfunktionen	strategische Systeme
Wandel der Unternehmensumwelten	Organisationswandel	schnelle Reaktion und schnellere Entwicklung
Integration	intraorganisationale Beziehungen	intra- und interorganisationale Systeme
Quelle: INPUT		

Abbildung 8: Wirtschaftiche Schlüsseltrends, Organisation und Informationssysteme

technologie einen entscheidenden Anteil. Nun gilt sie aber gleichzeitig als das einzige Werkzeug, mit dem diese Herausforderungen gemeistert werden können. So war es in den siebziger Jahren noch durchaus akzeptabel, daß die Entwicklungsdauer eines neuen Systems durchschnittlich drei bis fünf Jahre betrug. Heutzutage ist es hingegen nicht unwahrscheinlich, daß sich spätestens nach drei Jahren die Anforderungen, die Unternehmensorganisation und ihre Zielsetzungen so verändert haben, daß das System den gestellten Aufgaben bei gleichlanger Entwicklungsdauer wohl nicht mehr angemessen wäre.

Heutige Informationssystem-Strategien und -Programme müssen darüber hinaus auch die Wahrscheinlichkeit unvorhersehbarer Anforderungen mit einkalkulieren und berücksichtigen. Die zufriedenstellende Bewältigung der Routinearbeiten ist nicht mehr allein der entscheidende Qualitätsmaßstab, sondern die Bewältigung der strategischen Aufgaben wird zum Gradmesser des Erfolges für die Qualität und Effektivität der Informationsverarbeitung.

Der globale Wettbewerb, die Spezialisierung als bedeutende Quelle von Wettbewerbsvorteilen und die Fähigkeit zur Anpassung an den Wandel stützen die Forderung nach einer umfassenden Integration und einer besseren Zusammenarbeit aller Organisationsbereiche. Seitdem als Kernstück dieser Integration der Informationsfluß identifiziert wurde, sind folglich auch die Auswirkungen auf die Gestaltung der Informationssystem-Strategien und -Programme hoch. Das Informationsnetzwerk muß zum einen die internen Informationsflüsse ausreichend unterstützen. Die heutigen Applikationen für die interne Kommunikation sind dabei überaus komplex, raschen Änderungen nur schwer zugänglich und meist zentral verwaltet. Zukünftige Anwendungen sollten dagegen einfach strukturiert und mehr benutzerkontrolliert sein.

Informationssystem-Strategien und -Programme müssen zum anderen den interorganisationalen Unternehmens- und Benutzeranforderungen gerecht werden. Als richtungsweisendes Beispiel hierfür sei die Einführung des elektronischen Daten- und Informationsaustausches EDI (electronic data interchange) angeführt.

Kaum eine Informationsverarbeitungs-Funktion eines größeren Unternehmens wird sich heute dem Einfluß signifikanter interner und externer Veränderungen entziehen können. Übernahmen, Akquisitionen und Veräußerungen, leveraged buy-out (fremdfinanzierte Übernahmeangebote) und Reengineering-Maßnahmen stehen auf der Tagesordnung.

All diese Ereignisse zusammengenommen verlangen ein Überdenken der bestehenden Informationssystem-Strategien und -Programme. Noch vor wenigen Jahren wäre dies kaum jemandem ernsthaft in den Sinn gekommen. Die Schnelligkeit des Wandels, die steigende Wettbewerbsintensität, Spezialisierungs- und Integrationserfordernisse sind aber gewichtige Parameter, die die Outsourcing-Komponente in die zukünftigen Überlegungen zur Neu-Gestaltung der Informationssysteme und Unternehmensprozesse stärker einfließen läßt.

2.2 Elektrizität und Rechnerleistung – eine historische Analogie

In den Anfängen der industriellen Revolution Mitte des 18.Jahrhunderts erforderte der Bau einer Fabrik gleichzeitig auch immer den Bau eines eigenen Kraftwerkes für die Energieversorgung. Dies traf nicht nur auf Produktionsstätten, sondern auch auf Bergwerke, Verwaltungsgebäude und andere öffentliche Einrichtungen zu. Zunächst stellten diese Kraftwerke die benötigte Energie für die reine Produktionsleistung bereit. Später kamen Wärme, Licht, Ventilation etc. hinzu. In den meisten Fällen wurde Gas zur Produktion von Licht und Wärme verwendet. Zur Energieerzeugung benötigten die Kraftwerke entweder Wasserkraft oder Dampf als Roh- bzw. Einsatzstoffe. Die Übertragung und Verteilung der Energie erfolgte mittels mechanischer Hilfsmittel wie Flaschenzüge, Riemen, Achsen und Getrieben. Erst mit der Entdeckung und Beherrschbarkeit der Elektrizität konnte man auf diese Hilfsmittel verzichten.

Eine Hauptschwierigkeit bestand in der Dosierung der für eine bestimmte Aufgabe jeweils benötigten Energiemenge. Man behalf sich mit einer Kombination aus mechanischer und elektrischer Energieverteilung und -zuführung. Das Prinzip einer »zentralen Quelle der Energie« aber blieb bestehen. Dies änderte sich erst mit der Entdeckung des Transformators, des »fraktionalen« Motors der Elektrizität. Bis dahin war es nur schlecht oder gar unmöglich, Energie über eine längere Distanz zu übertragen. Man vermutete daher, daß jene Städte, in denen der »Rohstoff« zur Energieerzeugung vorkam, erheblich prosperieren würden. Denn nur hier wurden auch die Kraftwerke und die entsprechende Infrastruktur aufgebaut. Im Laufe des neunzehnten Jahrhunderts setzte eine Auseinandersetzung darüber ein, welche Stadt sich schneller entwickeln würde: Buffalo, New York mit seinem Zugang zum Wasserreservoir der

Niagarafälle oder Liverpool, England, wo eines der größten Kohlevorkommen lokalisiert worden war.

Mit der Formulierung der Forderung nach Verteilung der elektrischen Energie wurden gleichzeitig auch Verteilungsgeräte und Standards notwendig. Die Wahl beschränkte sich hierbei nicht bloß auf die Entscheidung Gleichstrom oder Wechselstrom, sondern schloß z.B. auch die Anzahl der Perioden und die Spannung mit ein. Mit dem Auftauchen leistungsfähiger Übertragungs- und Verteilungsgeräte und nachdem erste Standardisierungsergebnisse erzielt worden waren, bestand keine Notwendigkeit mehr zu eigenen Kraftwerken für jede einzelne geographische Einheit. Kraftwerke konnten nun überall lokalisiert sein. Der Disput zwischen den Städten Buffalo und Liverpool schlief folglich im Laufe der Zeit ein.

Die Energieerzeugung wurde zu einer administrativen Funktion. In einigen Fällen, wie beispielsweise in der Aluminiumindustrie allerdings zu einer außerordentlich wichtigen. Dennoch hatte sie für den Erfolg wirtschaftlichen und unternehmerischen Handelns nur noch sekundären Charakter, denn dic Eigenerstellung brachte im Wettbewerbsumfeld keine Vorteile. Sie konnte ohne weitere Probleme von spezialisierten Anbietern, den Energieversorgungsunternehmen, fremdbezogen werden.

Mit Hilfe der Transformatoren konnte Energie in geeigneter Menge an jeden Ort für jede Aufgabe über lokale Netze zugeführt werden. Die Verbraucher dieser Energie, gleich ob Unternehmen oder private Konsumenten, begannen in der Folgezeit motorbetriebene technische Gerätschaften für eine Vielzahl von Anwendungsbereichen zu konzipieren und zu erwerben. Die Nutzung der elektrischen Energie wurde nach und nach in die tagtäglichen Abläufe der Unternehmen und der Arbeitswelt integriert.

Die Kennzeichen und Entwicklungslinien der elektrischen Energie Mitte und Ende des achtzehnten Jahrhunderts sind im folgenden nochmals stichwortartig zusammengefaßt:

Mitte des 18. Jahrhunderts:
- Fabriken/Gebäude/Wohnungen hatten jeweils eigene Generatoren,
- wichtige separate Einheit,
- Anwendungen waren Licht und Arbeit,
- gewöhnlich mit Dampf betrieben,
- keine Umwandler/Transformatoren,

- mechanische Energieverteilung,
- konkurrierende »Protokolle«.

Ende des 18. Jahrhunderts:

- Stromverteilungsnetze wurden verfügbar,
- erste Standards setzten sich durch (z. B. Wechselstrom statt Gleichstrom),
- Transformatoren stellten Energie adäquat zur Verfügung,
- eigene Kraftwerke verschwinden nach und nach,
- Aufkommen »lokaler Netzwerke«.

Die Entwicklungsgeschichte der Rechnerleistung seit etwa 1960 kann in einer analogen Weise betrachtet werden. Die Nutzung von Rechnerleistung setzte in der Regel zunächst ihre »Eigenproduktion« voraus. Die großen Versorgungseinheiten der Informationsverarbeitung, die Rechenzentren, kamen erst spät in den siebziger und achtziger Jahren verstärkt auf. In den achtziger Jahren schließlich erschien der »fraktionale« Motor der Informationsindustrie auf der Bildfläche, der Mikroprozessor bzw. Mikrocomputer. Dieser erst ermöglichte die effektive Verteilung von Rechenleistung in dem benötigten Maße an den »Point of Work« (= Arbeitsplatz).

Leistungsfähige Daten- und Telekommunikationsnetzwerke, welche eine Verbindung zwischen den einzelnen Arbeitsstätten herstellten, tauchten ebenfalls verstärkt auf. Diese Netzwerke waren und sind als Schnittstellen zwischen den Nicht-Standardgeräten unterschiedlicher »Leistung« zu verstehen. Ebenso wie im geschilderten Elektrizitätsbeispiel, in dem die Übertragungseinrichtungen den breiten Einsatz z. B. von Licht ermöglichten, gestatten erst Computernetzwerke den flächendeckenden Einsatz und die Verbreitung von Informationen.

Es läßt sich noch eine weitere Analogie aufzeigen. Anfänglich wurde das Geld in der »Elektrizitätsbranche« vorwiegend mit dem Bau von Generatoren für Fabriken und für andere Auftraggeber verdient. Die Versorgungsunternehmen (Erzeugung und Verteilung von Energie) wurden zu Großkunden dieser Produzenten. Der Hauptumsatz aber wurde in der Reifephase dieser Entwicklung eindeutig mit den Anwendungen bzw. den Geräten erzielt, die für eine Vielzahl von Aufgaben, denen nur der menschliche Einfallsreichtum eine Grenze setzte, eingesetzt wurden. Hiermit sind allerdings weniger die Vielzahl der elektrischen Motoren unterschiedlicher Größe und Leistung gemeint, sondern vielmehr

Geräte mit konkretem Anwendungsbezug wie Öfen, Bohrmaschinen, Staubsauger etc. In der Computerindustrie verlief diese Entwicklung ähnlich. Zunächst wurde im Mainframe-Geschäft verdient. Heute liegen die Gewinnmöglichkeiten eindeutig im Bereich der Dienstleistungen und Produkte, welche die benutzergerechte Anwendung der Rechenleistung am Arbeitsplatz sicherstellen. Ebenso wie es sich mit dem »fraktionalen« elektrischen Motoren verhielt, so resultiert das eigentliche Wachstum des Computermarktes auch weniger aus den Mikroprozessoren selbst, sondern aus den Anwendungen hierfür.

Elektrizität	**Rechnerleistung**
Stand-alone-Generatoren	Stand-alone-Rechenzentrum
elektrische Standards	IT-Standards
Übertragungsgeräte	Netzwerke
»fraktionale« Motoren = Transformatoren	Mikroprozessor für Power am Point of Work
sorgt für physikalische Beleuchtung	stellt Informationen bereit (»intellektuelle Beleuchtung«)
wird von Endbenutzern verbraucht	wird von Endbenutzern verbraucht
Quelle: INPUT	

Abbildung 9: Elektrizität und Rechnerleistung

Natürlich hinkt der Vergleich zwischen Rechnerleistung und Elektrizität an manchen Stellen. Die Anwendungsgeräte für elektrische Energie werden physisch angetrieben, die Anwendungen für Rechnerleistung sind Software und werden intellektuell angetrieben. Elektrizitäts-Netzwerke stellen ein Einweg-Verbrauchssystem dar, Computernetzwerke konstituieren einen wechselseitigen Informationsfluß. Versorgungsunternehmen unterliegen starren Regelungen, »Versorgungsunternehmen« der Computerindustrie kaum. Elektrische Standards variieren nach Ländern, Computerstandards sind global bzw. auf dem Weg dahin. Elektrizität erfordert große technische Anlagen und teure Distributionskapazitäten; Rechnerleistung ermöglicht immer kleinere und billigere Systeme. Elektrizität ist physisch gefährlich; Rechnerleistung ist »nichtphysisch« gefährlich.

Elektrizität war im neunzehnten Jahrhundert vielleicht der wichtigste Katalysator für das wirtschaftlich-gesellschaftliche Wachstum. Dasselbe kann von der Informationstechnologie im zwanzigsten Jahrhundert angenommen werden. Ein Blick auf die Entwicklungsgeschichte der Elektrizität und ihrer Anwendungen kann sich daher als wertvoll für die Abschätzung des zukünftigen Entwicklungspotentials der Informationstechnologie und ihre Anwendungsbereiche erweisen. Ebenso wie Elektrizität schon seit dem letzten Jahrhundert nicht mehr am Ort des Verbrauchs selbst erzeugt werden muß, weil darauf spezialisierte und wirtschaftlich selbständige Unternehmen die Energieproduktionstätigkeit, ihre Verteilung und weitere operative Funktionen übernehmen, bedarf es im Prinzip auch nicht mehr unbedingt der Eigenerstellung von Rechnerleistung. Der Fremdbezug von Rechnerleistung bzw. Informationsverarbeitungs-Dienstleistungen erscheint nach diesem Exkurs in die Historie eher sinnvoll. Zu den großen »Versorgungsunternehmen« der Informationsverarbeitung zählen SNI, IBM und weitere IS- bzw. Outsourcing-Anbieter.

2.3 Die IS-Abteilung im Wandel

In etwa den letzten drei Jahren hat sich der Stellenwert der IS-Abteilungen innerhalb der Unternehmsorganisationen zu ändern begonnen. War sie früher eine unangefochtene und unersetzbare Unternehmensinstanz mit unbestrittener Fachkompetenz, so gibt es heute genügend Kritiker, die ihre Berechtigung als separate Geschäftseinheit in Frage stellen. Dies ist einerseits auf die rasanten Veränderungen in den Unternehmensumfeldern, andererseits auf die »explosionsartigen« Entwicklungen innerhalb der Informationstechnologie selbst zurückzuführen. Entscheidungen wie z. B. die von Kodak, General Dynamics oder United Technologies, eine Auslagerung ihrer IS-Abteilungen in Betracht zu ziehen, deuten die möglichen Konsequenzen an. Seitdem verpflichten immer mehr Unternehmen wie Banken und Versicherungen externe IS-Dienstleister, die ihre Anwendungssoftware, Daten- und Netzwerkdienste sowie die gesamten Wartungsaufgaben hierfür übernehmen.

Vor diesem Hintergrund bleibt es nicht aus, daß die Kardinalfrage, ob eine interne Datenverarbeitung heute und zukünftig noch sinnvoll und zu rechtfertigen ist, immer häufiger gestellt wird. Die IS-Abteilungen sind während der letzten 30 Jahre kontinuierlich in Größe, Ansehen und auch als Kostenfaktor gewachsen. Sie sind den Fachabteilungen eine zumindest gleichgestellte Serviceeinheit, die auf einem sehr hohen Niveau an die Finanzleitung berichtet oder sogar direkt der Unternehmensführung unterstellt ist. Eine beispielhafte Organisationsstruktur eines Unternehmens mit separater IS-Abteilung zeigt Abbildung 10.

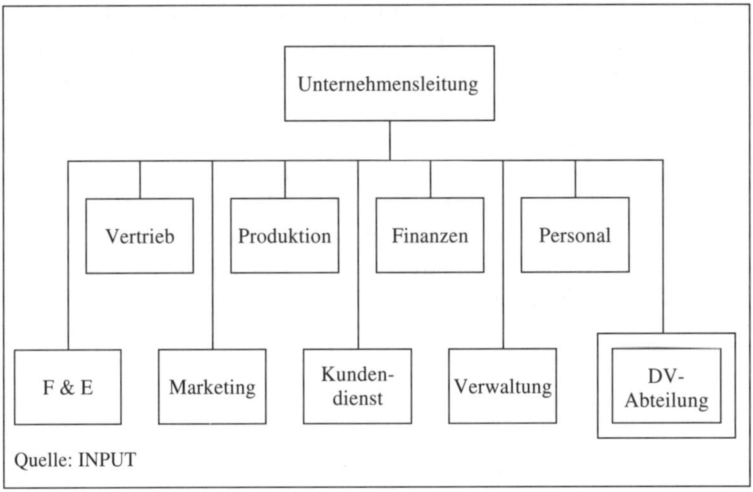

Abbildung 10: Organisationsstruktur mit separater IS-Abteilung

Verschiedene Aggregationen konnten nach räumlichen Kriterien oder produktbezogen in Abhängigkeit vom jeweiligen Unternehmenstypus vorgenommen werden. Die DV-Abteilung blieb in der Vergangenheit bei solchen Überlegungen regelmäßig außen vor. Sie war immer ein eigenes Cost-Center.

Schon in den achtziger Jahren wurde die Bedeutung der Informationstechnologie für den Erfolg der Organisation immer wieder betont und herausgestellt. Das Schlagwort *mission critical systems* (unternehmenskritische Systeme) wurde in diesem Zusammenhang oft bemüht. Informationssysteme zur Erhaltung und Erzielung von Wettbewerbsvorteilen wurden in vielen Teilen der Unternehmen implementiert und eingesetzt. Als die Führungskräfte in den Fachabteilungen der hohen strategischen Bedeutung dieser Systeme schließlich Glauben schenkten, wuchs natürlich ihr Interesse, mehr Einfluß und Kontrolle über die ihren Erfolg maßgeblich bestimmende Informationstechnologie und -systeme auszuüben.

Die Schwierigkeit, Informationssysteme und Endbenutzer zu trennen, beeinflußt heute das Rollenverständnis der IS-Abteilungen erheblich. Mit den immer schnelleren internen und externen Informationsflüssen bekommt die Integration von Mitarbeitern in Unternehmen mit der Informations- und Kommunikationsinfrastruktur sowohl in der Anwendung als auch in der Entwicklung einen beinahe symbiotischen Charakter. Der Einsatz von Informations- und Kommunikationstechnologie alleine vermag wenig zu leisten, ihre Zusammenarbeit mit dem eigentlichen Anwender muß vielmehr sichergestellt sein.

Eine Folge dieser beiden Trends kann durchaus in der Auflösung der eigenen, separaten DV-Abteilungen, wie wir sie heute noch kennen, bestehen. Die Organisationsstruktur eines Unternehmens könnte sich beispielhaft wie folgt ändern.

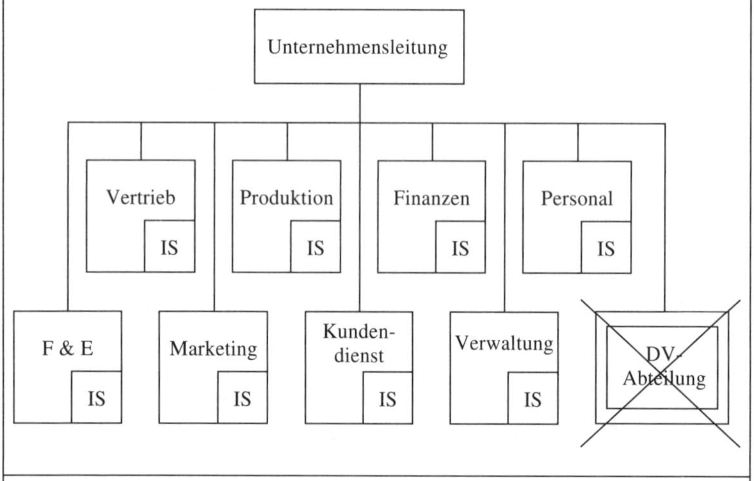

Quelle: INPUT

Abbildung 11: Organisationsstruktur mit integrierter IS-Funktion

Betriebs-, Support- und andere Unternehmenseinheiten holen zunehmend Managementaufgaben bezüglich Entwicklung und Betrieb ihrer Applikationen wieder in ihren Verantwortungsbereich zurück. Die verbleibenden Aufgaben einer IS-Abteilung betreffen die Schnittstelle zwischen den Systemen und Geschäftsbereichen sowie Planungs- und Kontrollfunktionen. Aber selbst diese dispositiven Funktionen können letztendlich von anderen Einheiten übernommen werden. Schließlich hängt das Schnittstellenmanagement in erster Linie mit Timing, Definitionen, Alternativenplanung und Informationsbedürfnissen zusammen. Diese Aktivitäten müssen ohnehin von anderen Bereichen als der IS-Abteilung koordiniert werden. Die Basis für die Berechtigung einer eigenständigen IS-Abteilung erodiert weiter, wenn diese Entwicklung sich in den Bereich der technischen Schnittstellen für Software, Netzwerkprotokolle, Standards etc. hinein fortsetzt. Eine solche Entscheidung könnte und sollte aber vielleicht eher von den Mitarbeitern der DV-Abteilung, die eng mit den Fachabteilungen zusammenarbeiten, selbst getroffen werden und nicht von einer teuren, bürokratischen Instanz. Dagegen besteht grundsätzlich der Einwand, das Gesellschaftsvermögen müsse weiterhin geschützt bleiben. Doch könnte die Wahrung der Unternehmensinteressen auch von den Planungs- und/oder Finanzabteilungen sichergestellt werden.

Für den Fall, daß Expertisen oder objektive Meinungen notwendig sind, können diese ohne weiteres von außen hinzugekauft werden. Es ist wahrscheinlich, daß – auch wenn die eigenständigen DV-Abteilungen nicht gänzlich von der Bildfläche verschwinden werden – eine stärkere Integration von Informationsverarbeitungs-Funktionen und -Verantwortung mit Betriebs-, Support- und Unternehmenseinheiten erfolgen wird.

Die IS-Abteilung muß sich daher auf neue Aufgaben und Funktionsbereiche besinnen. Sie muß für die neunziger Jahre kleiner, flexibler und serviceorientierter sein. Sie sollte eine Expertenrolle in Fragen einnehmen, die die Schnittstelle von Technologie und Geschäftsprozessen betreffen, und ihre Beraterrolle weiter forcieren. Des weiteren verbleibt es ihr, Anbieter von Informationstechnologie zu sein. Dies muß aber nicht unbedingt Implementierungsaufgaben mit einschließen. Das Motto der Zukunft könnte für IS-Abteilungen wie folgt lauten:

»Mit dem Einsatz der zur Verfügung stehenden Informationstechnologie sowohl kurz- als auch mittel- und langfristig ein maximales

Nutzenpotential für das Unternehmen und seine Auftraggeber, die Fachabteilungen, zu erzielen.«

Zwar kann das IS-Management die operativen Aspekte der Informationssystem-Prozesse nicht ignorieren. Mit einer umsichtigen Nutzung von Anbieterkompetenzen und -fähigkeiten aber kann es seine Schwerpunkte zugunsten strategischer Aufgaben, Kontrollfunktionen und einer besseren Versorgung der Endbenutzer verschieben.

Strategie: Eine dem Wesen nach originäre Aufgabe des IS-Managements ist die Ausarbeitung und Weiterentwicklung der Informationssystem-Strategie. Daß dies in der Vergangenheit in vielen Fällen nur unzureichend gelöst wurde, lag nicht nur an dem fehlenden Engagement, das zur Bewältigung dieser Aufgabe hätte aufgebracht werden müssen. Oft stand aufgrund der hohen Belastungen im Tagesgeschäft schlicht und einfach nicht ausreichend Zeit zur Verfügung. Ohne eine explizite Entwicklungsstrategie aber können neue Technologien kaum bewertet und eine angemessene Auswahl kann nicht getroffen werden. Heutzutage ist es von strategischer Bedeutung, die nächste Informationstechnologie-Alternative zu identifizieren und im Hinblick auf ihre Einsatzfähigkeit und ihr Nutzenpotential zu bewerten.

Architektur: Die Festlegung einer bestimmten Informationssystem-Architektur – bzw. eines Programmes – kann die zukünftigen Integrationserfordernisse wesentlich vereinfachen. Ist eine Informationssystem-Architektur vorhanden, so ist es im allgemeinen leichter, Informationsverarbeitungs-Alternativen und neue Technologien im Hinblick auf ihren Nutzen für das Unternehmen zu bewerten. Weiterhin wird es eher möglich, auf unvorhergesehene informatikbezogene Anforderungen schnellstens zu reagieren.

Vertragsmanagement: Vorgegebene Zeit- und Budgetrestriktionen einzuhalten, galt noch nie als besondere Stärke von DV-Abteilungen – bis heute. Mehr denn je wird dies vor dem Hintergrund eines gestiegenen Kostenbewußtseins und wettbewerbsintensiver Märkte gefordert. IS-Anbieter hingegen haben es gelernt, Zeit- und Kostenvorgaben einzuhalten. Sind die entsprechenden Managementfähigkeiten auf Kundenseite vorhanden, dürfte es von nachrangiger Bedeutung sein, wer die eigentliche Arbeit leistet. Der IS-Anbieter übernimmt die Projektverantwortung in einem solchen Fall, und die DV-Abteilung kontrolliert und überwacht die Leistungen des Anbieters bzw. die Einhaltung der getroffenen Vereinbarungen.

Organisationsverhalten: Heute ist fast jeder Mitarbeiter eines Unternehmens ein »intensiver« Nutzer von Informationstechnologie. Von der obersten Unternehmensführung angefangen bis in die Produktionshallen hinein verändern Informationssysteme und ihre Anwendungen traditionelle Arbeitsmuster- und -abläufe. Je schneller diese Entwicklung verläuft, desto wichtiger wird der Support sowie die Aus- und Weiterbildung. Irgend jemandem obliegt es, diese Aufgaben im Bereich Training und Schulung zu übernehmen. Wer sollte dies besser können als die IS-Abteilungen? Dies ist heute ein Full-time-Job, der von den Mitarbeitern der Informationsabteilung nicht nebenher ausgeführt werden kann.

Die erfolgreiche Bewältigung dieser vier Aufgabenbereiche kann den positiven Einfluß der Informationstechnologie auf die Organisation verstärken und der IS-Abteilung zu einem neuen Rollenverständnis verhelfen.

2.4 Informationssystemstrategie und Outsourcing

2.4.1 Interne versus externe Kontrolle

Um die Outsourcing-Alternative objektiv beurteilen zu können, sollte sie im Zusammenhang mit den verschiedenen Aktivitäten im Bereich der Informationsverarbeitung bewertet werden. Grundsätzlich können die vier Aufgabenfelder Planung, Entwicklung, Betrieb und Wartung unterschieden werden (vgl. Abbildung 12).

Sämtliche Planungsfunktionen sowie Architektur- und Strategieüberlegungen verbleiben in der Regel im Aufgabenbereich des IS-Managements. Sie sind das Fundament für eine effektive Kontrolle der Informationsverarbeitung. Ein wirklich kompetentes IS-Management wird diese Funktionen wahrnehmen und nicht aus der Hand geben, will es die Herausforderungen in den neunziger Jahren bestehen. Trotzdem sollten die Anbieter in allen Phasen dieser Aktivitäten rechtzeitig einbezo-

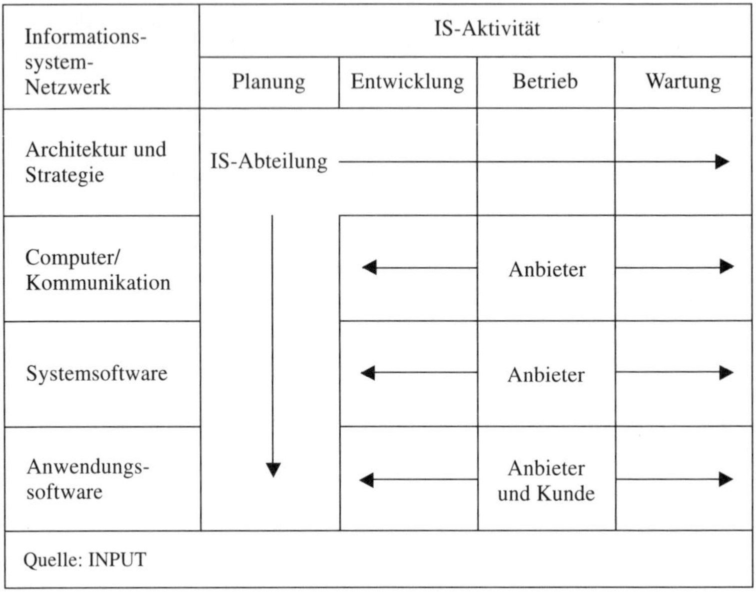

Abbildung 12: IS-Aktivitäten und Outsourcing

gen werden, so daß die effektive Durchführung von Implementierungsaktivitäten sichergestellt werden kann. Jene Vorgehensweise, bei der die IS-Abteilung sämtliche Planungsschritte vorwegnahm und dem Anbieter nur noch vorschrieb, was er zu tun hatte, ist heute mit Sicherheit nicht mehr angemessen und stellt einen Rückfall in die streng phasenorientierte, sequentielle Vorgehensweise der siebziger Jahre in der Software-Entwicklung dar.

IS-Anbieter entwickeln Computer und Kommunikationseinrichtungen und übernehmen bei Bedarf Wartungsaufgaben. Das gleiche gilt auch für die systemnahe Software. Aufgrund des wachsenden Interesses am Outsourcing-Konzept werden die Anbieter in Zukunft sehr wahrscheinlich eine noch stärkere Kontrolle über die Aktivitäten Entwicklung, Betrieb und Wartung ausüben.

Aufgrund des vermehrten Einsatzes von Standardsoftware-Paketen und des Trends zur Systemintegration weitet sich die Rolle der Hersteller auf den Bereich Anwendungen aus. Natürlich kann der Benutzer ohne weiteres selbst die Elemente eines komplexen Informationsnetzwerkes implementieren, betreiben und warten, wenn er über die dazu notwendigen Ressourcen verfügt. In Befragungen aber ist ein steigender Trend nach Inanspruchnahme externer Dienstleister für diese Aufgaben festzustellen; wegen ihrer höheren Verfügbarkeit zum einen, wegen der geringeren Kosten zum anderen.

Das IS-Management sollte die aufgezeigte Struktur nutzen, um bevorstehende »Schlüsselprojekte« zu evaluieren. Ein Resultat sollte in der Berücksichtigung einer größeren Anzahl von Anbieterlösungen für weitaus größere IT-Projekte bestehen. Ein weiteres Ergebnis könnte in einer besseren Gesamtperformance der Informationsverarbeitung bestehen.

2.4.2 Potentiale verschiedener Outsourcing-Kategorien

Jede der Outsourcing- und Systemmanagement-Kategorien in der folgenden Abbildung ist nach Größe ihres Einflusses, den sie auf operativer, taktischer und strategischer Ebene der Unternehmenstätigkeit haben kann, klassifiziert.

Outsourcing-Kategorie	**Unternehmensebenen**		
	operativ	**taktisch**	**strategisch**
Applications Operations	hoch	hoch	mittel
Platform Operations	hoch	mittel	mittel
Desktop Services	hoch	mittel	niedrig
Transition Management	mittel	hoch	niedrig
Applications Management	hoch	hoch	mittel
Systemintegration	mittel	hoch	mittel
Function/Business Reengineering	hoch	hoch	hoch
Function/Business Outsourcing	hoch	mittel	mittel
Quelle: INPUT			

Abbildung 13: Strategische, taktische und operative Auswirkungen verschiedener Outsourcing-Typen

Ein Anbieter von *Applications Operations* stellt seinem Auftraggeber, indem er die volle Verantwortung für den Systembetrieb übernimmt, neueste und fortschrittliche Anwendungssoftware bereit. Das IS-Management kann sich dadurch auf die Umsetzung der Unternehmensziele konzentrieren. Dieser Ansatz wird zunehmend erfolgreich in Bankenkreisen verfolgt. Die Outsourcing-Entscheidung führt zu einem signifikanten Nutzenpotential auf allen Ebenen der Unternehmenstätigkeit.

Ein *Platform-Operations-Anbieter* befreit das interne Personal weitgehend von den Aufgaben des Tagesgeschäfts. Diese können sich nun intensiver auf den Bereich Entwicklung zukünftiger Informationssystem-Strategien konzentrieren. Der Anbieter sorgt für den effektiven Ablauf des Rechenzentrums- und Netzwerkbetriebes. Der Einfluß auf der operativen Ebene ist hoch.

Der Bezug von *Desktop Services* erlaubt es, unter Umständen sehr hohe Effizienzsteigerungen zu realisieren. Der Wirkungsgrad ist vor allem auf der Anwenderebene spürbar. Der Einfluß von Desktop-Dienstleistungen auf die Unternehmung als Ganzes ist gleich der Summe ihrer Einflüsse auf der operativen Ebene. Aggregiert kann eine Desktop Dienstleistung deshalb große Auswirkungen haben.

In einer Übergangssituation, z. B. während der Durchführung von Reengineering-Maßnahmen, kann der Anbieter das laufende Tagesmanagement der »alten« DV-Anlagen übernehmen. Ein solches *Transition Management* erlaubt der IS-Abteilung, die »neuen« Informationssysteme schneller zu entwickeln und zu implementieren. Hier besteht offensichtlich nur geringe Wirkung auf der operativen Ebene, um so höher ist der Einfluß auf taktischem Niveau.

Ein *Applications-Management*-Anbieter unterstützt die Entwicklungsaktivitäten im Bereich Neuentwicklungen sowie die bereits getätigten IT-Investitionen mit Know-how. Letzteres kann besonders effektiv sein, wenn es um das Reengineering von Großrechnersystemen geht. Demnach werden operative und taktische Ebenen stark berührt.

Ein *Systemintegrationsprojekt* hat bezeichnenderweise einen ungleich hohen Einfluß auf der taktischen Ebene. Die neue Informationslösung wird Geschäftsabläufe verändern und die Informationsverarbeitung enger als bisher mit den Unternehmensaktivitäten »verzahnen«. Die Durchführung eines *Functions/Business-Reengineering*-Projektes hat noch größere Auswirkungen auf allen Ebenen der Organisation. Es erreicht die geschilderten Veränderungen unmittelbar und beeinflußt das Unternehmen über die Grenzen von Informationstechnologie und Informationssystemen hinaus. Solche Projekte sind zwar relativ selten im Lebenszyklus eines Unternehmens, aber von äußerster Wichtigkeit für die strategische Zielrichtung. Eine Großorganisation wird sich in der Regel nur bei sehr großen Veränderungen der Geschäftszyklen der Branche, in welcher das Unternehmen agiert, einem kompletten Reengineering unterziehen. Das Scheitern eines solchen tiefgreifenden Projektes kann dabei existenzgefährdend sein. *Funktion- oder Business-Operations*-Verträge müssen sich nicht unbedingt auf der strategischen Ebene auswirken. Solche Maßnahmen werden meist aus wirtschaftlichen bzw. finanziellen Gründen durchgeführt, oder sie sind im Hinblick auf die Erzielung taktischer Vorteile, wie z. B. ein verbesserter Kundenservice, wichtig.

Wenn das IS-Management und die IS-Abteilungen erkennen, über welche Elemente der Informationsverarbeitung sie die Kontroll- und Gestaltungshoheit behalten müssen, und ihnen ebenfalls bewußt ist, auf welcher Stufe welche Outsourcing-Typen ihr Unternehmen beeinflussen, kann jeder neue IS-Plan realistisch vor dem Hintergrund einer Outsourcing-Alternative abgewogen werden.

2.5 Nutzen durch Outsourcing

Die Abschätzung des Nutzenpotentials eines IS-Outsourcings erfordert eine genaue Erfassung und Quantifizierung seiner Konsequenzen. Abbildung 14 faßt die Nutzenpotentiale in Abhängigkeit von den jeweiligen Outsourcing-Typen vereinfacht zusammen. Obwohl die Tabelle die Sachverhalte stark simplifiziert darstellt, wird doch die Idee eines Rahmenentwurfes für das IS-Management deutlich, um die Nutzenvorteile einer jeden Outsourcing-Kategorie einschätzen zu können.

Zwei Kostenarten können grundsätzlich unterschieden werden: laufende und einmalige Kosten. Anbieter können die Senkung der laufenden Betriebskosten oft durch Referenzen nachweisen und sogar exakt quantifizieren. In vielen Fällen sind Einsparungen von 10–20 Prozent oder mehr über einen Zeitraum von mehreren Jahren hinweg dokumentiert. Die Konsolidierung von Rechenzentren durch einen Systems-Operations-Anbieter und der Betrieb mit höheren »economies of scale« ermöglicht die Weitergabe von Kostenvorteilen an den Outsourcing-

Outsourcing-Kategorie	Nutzenpotential						
	Kosten		Ressourcen-zugang	schnelle Reak-tion	Anwendungs-personal		Manage-ment-zeit
	lfd.	ein-malig			Anbieter	Kunde	
Applications System Operations	X	X	X	X	X		X
Platform Systems Operations	X	X	X	X		X	X
Desktop Services	X	X	X	X	X	X	X
Network Management	X		X	X		X	X
Applications Management	X		X	X	X		X
Applications Maintenance	X		X	X	X	X	X
Quelle: INPUT							

Abbildung 14: Nutzenpotentiale und Outsourcing-Kategorien

Kunden. Auch die Planbarkeit der Kostenentwicklung wird erleichtert. Die unsichere Kostenentwicklung wird im Falle einer Fixpreisvereinbarung mit dem Anbieter durch einen festen Budgetposten substituiert. Weiterhin ist mit dem Bezug von Systems Operations und möglicherweise auch Desktop Services ein Transfer der Investitionen zum Anbieter hin durch die ausschließliche Nutzung seiner Rechnerressourcen möglich. Dies kann für den Kunden von großem Vorteil sein, denn es gestattet ihm, die freiwerdenden Ressourcen für Kernaktivitäten einzusetzen. Darüber hinaus hat ein Verkauf der Computersysteme an den Anbieter bilanzverkürzende Auswirkungen und kann die Cash-Flow-Situation kurzfristig verbessern. Zusätzlich beinhalten die meisten Systems-Operations-Verträge die Übernahme der Beschaffungs- und Verhandlungsfunktionen hinsichtlich der Computersysteme und der Ausrüstung durch den Anbieter.

Der Zugang zu speziellem IT-Know-how, das intern nicht verfügbar ist, stellt ein hohes Nutzenpotential für jede Outsourcing-Kategorie dar. Mit dem Zugriff auf den größeren Servicepool des Outsourcing-Anbieters sind darüber hinaus schnellere Antworten und Reaktionen auch auf unvorhersehbare Fragen und Anforderungen zu erwarten.

Beim Applications Management und Applications-Operations-Verträgen entwickelt der Dienstleister neue Anwendungssysteme und führt Integrationsaufgaben durch. Zusätzlich kann der Anbieter Teile der Entwicklungsmannschaft des Kunden übernehmen. Mit einem Applications Maintenance hingegen erreicht die intern verbleibende Mannschaft eine Freisetzung ihrer Kapazitäten für Neuentwicklungen, ohne von Wartungsaufgaben abgelenkt zu sein. In der Übergangssituation kann das IS-Personal strategische Ziele fokussieren und sich um die neuen Systeme kümmern, während der Anbieter die alte Datenverarbeitung weiter betreibt. Hierdurch befreit der Outsourcing-Anbieter das Unternehmen in vielen Fällen gleichzeitig vom »kopfschmerzenbereitenden« Anwendungs- und Wartungsstau bei den Altsystemen.

Darüber hinaus kann die IS-Abteilung grundsätzlich von einer Reduzierung ihrer Obliegenheiten im Tagesgeschäft ausgehen und mehr Zeit und Ressourcen auf Managementaufgaben verwenden.

2.6 Organisatorische Implikationen

Die organisatorischen Auswirkungen einer Outsourcing-Entscheidung tangieren die Unternehmensebenen Gesamtorganisation, IS-Management und IS-Abteilung in unterschiedlich hohem Maße und in verschiedener Art und Weise.

Für die Organisationsstruktur insgesamt hat das IS-Outsourcing relativ geringe Konsequenzen. Schließlich sind die DV-Abteilungen sowohl geografisch als auch funktional von den Geschäftsbereichen, die sie unterstützen, getrennt. Grundsätzlich bleiben die Schnittstellen zu den neuen Anbietern der Informationssysteme nach einem IS-Outsourcing bestehen (telefonische Nachrichten, E-Mail und ähnliches). Auch die Terminologie, d.h. die Sprache des Käufers wird in den meisten Fällen vom Anbieter verwendet.

Besonders kritisch im Zusammenhang mit einer Outsourcing-Entscheidung aber ist der personalpolitische Gesichtspunkt auf der Ebene der Gesamtorganisation. Das DV-Personal wird komplett oder nur zum Teil vom Outsourcing-Anbieter übernommen. Dabei können formelle und informelle Bindungen zwischen Mitarbeitern und zu Vorgesetzten abbrechen, die über Jahre hinweg über die Grenzen der IS-Abteilung aufgebaut wurden und bestanden hatten. Von nun an bedürfen jedwede Änderungen innerhalb der Organisation einer genauen Untersuchung und Rechtfertigung. Die Fähigkeiten und die Möglichkeiten, auf informeller Basis Veränderungen durchzuführen, verschwinden praktisch vollständig oder können sehr teuer werden. Wird ein solch striktes Verhalten allerdings ohne viel bürokratischen Aufwand erreicht, kann das Unternehmen in beträchtlich hohem Maße davon profitieren; resultieren hingegen Bürokratie und Verzögerung aus einer Outsourcing-Entscheidung, könnten »Lähmungserscheinungen« und Benutzerfrust die Folge sein.

Manche Auswirkungen des Outsourcings werden über die Zeit hinweg immer deutlicher sicht- und spürbar. Insbesondere können die Anwender einen schnelleren Zugang zu Expertisen und innovativen und fortschrittlichen Technologien erwarten. Typisch für einen Dienstleister ist es, daß er mehr Ressourcen in Forschungs- und Entwicklungsaktivitäten investiert, als dies das Kundenunternehmen vermag. So ist SBS Siemens Business Services z.B. schon im Entwicklungsstadium der neuen High-Performance-Server und in die Weiterentwicklung von Informationssystem-Architekturen involviert, um Leistungsaspekte auf Betreiberseite bestmöglich zu berücksichtigen. Daher ist der Dienstleister im allgemeinen meist besser und früher als die meisten internen IS-Abteilungen in der Lage, Antworten auf technologische und anwendungsbezogene Probleme zu geben. Auch die Bandbreite seiner informationstechnologischen und unternehmerischen Kompetenz, die der Anbieter aufgebaut hat und ständig zur Verfügung hält, ermöglicht schnellere und fundiertere Antworten. Im gewissen Sinne hat der Kunde nun Zugang zu einer eigenen IT-Beratungsgesellschaft.

Des weiteren sollte eine Outsourcing-Entscheidung ein diszipliniertes Vorgehen bezüglich der Implementierungsaktivitäten auf der Ebene der Gesamtorganisation nach sich ziehen. Eine externe Anbieter-/Käufer-Beziehung unterscheidet sich in diesem Punkt von einer internen Dienstleistungsbeziehung erheblich. Der Anbieter muß den Implementierungsdetails wesentlich mehr Aufmerksamkeit schenken. Wenn er keinen Erfolg hat, etwa dadurch, daß die Benutzer nicht ausreichend geschult wurden, wird sich dies äußerst negativ auf sein Image und seinen Ruf auswirken. Darüber hinaus läuft er Gefahr, für nachteilige Konsequenzen haftbar gemacht zu werden. Die internen Einheiten dagegen können viel leichter die Benutzer als »die Schuldigen« deklarieren. Ein disziplinierter Implementierungsansatz kann zwar als langweilig und öde wahrgenommen werden, jedoch vermag er beide Parteien vor unliebsamen Überraschungen zu schützen. Es ist vor allem ein Mangel an Disziplin, der interne IS-Aktivitäten oft fehlschlagen läßt.

Die Ebene des IS-Managements wird von der Outsourcing-Entscheidung am stärksten tangiert. Setzt die IS-Leitung ihre Zusammenarbeit mit dem Käuferunternehmen fort, werden sich ihre Aufgabenschwerpunkte notwendigerweise ändern. So wird das IS-Management mit großer Sicherheit eine wesentlich kleinere Organisationseinheit als bisher führen. Eine Reduzierung des internen IS-Personals von 200 auf 20 Mitarbeiter infolge einer Auslagerung der Informationsverarbeitung ist heute keine absolute Ausnahme mehr. Für viele IS-Manager mit einer internen Ausrichtung hat dies eine vollständige Reorientierung zur Folge. Dagegen berührt dies Manager, die ihre Zeit in erster Linie ohnehin ihren Kunden und überwiegend externen Aktivitäten gewidmet haben weit weniger. Auch ändern sich die Aufgabenschwerpunkte. Die Planungsaktivitäten des IS-Managements stehen nun im Vordergrund. Organisations-, Kommunikations- und Kontrollfunktionen liegen überwiegend beim Dienstleister. Selbst der Planungsfokus verändert sich. Nicht die Ressourcenplanung steht mehr im Mittelpunkt (Mitarbeiter, Computer, Netzwerke), sondern die Anwendungs- und Unternehmensplanung. Eine positive Folge davon ist, daß die zur Verfügung stehende Arbeitszeit nun mehr der Weiterentwicklung als der Erhaltung des Status quo gewidmet werden kann. Das IS-Management bleibt dabei die direkte Schnittstelle zum Anbieter. Schon heute hat diese Schnittstelle in manchen Fällen die Qualität einer Partnerschaft erreicht. Die Idee der Partnerschaft ist dabei besonders im Bereich der Kommunikation mit den Benutzerabteilungen, dem Personal, externen Anbietern und Kunden wichtig.

Den größten Einfluß auf dieser organisatorischen Ebene hat die Outsourcing-Entscheidung allerdings im Personalbereich. Insbesondere für jene IS-Verantwortlichen, die auf die Seite des Anbieters wechseln, können sich die Arbeitsbedingungen erheblich verändern. So unterscheiden sich die Leistungs- und Beurteilungsmaßstäbe des neuen Arbeitgebers meist ganz erheblich von den bisherigen. Viele der IS-Manager, die diesen Schritt gewagt haben, äußern sich aber zufrieden. Sie können von dem Wissen, das sie sich in der internen IS-Abteilung aufgebaut haben, weiterhin profitieren und erzielen hiermit oft höhere Anerkennung als zuvor. Es sind noch jene IS-Manager zu erwähnen, die nach einer Auslagerungsentscheidung im angestammten Unternehmen verbleiben und »progressiv« die Karriereleiter hinaufsteigen. Ist die Informationsverarbeitungs-Funktion erst einmal ausgelagert, befreien sie sich von diesem Geschäft und übernehmen größere und breitere Verantwortung über den Funktionsbereich Informationsverarbeitung hinaus in anderen Unternehmensbereichen.

Die Auswirkungen auf die IS-Mannschaft variieren. Für viele sind sofortige Veränderungen gar nicht festzustellen. Sie arbeiten weiterhin an denselben Schreibtischen und haben mit denselben Vorgesetzten und Kollegen wie bisher zu tun. Für andere hingegen ändern sich die Aufgabenbereiche grundlegend. Im Falle einer anderweitigen Beschäftigung im Unternehmen besteht die Gefahr, daß die Überleitung bzw. die Integration nicht gelingt. Dies kann sich sowohl für die entsprechenden Mitarbeiter als auch auf das Abteilungsklima negativ auswirken. Für wieder andere Mitarbeiter kann Outsourcing auch die Kündigung bedeuten. Eine meist unmittelbare Folge des Outsourcing ist daher Angst. Diese stellt sich in der Regel ein, sobald bekannt wird, daß eine Auslagerung der Informationsverarbeitung ernsthaft in Betracht gezogen wird. Die Sorge verschlimmert sich noch, wenn dem potentiellen Dienstleister ein besonders »gefürchteter« Ruf vorauseilt. Es ist daher erforderlich, daß Anbieter und Käufer dieser durchaus berechtigten Sorge jegliche unberechtigte Grundlage entziehen. Beide müssen ihre Vorstellungen bezüglich Personal und weiteren Vorhaben frühzeitig offenlegen. Sonst ist es sehr wahrscheinlich, daß einige der besten Mitarbeiter – solche nämlich, die wenig Schwierigkeiten haben, sich auf dem Arbeitsmarkt zu behaupten – das Unternehmen vorzeitig verlassen.

Eine langfristige Auswirkung auf der Ebene der IS-Abteilung ist ihr Wandel von einem Cost Center zu einem Profit-Center. Das Konzept »Bezahlung nach Leistung und Stunde« verlangt ein Umdenken und eine Reorientierung. Das Tempo wird schneller – Ergebnisse sind wichtiger als die Prozesse. Die Fähigkeit, mit der technologischen Entwicklung Schritt zu halten, wird zur *conditio sine qua non.*

Für IS-Spezialisten (vornehmlich die jüngeren unter ihnen mit einer ausgesprochenen Karriereorientierung), die für ein Unternehmen tätig sind, dessen Kerngeschäft Informationssysteme und -services heißt, bieten sich außerdem weitaus bessere Entwicklungs- bzw. Karrieremöglichkeiten als bei einem Verbleib in der DV-Abteilung ihres Unternehmens; allein schon aus dem Grunde, weil die Anbieterorganisationen im Regelfall ein größeres Wachstum als die internen DV-Abteilungen der Unternehmen vorlegen. Die eher konservativen und rückschrittlich orientierten Mitarbeiter hingegen mit gegebenfalls zwanzig Jahren Erfahrung in »ihrem« Markt folgen einem Wandel oft nur sehr widerwillig oder verlassen das Unternehmen gar. Von einer Fluktuation bis zu 30 Prozent innerhalb des ersten Jahres des Outsourcing-Vertrages wird deshalb erfahrungsgemäß ausgegangen.

Fast einmütig berichten Outsourcing-Anbieter aber über ihre durchweg positiven Erfahrungen, was die Übernahme der Kundenbelegschaft anbetrifft. Die Mitarbeiter, die ein solches Angebot akzeptieren, erhalten Vergütungen und entsprechende Sozialleistungen, die selten unter denen ihres vorherigen Arbeitgebers liegen.

Outsourcing-Anbieter müssen potentielle Mitarbeiter im Kundenunternehmen in jedem Fall frühzeitig identifizieren. Es besteht ansonsten die Gefahr, daß die besten Mitarbeiter bei Bekanntwerden der Auslagerungsentscheidung kündigen, noch bevor der Outsourcing-Anbieter ein Angebot unterbreiten kann. Der Anbieter hilft damit dem Kunden bei einem Problem, das sich in vielen Fällen über einen sehr langen Zeitraum hinziehen kann. Das IS-Management sollte in diesen Fragen jegliche Hilfestellung vom Outsourcing-Anbieter erwarten können.

2.7 Outsourcing als Herausforderung für die Unternehmensführung

Obwohl das IS-Outsourcing sich immer mehr als Schlüsselalternative für die interne Informationsverarbeitung herausstellt und als solche auch vermarktet wird, betragen die Ausgaben für diese Informationsverarbeitungs-Dienstleistung nur einen relativ geringen Teil am Gesamtbudget für die Informationsverarbeitung. So beziffert INPUT das gesamte DV-Budget aller europäischen Unternehmen 1994 auf umgerechnet 375 Milliarden DM.[1] Die Ausgaben für externe Outsourcing-Leistungen

1 Für die Umrechnung von US-Dollar in DM wurde ein Wechselkurs von 1,50 DM/$ zugrundegelegt.

belaufen sich schätzungsweise auf umgerechnet 5,85 Milliarden DM in Europa. Dies entspricht einem Anteil von weniger als zwei Prozent. INPUT hat in zahlreichen Untersuchungen die Einstellungen von Unternehmensführungen über verschiedene Branchen hinweg vor dem Hintergrund dieses noch geringen Penetrationsgrades unter europäischen Anwenderunternehmen untersucht.

Wenn Unternehmensführungen sich mit der Bedeutung des IS-Outsourcing für ihr Geschäft auseinandersetzen, spielt das Kosten-Nutzen-Verhältnis eine entscheidende Rolle. Jedes Management, welches das Vertrauen in die Effektivität, Leistungsfähigkeit und Transparenz der eigenen Informationsverarbeitung verloren hat, wird für Outsourcing-Ansätze empfänglich sein.

Im allgemeinen hält die Geschäftsleitung die Informationstechnologie für einen entscheidenden Promotor im Hinblick auf die Verbesserung der Effizienz und Effektivität der Unternehmensprozesse sowie die Reduzierung der laufenden DV-Betriebskosten. Zu den typischen Nutzenpotentialen, die sich während des letzten Jahrzehntes im Zusammenhang mit der Auslagerung der Informationsverarbeitung herausgestellt haben, zählt die drastische Verringerung der »papierintensiven« Arbeit und ein dadurch stark verbesserter und transparenter Informationsfluß zur Steuerung der Unternehmensprozesse. Auch in Presse- und Anwenderberichten wird regelmäßig der Beitrag der Informationstechnologie zur Produktivitätssteigerung hervorgehoben. So ist beispielsweise die Verkürzung von Produktzyklen als überlebenswichtiger Faktor ohne Informationstechnologie nicht realisierbar. Die Informationstechnologie reformiert Unternehmensprozesse von der Planung bis zum Vertrieb. Während Führungskräfte aus den Produktions- bzw. Fertigungsbereichen z. B. die verbesserte Lagerhaltungsfunktion und verkürzte Produktions- und Produktentwicklungszeiten anführen, konnten die gravierendsten Produktivitätsverbesserungen doch in der Finanzwelt und in anderen Dienstleistungssektoren dokumentiert werden.

Dennoch zeigen sich Führungskräfte mit der Informationsverarbeitungs-Funktion und ihrem Beitrag zur Effizienzsteigerung, insbesondere in Verwaltungsbereichen, häufig unzufrieden. Gleiches gilt für die propagierten Einsparungspotentiale und die oft zitierte Phrase von der Erzielung und Erhaltung entscheidender Wettbewerbsvorteile. Jeweils eine von fünf Unternehmensleitungen gab bei einer Befragung unverhohlen seiner Unzufriedenheit Ausdruck. Augenscheinlich repräsentieren diese Unternehmen einen potentiellen Zielmarkt für jeden Outsourcing-Anbieter. Dies setzt voraus, daß der Dienstleister den Kunden von seiner Kompetenz und Leistungsfähigkeit, die Qualität der Informationsverarbeitung entscheidend zu verbessern, zu überzeugen vermag. Im Augenblick können alle Zweifel darüber noch nicht ausgeräumt werden, ob die Führungsspitzen der Unternehmen die Anbieter von Informationsdienstleistungen eher als Teil des Problems oder als Teil der Lösung einordnen. Des weiteren scheinen die Unternehmensführungen wenig zufrieden mit der Leistung ihrer IS-Abteilungen, was die Servicebereitschaft, den Bereich Systementwicklung und den ›Return on Investment‹ angeht. Etwa siebzig Prozent der befragten Geschäftsleitungen waren mit wenigstens einem dieser für sie bedeutenden Aspekte ihrer IS-Abteilung unzufrieden. Ein signifikanter Anteil der Grundgesamtheit (ungefähr zwanzig Prozent) zeigte sich sogar mit jedem dieser drei Kriterien unzufrieden. Wo Geschäftsleitungen mit der Servicebereitschaft ihrer DV-Abteilungen unzufrieden sind, besteht immer eine Möglichkeit für den Anbieter von Platform Operations. Für den Fall, daß die Systementwicklungsaktivitäten als nicht ausreichend eingestuft werden, bestehen Möglichkeiten für das Applications Management, Applications Operations und Systemintegration.

Der Grad an Unzufriedenheit der Unternehmensführungen mit der Qualität und Effizienz der Aufgabenerfüllung ihrer internen DV-Abteilung läßt ein in Zukunft sehr viel höheres Ausmaß an Outsourcing-Aktivitäten erwarten. Doch ein nicht geringer Prozentsatz von Entscheidungsträgern in Großunternehmen, die eine Option Outsourcing schon einmal in Betracht gezogen haben, kam zu dem Ergebnis, das es vorläufig keine angemessene Informationsverarbeitungs-Alternative für ihre Organisation darstellt. Abgeschreckt hat diese Unternehmen nach Aussagen der Verantwortlichen vor allem die voraussichtlichen hohen Kosten im Vergleich zu jenen für die bestehende interne Lösung. Dieses sollten sich Outsourcing-Anbieter zu Herzen nehmen. Ein entscheidendes Geschäftsprinzip hinter Platform Operations liegt in der Fähigkeit, die Servicekosten dauerhaft unter die Höhe der Aufwendungen für intern erbrachte Informationsverarbeitungs-Dienstleistungen zu drücken. Der Anbieter sollte aber auch jederzeit einen Wettbewerb mit der internen IS-Abteilung hinsichtlich Leistungsfähigkeit und Servicebereitschaft zu seinen Gunsten entscheiden können.

Der Verlust an Kontrolle ist eine Befürchtung, die sehr häufig artikuliert wird. Dies hängt jedoch offensichtlich an der Haltung einzelner Führungskräfte in Unternehmen. Es gibt ein starkes Argument dafür, daß es eigentlich leichter ist, einen externen Anbieter aufgrund der Beschaffenheit eines Outsourcing-Vertrages zu überwachen, als eine interne DV-Abteilung zu kontrollieren. Doch viele Führungskräfte macht es offenbar nervös, »open-end«-Verträge abzuschließen. Sie verhandeln lieber über kleinere Abschnitte und Projekte.

Die Unternehmenspolitik ist ein weiteres Argument, das als Einwand gegen eine Auslagerung der Informationsverarbeitung regelmäßig angeführt wird. Während das IS-Management diesen Vorbehalt gegen ein Outsourcing einfach ins Feld führt und somit abblockt, scheint auf der Führungsebene eher eine formale Haltung eingenommen zu werden mit dem Resultat einer generell negativen Grundstimmung diesem Thema gegenüber.

Die wichtigsten Herausforderungen für ihre IS-Abteilungen sehen die Unternehmensführungen im Kosten-, Service- und Kommunikationsbereich. Im einzelnen erwarten sie:

- Reduzierung der DV-Kosten,
- Kostenreduzierung durch DV,
- Verbesserung der Servicequalität,
- Bereitstellung besserer Managementinformationen und -unterstützung,
- Entwicklung engerer Kontakte zu »Kunden«.

Die angespannte wirtschaftliche Situation in beinahe allen Industrieländern verstärkt die kritische Haltung von Unternehmensführungen zu ständig steigenden Ausgaben für ihre Informationsverarbeitung und -systeme. Viele Systementwicklungsprojekte werden daher verschoben. Sogar Projekte wie etwa das Downsizing der bestehenden Informationslösung mit dem Ziel der nachhaltigen Kostenreduzierung werden frühzeitig wegen scheinbar hoher erforderlicher Start- und Umstellungskosten aufgegeben. Trotz allem sehen Unternehmensführungen in der Informationstechnologie das Schlüsselwerkzeug zur Senkung der laufenden Betriebskosten und das adäquate Mittel zur Verbesserung der Produktivität ihrer Betriebsabläufe. Mittlerweile hat sich die Betonung dieses Aspektes sogar noch verstärkt. Aber auch von ihrer DV-Abteilung selbst erwarten die Unternehmensführungen einen Beitrag zum allgemeinen

Kostensenkungsprogramm. Darüber darf aber die Erfüllung der vordringlichsten Aufgabe, die Wahrung oder sogar die Verbesserung des Serviceniveaus, nicht in Mitleidenschaft gezogen werden.

Nun beabsichtigen die meisten Unternehmensverantwortlichen aber gleichzeitig noch die DV-Budgets einzufrieren oder sogar herunterzufahren. Hier besteht für Outsourcing-Anbieter eine vielversprechende Möglichkeit zur Vermarktung dieses Konzeptes auf Geschäftsführungsebene, was durch die Anzahl der bisher abgeschlossenen Outsourcing-Verträge nur unzureichend wiedergegeben wird.

2.8 Outsourcing-Motive

Im Zusammenhang mit einer Outsourcing-Entscheidung können verschiedene Motive genannt werden, von denen vielen eine mit Sicherheit nur zweitrangige Bedeutung zukommt. Aus der Anwendersicht sind derzeit zwei Motive hervorzuheben, die als primäre Beweggründe für beinahe jede Outsourcing-Entscheidung anzusehen sind; das Kosten- und das Know-how-Motiv.

2.8.1 Das Kostenmotiv

Sowohl die Unternehmensführung als auch das IS-Management stimmen darin überein, daß eine der wichtigen Aufgaben der IS-Abteilung in ihrem Beitrag zur Kostensenkung besteht. Das IS-Management glaubt jedoch normalerweise, der Weg, Kosten einzusparen, führe nicht über eine Reduzierung der Servicekosten, sondern über ein »Herunterfahren« der Entwicklungsaktivitäten. Sogar die Entlassung von Entwicklungspersonal ist in diesem Zusammenhang schon genannt worden. Sofern das IS-Management die Notwendigkeit einer Kostenreduktion im Servicebereich erkennt, favorisiert es eher Optionen wie das »light-out« von Verarbeitungs- und Netzwerkdienstleistungen noch vor einem IS-Outsourcing.

Die Aussage einer Anzahl von IS-Managern, sie würden ein Outsourcing in Betracht ziehen, wenn ihnen ein quantitativ zu messender Einsparungsnachweis erbracht bzw. das mögliche Einsparungspotential nachweislich demonstriert wird, stellt ein ermutigendes Zeichen für Outsourcing-Anbieter dar. Des weiteren geben IS-Manager an, sie beziehen ein Network-Management in ihre Überlegungen mit ein für den Fall, daß ihre Netze in Zukunft weiter so wachsen und schließlich zu komplex und zu teuer werden, sie noch mit eigenen Ressourcen steuern und überwachen zu können.

Eine entscheidende Rolle spielen Outsourcing-Anbieter bereits bei der Unterstützung von Mainframe-Nutzern. Sie helfen, die Dienstleistungsbereitschaft aufrechtzuerhalten, während sie gleichzeitig die Kosten für die Informationsverarbeitung durch Serviceleistungen wie Platform oder Network Operations reduzieren. Die Implementierung neuer Systeme hat gegenwärtig fast keine Priorität für die Anwender von Mainframes. Dies kann weitere Mitarbeiterreduzierungen in vielen größeren DV-Abteilungen zur Folge haben, sollte sich die wirtschaftliche Situation allgemein oder die des jeweiligen Unternehmens drastisch verschlechtern.

Ein häufig angeführtes Argument für Outsourcing ist die Umwandlung fixer in variable Kosten. Dieses erscheint aber nur bedingt schlüssig. Einerseits werden Outsourcing-Verträge zum Teil auf Fixpreisbasis geschlossen, andererseits stellt eine Umwandlung von fixen in variable Kosten für sich noch keinen Vorteil dar. So kann eine interne Informationsverarbeitung bei hohem Auslastungsgrad kostengünstiger sein als variabel abgerechnete Leistungen eines Outsourcing-Anbieters. Allerdings können sprungfixe Kosten, die bei benötigten Kapazitätserweiterungen hohe Investitionen erfordern, durch eine Auslagerung vermieden werden. Somit bietet Outsourcing die Möglichkeit, bei stark schwankenden Kapazitätsansprüchen schwer kalkulierbare, sprungfixe Kosten zu reduzieren und durch eine Leistungsvergütung nach Verarbeitungseinheiten, z. B. Anzahl der Transaktionen, in variable Kosten zu transformieren.

Ein Downsizing wird unter Kostengesichtspunkten von den meisten IS-Managern als Schlüsseltrend für ihre Organisationen und Unternehmen eingestuft. Dies hat verschiedene Auswirkungen auf einen Outsourcing-Dienstleister. Zum einen schafft das Downsizing eine Transition-Outsourcing-Möglichkeit. Die alte Informationsverarbeitung wird übernommen, während die internen IS-Mitarbeiter ihre Aufmerksamkeit auf die neuen Systeme lenken. Auf der anderen Seite führt das Downsizing zu einem Bruch in der Informationsverarbeitung des gesamten Unternehmens und zu der Notwendigkeit, umfangreiche Schulungen durchführen zu müssen. Das gibt der Unternehmensführung Raum, Applications Operation Services einzuführen und in Richtung eines umfangreicheren Auslagerungsvertrages zu steuern. Downsizing kann auch als alternatives Mittel zur Kostenreduktion anstelle des Outsourcing-Ansatzes eingesetzt werden. Damit bedroht es das Marktpotential jener Anbieter, die Platform Operations offerieren.

2.8.2 Das Know-how-Motiv

Eng mit dem Kostenmotiv verbunden ist das Motiv der Nutzung externen Know-hows im Hinblick auf die Verbesserung der Qualität der Informationsverarbeitung. Zum Beispiel wird die schnellere Einführung neuer Anwendungssysteme und eine schnellere Realisierung von speziellen Software- oder komplexen Systementwicklungen auf einer hohen Qualitätsstufe im Zusammenhang mit einer Outsourcing-Entscheidung gesehen.

Kaum eine andere Branche ist so kurzen Entwicklungszyklen unterworfen wie die IT-Industrie, wodurch Unternehmen vielfach nicht in der Lage sind, mit dem ständigen Wandel Schritt zu halten. Die Bedenken, ob eine ständige Anpassung an die neueste Technologie überhaupt sinnvoll ist, wird von Argumenten gestützt, die darauf hinweisen, daß der Nutzen von Marktneuheiten nur selten über das »nice to have« hinausgeht. Die mittlerweile schon im halbjährlichen Rhythmus neu auf den Markt erscheinenden Anwenderprogramme bieten hier ein gutes Beispiel. Andererseits bieten neue Technologien Chancen zur Verbesserung der Wettbewerbsposition. So war die Einführung der CAD-Systeme in der Automobilproduktion ein entscheidender Faktor zur Verkürzung der Entwicklungszeiten für neue Modelle.

Durch Antizipation und Umsetzung der vorherrschenden Trends im Informatiksektor schaffen sich Outsourcing-Anbieter Möglichkeiten, als Vorreiter neue Marktfelder zu erschließen. Das Thema elektronischer Datenaustausch (EDI) beispielsweise ist in vielen Unternehmen noch unzureichend bekannt, besitzt jedoch gerade im Hinblick auf den europäischen Binnenmarkt strategische Bedeutung. Aufgrund mangelnder Erfahrung kann das Konzept vielfach nur mit Hilfe eines externen Anbieters realisiert werden.

Das ausgesprochen hohe Experten-Know-how des Dienstleisters führt über einen quantitativ und qualitativ höheren Nutzungsgrad der Informationstechnologie wieder zum Motiv der Kostenoptimierung zurück. Die fortlaufend hohen Kosten der Integration von neuen Anwendungssystemen und damit verbundene Anpassungsmaßnahmen lassen viele Unternehmen ohnehin an die Grenze ihrer Finanzkraft stoßen. Mit einem zielgerichteten Einsatz des vorhandenen und umfangreichen Anbieter-Know-hows kann ein Outsourcing-Kunde diesen Engpaß dauerhaft überwinden.

2.9 Akzeptanz verschiedener Outsourcing-Typen

In größeren Unternehmen und Organisationen ist die Durchführungsrate bestimmter IS-Outsourcing-Typen aufgrund der Skepsis des IS-Managements und der Zurückhaltung der Unternehmensführungen tendenziell geringer, während andere Outsourcing-Kategorien auf bedeutend weniger Vorbehalte stoßen. Dementsprechend spiegelt die Durchführungshäufigkeit der verschiedenen Outsourcing-Typen das unterschiedlich hohe Niveau des Widerstandes der internen DV-Gemeinschaft wider.

Jene Servicetypen, die auf nur wenig Zurückhaltung in Unternehmen stoßen, sind das Transition Management, das Netzwerkmanagement und Applications Maintenance. Outsourcing-Kategorien, die allgemein auf ein größeres Maß an Reserviertheit stoßen, sind Applications Operations, Applications Management, Platform Operations und Desktop Services.

Das Transition Management ist in vielen Fällen dem IS-Management sogar willkommen. Es hilft ihm bei der Bewältigung des alten DV-Betriebes sowie der Wartungsaufgaben und erlaubt, sich auf Informationsstrategie und Systementwicklung – seine eigentlichen Aufgabenbereiche – zu besinnen. Darüber hinaus bedroht ein Transition Management aufgrund seines temporären Charakters den Stellenwert der IS-Abteilung innerhalb des Unternehmens kaum.

Dem Netzwerkmanagement und Applications Maintenance werden von INPUT Marktforschern zweistellige Wachstumsraten über den Zeitraum der nächsten fünf Jahre vorausgesagt. Das Netzwerkmanagement ist ein Bereich, in dem vielen IS-Abteilungen die technische Expertise fehlt. Viele Weitverkehrsnetze, die vom IS-Management initiiert worden sind, haben mittlerweile Größenordnungen erreicht, die ohne eine speziell mit dieser Aufgabe betraute Unternehmenseinheit nicht mehr handhabbar sind. IS-Manager sind deshalb eher bereit, externe Anbieter zu beauftragen als den Aufbau solcher Einheiten zu forcieren

Das Applications Maintenance ist ein noch relativ junger Markt in seiner Wachstumsphase. Die Wartung bindet einen hohen Anteil der intern zur Verfügung stehenden Ressourcen, die somit für andere Projekte nicht mehr zur Verfügung stehen. Wartungsaufgaben werden darüber von Software-Entwicklern wenig geschätzt. Die Hauptgründe, die Kunden ermutigen, die Wartung ihrer Software und den Support auszulagern, sind:

- Abhängigkeit von »alten« Anwendungen,
- Schwierigkeiten beim Ressourcenmanagement,
- Unzufriedenheit der Software-Mannschaft,
- Neue Anforderungen an die IS-Mannschaft,
- Aufrechterhaltung des Betriebes während einer Umstellungsphase,
- Unzufriedenheit der Benutzer mit Qualität des Services.

Dies sind zwar in erster Linie Managementaspekte, einige resultieren aber aus technischen Überlegungen heraus:

Software: Es wird immer schwieriger Software zu warten und sie auf dem neuesten Stand zu halten. Sie altert, Know-how geht verloren, Programmiersprachen und andere systemnahe Software kommen aus der Mode. Das Management solcher Software-Umgebungen bedarf einer Kompetenz, die viele DV-Abteilungen nicht in ausreichendem Maße besitzen. Als Konsequenz wird mit vorhandenen Mitteln weiter gearbeitet, und somit werden innovative Kräfte gebremst.
Personal: Halten und Motivieren des Personals für Wartungsprojekte kann schwierig sein. Diese besitzen nicht das »glänzende« Image eines Software-Entwicklungsprojektes. Outsourcing macht dieses Problem des Kunden zum Problem des Dienstleisters und eröffnet der internen DV-Mannschaft die Möglichkeit, sich neuen Projekten zuzuwenden.
Anwender: Wenn die bereitgestellte Servicequalität als nicht mehr zumutbar erscheint, kann der entscheidende Schritt hin zum Outsourcing aus einer nicht zur Zufriedenheit der Endbenutzer bewerkstelligten Einführung eines neuen Systems resultieren. Eine Ausweitung dieses Fokusses auf die Auslagerung von Supportaufgaben für bestehende Applikationen ist in diesem Zusammenhang ebenfalls denkbar. Das derzeitige

wirtschaftliche Klima stellt eine gute Gelegenheit für Outsourcing-Anbieter dar, Applications Maintenance Dienstleistungen kunden- und nutzengerecht mit folgenden Argumenten zu vermarkten:

- Low-cost-Wartung existierender Systeme,
- bessere Verwendung der Inhouse-Ressourcen für Systementwicklung,
- höhere Zufriedenheit der Endbenutzer.

Dennoch werden Anbieter noch mit einigem Widerstand von Seiten der IS-Manager zu rechnen haben, bis diese offen zugeben, daß sie Probleme mit ihren »Altsystemen« haben. Die IS-Leitung aber sollte bedenken, daß – abgesehen von der Gefahr, in Verlegenheit zu kommen – das Wartungsmanagement langfristig keine Bedrohung ihrer Position im Unternehmen darstellt.

Mainframes mit ihren komplexen Betriebsystemen sind in Wartung und Handling äußerst kostenintensiv. Platform Operations kann zu einer deutlichen Kosteneinsparung führen und im Falle eines Fixpreisvertrages gleichzeitig zu einer drastischen Reduzierung ihrer Unvorhersehbarkeit und ihrer ungewissen Entwicklung. Die Anbieter können zum einen aufgrund der Zusammenführung von Rechnerleistung die Betriebskosten pro MIPS (Million Instructions per Second) senken (Skaleneffekte) und andererseits ihre fixen Aufwendungen für Management, Gebäudekosten, Systemspezialisten auf ihre Klienten verteilen; die durch Größeneffekte erzielten Kostenvorteile können dann zu einem gewissen Teil an die Kunden weitergegeben werden. Ebenso wird dies eine Reduzierung der Unsicherheit bezüglich des Betriebes von großen Computersystemen zur Folge haben, die ursprünglich von folgenden Faktoren bedingt werden:

- Leistungsengpässe und ständige Equipmenterweiterungen,
- Notwendigkeit eines Betriebssystemwechsels oder -releases, möglicherweise von einem Systemhersteller erzwungen,
- Rekrutierung, Schulung und Konsolidierung von Systemsoftware-Spezialisten..

Über die Unterstützung bei der Kostenkontrolle hinaus werden die Unternehmen im Rahmen des Outsourcing ihrer Tagesprobleme weitgehend entledigt. Dies gilt z. B. für abwesende Operatoren und für Benutzer, die sich fortlaufend beschweren, daß ihre Anfragen nicht rechtzeitig bearbeitet werden.

Die derzeitige wirtschaftliche Situation, für die infolge der überwundenen Rezession ein gestiegenes Kostenbewußtsein kennzeichnend ist, wird sich auch weiterhin positiv auf den Markt für Platform Operations auswirken, denn IS-Abteilungen sind stark unter Kostendruck geraten, während sie gleichzeitig ein bestimmtes Niveau der Serviceversorgung gewährleisten sollen. Platform Operations trifft daher im allgemeinen auf nur geringen Widerstand seitens des IS-Managements und gewinnt als Alternative insbesondere in Organisationen wie z. B. großen Versicherungen und Finanzinstituten an Bedeutung, in denen das Downsizing als nicht adäquate Informationslösung betrachtet wird. Viele IS-Manager legen dementsprechend dar, daß sie ein Outsourcing akzeptieren würden, wenn sichergestellt werden kann, daß das Einsparungspotential auch tatsächlich erreicht wird.

Sowohl ein Applications Management als auch ein Applications-Operations-Vertrag stoßen dagegen auf ein sehr viel größeres Ausmaß an Zurückhaltung als die anderen Outsourcing-Typen. In der Tat erscheint das Applications Operations dann als wahrscheinlich, wenn es von der Unternehmensleitung angestoßen wird. Häufig wird es von solchen Unternehmen erwogen, die sich in einer Umstrukturierungsphase befinden bzw. davor stehen.

Im allgemeinen haben mittlere und kleinere Unternehmen mehr Hilfe in bezug auf Anwendungsentwicklung nötig. Sie zeigen dementsprechend Anzeichen geringeren Widerstandes gegenüber einem Applications Management und Applications Operations. Dennoch denken nicht wenige der kleineren und mittelgroßen Unternehmen, sie könnten sich eine Auslagerung aus finanziellen Gründen nicht erlauben. Es bedarf somit weiterhin Überzeugungsarbeit seitens der Outsourcing-Anbieter, um solche Zweifel auf Unternehmensseite auszuräumen und von der langfristigen Kostenvorteilhaftigkeit einer solchen Entscheidung zu überzeugen.

2.10 Identifizierung von Outsourcing-Kandidaten

Abbildung 15 zeigt ein Raster zur Identifizierung von Outsourcing-Möglichkeiten. Die Wahrscheinlichkeit, einen Ansatzpunkt für ein IS-Outsourcing zu finden ist größer, je geringer die Inhouse-Kompetenzen

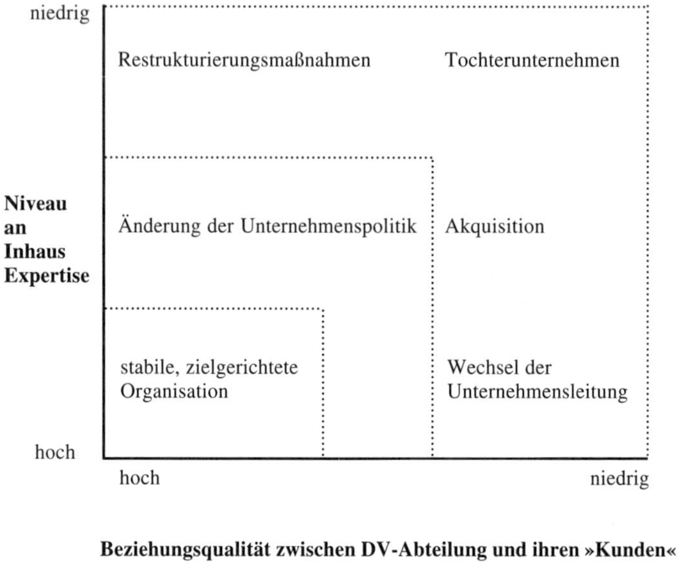

Quelle: INPUT

Abbildung 15: Identifizierung von Outsourcing-Möglichkeiten

sind und je schlechter die Qualität der Beziehung zwischen der IS-Abteilung und seinen »Kunden« ist.

Die Achillesferse vieler interner DV-Abteilungen ist die mangelhafte Beziehungsqualität zwischen IS- und Fachabteilungen. Ein gutes Drittel der von INPUT jüngst befragten Unternehmensleitungen gab sich hier enttäuscht. Hauptsächlicher Kritikpunkt waren zu langsame Reaktionen auf Anfragen und Probleme der Fachabteilungen. Viele Outsourcing-Anbieter haben hier bereits entsprechende Schritte unternommen, um diese Schnittstelle professioneller zu handhaben. So wird zum Beispiel die Beziehung zum Kunden von einem Key Account Manager gepflegt, der als direkter Ansprechpartner für sämtliche Kundenprobleme und Anwenderbelange fungiert. Doch die meisten Geschäftsleitungen verhalten sich trotz Unzufriedenheit und Kritik noch überwiegend loyal gegenüber ihren DV-Abteilungen.

Die vorhandene Präsenz an Inhouse-Expertise entpuppt sich ebenfalls als Hemmschuh für eine Auslagerungsentscheidung. Viele Führungskräfte unterstellen ihrer IS-Abteilung ungeachtet mancher Defizite einen Vorsprung an Business-Know-how gegenüber jedem externen Dienstleister. Der Outsourcing-Anbieter besitzt in den Augen der Nachfrager bezüglich der Art und Weise, wie das einzelne Unternehmen sein Geschäft betreibt, oft nur ein unzulängliches Wissen, das dann zu einem hohen Preis hinzugekauft werden müßte. Einige Outsourcing-Anbieter zielen deshalb mit ihrem Outsourcing-Angebot auf Bereiche um das Kompetenzzentrum der internen IS-Abteilungen herum. Sie identifizieren z. B für jedes Unternehmen. die Kernapplikationen von strategischer Bedeutung, die verbleibenden Nicht-Kernapplikationen und Supportleistungen, die Anwendungen, in denen die Inhouse-Expertise hoch ist, und die Anwendungen, in denen das Inhouse-Know-how als relativ niedrig eingestuft werden kann. Anschließend wird der Outsourcing-Anbieter der IS-Abteilung empfehlen, mit der Entwicklung und Unterstützung jener Kernapplikationen fortzufahren, in denen eine überdurchschnittlich hohe Expertise vorhanden ist, und im Gegenzug anbieten, alle verbleibenden Aufgaben zu übernehmen.

Insbesondere bei größeren Unternehmen und Organisationen wird die Durchführung eines Outsourcing bei Eintritt folgender Bedingungen oder Umstände wahrscheinlich:

- wenn die internen IS-Abteilungen einen deutlichen Mangel an Kompetenz und Ressourcen aufweisen,
- wenn die Beziehung zwischen DV-Abteilung und Unternehmensführung »gestört« ist,
- wenn das IS-Management gewillt ist, ein Outsourcing-Vorhaben durchzuführen.

In bezug auf den letztgenannten Punkt zeigt sich eine zunehmende Anzahl von Leitern der Datenverarbeitung vom Outsourcing-Trend überzeugt. Beinahe 25 Prozent der Antworten von IS-Leitern in einer INPUT-Befragung identifizierten diesen Schlüsseltrend.

Die Tochterunternehmen großer Konzerne sind im allgemeinen gute Outsourcing-Kandidaten, da eine zentralisierte IS-Abteilung einige

Schwierigkeiten haben dürfte, die »Töchter« hinreichend bei ihren Problemen vor Ort zu unterstützen. Sie sind außerdem zu weit entfernt, um eine gute partnerschaftliche Beziehung zu den Führungskräften der IS-Abteilung zu festigen und zu erhalten. »Frisch« akquirierte Unternehmen oder auch gerade veräußerte Betriebsteile stellen daher ebenfalls potentielle Outsourcing-Kandidaten dar, oft allein schon deswegen, weil deren Informationssystemstruktur bei einer Integration in aller Regel zu Kompatibilitätsproblemen führt.

Ein Wechsel an der Unternehmensspitze kann das Outsourcing sehr begünstigen, insbesondere wenn bekannt ist, daß die neue Führung einem Outsourcing-Vorhaben grundsätzlich offen gegenübersteht oder es sogar forciert.

Auch eine Restrukturierung der Organisation kann zu Outsourcing-Überlegungen führen. Oft machen Dezentralisierungsvorhaben ein Downsizing und eine Neuausrichtung der Informationsverarbeitung notwendig. Abhängig von der Last der Unternehmensprobleme und der Haltung der Unternehmensführung kann dies entweder Transition Management oder Applications Operations bedeuten. Die Notwendigkeit, die Arbeitslast in bezug auf Systementwicklungsaktivitäten erheblich anzuheben, ob nun durch eine Geschäftsausweitung oder durch Neubestimmung der Unternehmensziele bedingt, ist ein sehr gewichtiges Argument für eine Outsourcing-Überlegung aus der Sicht der IS-Leitung. Dennoch ist es in diesen Fällen auch nicht unwahrscheinlich, daß zur Bewältigung der Arbeitslast ein Systemintegrationsansatz einem Outsourcing-Vorhaben vorgezogen wird.

3. Die Evolution des Outsourcing-Angebotes

In diesem Kapitel wird das dem IS-Outsourcing über die neunziger Jahre hinaus innewohnende Entwicklungspotential aufgezeigt. Gemeint ist Business Operations Outsourcing, das Auslagern ganzer Geschäftsprozesse und -funktionen. Darüber hinaus werden Desktop Services und Transition Management, zwei Outsourcing-Kategorien, die von den derzeit stattfindenden Veränderungen in der Welt der Informationstechnologie ebenfalls stark profitieren, diskutiert. Die Veränderungen heißen Downsizing, Networking, Reengineering und Outsourcing.

Der generelle Trend zur Auslagerung der Informationsverarbeitung begünstigt grundsätzlich alle Outsourcing-Kategorien, insbesondere aber Systems Operations, das oft als Synonym für IS-Outsourcing verwendet wird.

Downsizing hat bekanntlich einen Doppeleffekt. Der Trend zur Verkleinerung stellt einerseits eine Bedrohung für die Basis der Mainframes dar und eröffnet die Chance für Desktop Services. Andererseits führt es zu einem Absatzimpuls für Applications Management und Applications Maintenance im Zusammenhang mit der Durchführung eines Transition Managements.

Großen Einfluß auf die Desktop-Welten haben die Entwicklungen in der *Netzwerktechnologie*, die von rasanten Fortschritten im Bereich Kosten und Leistungsfähigkeit der Telekommunikationseinrichtungen begleitet werden; Stellvertretend hierfür können die Verfügbarkeit immer größerer Bandbreiten und die immer kostengünstigeren Tarife genannt werden. Von noch grundsätzlicherer Bedeutung aber ist die immer häufiger aus sozialen und ökonomischen Beweggründen heraus gestellte Forderung, mit anderen »verbunden« zu sein.

Die grundlegende Restrukturierung und Optimierung von Geschäftsprozessen, wofür der Begriff *Reengineering* steht, eröffnet Applications Management und Systemintegration ein steigendes Absatzpotential. Aber auch die Abschlußchancen für Transition-Management-Verträge jeder Art profitieren von diesem Managementkonzept. Zwei Ansätze des Reengineering können unterschieden werden: Ein Reengineering im Hinblick auf die Unternehmensorganisation, in dessen Rahmen eine Restrukturierung der Fach- bzw. Verwaltungsabteilungen und ihrer Prozesse erfolgt. Ein Outsourcing in diesem Zusammenhang ist eher anwendungsorientiert. Hiervon ist das Reengineering der Informationssystemarchitektur und -systeme abzugrenzen. In diesem Fall ist ein Outsourcing in erster Linie plattformorientiert.

3.1 Outsourcing-Wellen: Die Entwicklung hin zur Auslagerung ganzer Geschäftsabläufe

Wird die Marktentwicklung bei Informationsverarbeitungs-Dienstleistungen im Zeitablauf verfolgt, so sind sogenannte Akzeptanzwellen festzustellen. Analog zur Diffusionstheorie, die sich mit dem Prozeß beschäftigt, der die Ausbreitung neuer Produkte innerhalb bestimmter Populationen beschreibt, gibt eine solche Welle die relative Akzeptanz einer bestimmten informatikbezogenen Dienstleistung über die Zeitachse wieder (vgl. Abbildung 16).

Bis zu Beginn der achtziger Jahre kauften Unternehmen gewöhnlich die Informationssystem-Komponenten separat ein: informatikbezogene Beratung, Software-Entwicklung, Software-Produkte, Hardware-Syste-

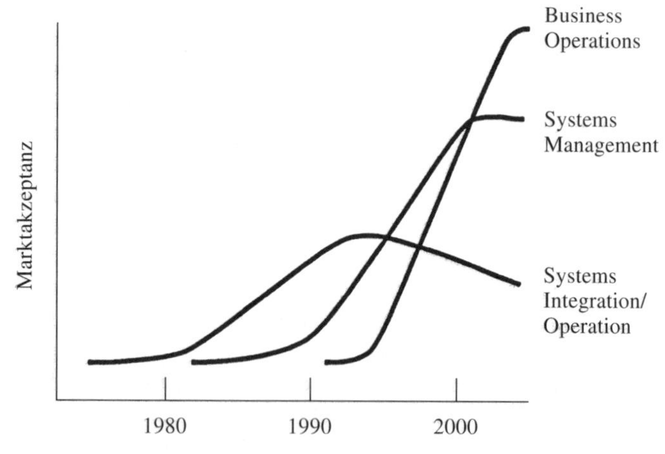

Quelle: INPUT

Abbildung 16: Outsourcing-Marktwellen

me, Kommunikations- und Datenleitungen usw. wurden beschafft und anschließend zu einem Gesamtsystem assembliert, das den Kunden als Komplettlösung bereitgestellt wurde. Bei den Kunden handelte es sich meist um die Fachabteilungen der Unternehmen. Der Erfolg einer solchen Vorgehensweise fiel sehr unterschiedlich aus.

In den achtziger Jahren schließlich verursachte ein verstärkter Wettbewerbsdruck und der Wunsch, das mit dem Beschaffungsprozeß stets einhergehende Risiko (ausgelöst durch die hohe Komplexität und Vielfalt der am Markt angebotenen Informationssysteme und -lösungen) zu reduzieren, ein drastisches Wachstum für Systemintegration und für Systems Operations. Diese Welle startete in den USA bereits im Zeitraum 1984/1985.

Mitte der achtziger Jahre wurde der aus dem Facilities Management hervorgegangene Terminus Systems Operations zum informationstechnischen Pendant des Begriffes Systemintegration. Firmen wie beispielsweise EDS, die schon seit den Anfängen des Systems-Operations-Konzeptes eine marktführende Stellung einnahmen, mußten sich im weiteren Verlauf einer Vielzahl von Mitbewerbern stellen. Hierbei handelte es sich auch um leistungsfähige und finanzkräftige Systemhersteller, zu denen die potentiellen Outsourcing-Kunden bereits enge Geschäftsbeziehungen aufgrund von System- und Equipmentlieferungen unterhielten. Als die Unternehmen immer größere Verantwortung für ihre Informationsverarbeitung abzugeben bereit waren, wuchsen die Systemintegrations-Welle ebenso wie die Systems-Operations-Welle als eigenständige Geschäfte bis in die späten achtziger Jahre und den Anfang der neunziger Jahre hinein.

Beide Wellen erreichen derzeit ihren Höhepunkt, sind tendenziell aber langsam wieder am Abebben. Dabei ist diese Entwicklung keineswegs als Anzeichen für eine Degeneration oder Retardierung der beiden Marktsegmente zu interpretieren. Im Gegenteil, sie prosperieren. Aber sie münden in die nächste Evolutionsphase, die des Systems Management.

Bis zu diesem Zeitpunkt waren Systemintegration und Systems Operations Gegenstand separater Beschaffungsentscheidungen. Systemintegration ist vorwiegend projektorientiert, dagegen zielt Systems Operations auf den Prozeßcharakter dieser Informationsverarbeitungs-Dienstleistung ab. Beim Systems Management ersucht der Käufer den Anbieter, eine größere Verantwortung im Hinblick auf seine Informationsverarbeitung und -systeme zu übernehmen. Das Unternehmen erwartet von seinem Anbieter, daß er sich in bezug auf die Bereitstellung sämtlicher Informationslösungen auf allen Ebenen der Organisation als Partner erweist und verhält. Diese Erwartung rührt aus der engen und häufigen Interaktion der einzelnen Elemente im Informationsprozeß. Historisch betrachtet sind die Entwicklung und der Betrieb der Informationsverarbeitungssysteme getrennte Aufgabenbereiche. Mainframe-Basierte Systeme werden unabhängig von Desktop-Office-Systemen betrieben. Forschung und Entwicklung, technische und/oder Marketingsysteme waren unabhängig von Finanz-, Verkaufs- und Produktionssystemen. Diese Isolierung der einzelnen Systeme ist heute weitgehend überwunden. Alle Einzelsysteme des Unternehmens müssen weitgehendst im Hinblick auf das Erreichen der Unternehmensziele zusammenarbeiten, auch wenn und während sie laufend Änderungen unterliegen.

Die Kooperation zwischen Anbieter und Kunde erstreckt sich demnach über das übliche Maß an Quantität und Qualität hinaus. Eine immer größere Anzahl von Verträgen umfaßt Entwicklungsaktivitäten, den Endbenutzer-Support und die gesamten Telekommunikationseinrichtungen sowie Desktop Services und Rechenzentrumsdienstleistungen. Dies offenbart das Wesen des Systems Management. Es ist der »Umschlag« für sämtliche Systemintegrations- und Outsourcing-Aktivitäten. Die Systems-Management-Welle baut auf der Systemintegrations- und Systems-Operations-Welle auf. Sie befindet sich zur Zeit in der Wachstumsphase. Wie bei vielen anderen Informatikphänomenen ist auch hier die Begriffswahl von Anbieter zu Anbieter verschieden. Gemein bleibt aber allen Begriffen, daß Systemintegration und Outsourcing nicht länger als separate Teile einer Kundenlösung aufgefaßt werden.

Einige Anbieter und Unternehmen aber bereiten sich schon auf die nächste »Welle« vor.

3.2 Business-Operations-Outsourcing

Die nächste Outsourcing-Welle erfordert ein radikales Umdenken bzw. Weiterdenken des bestehenden Outsourcing-Gedankens. Es ist der Schritt hin zur Auslagerung ganzer Geschäftsabläufe und -funktionen. Nicht mehr nur einzelne Informationsverarbeitungsaktivitäten stehen zur Diskussion, sondern komplette Unternehmensfunktionen und -prozesse einschließlich der sie unterstützenden Informationssysteme. Diese Welle wird als Business Operations bezeichnet. Die sie antreibenden »Winde« sind von grundsätzlicher Bedeutung für die Verbreitung des Outsourcing-Konzeptes. Zu diesen zählen:

- Effektivität der Anbieterprodukte und Dienstleistungen,
- Integration von Informationssystemen und Geschäftsabläufen,
- Fokussierung auf das Kerngeschäft,
- Nachfrage nach Business-Lösungen -nicht Informationssystemlösungen,
- Erweiterung des Business-Know-hows der Outsourcing-Anbieter.

Business Operations ist wahrhaftig kein einfacher Schritt für einen Anbieter von informatikbezogenen Dienstleistungen, aber ein durchaus lohnender mit Blick auf das Marktpotential: So wächst dieses Marktsegment in Europa voraussichtlich um durchschnittlich 27 Prozent jährlich von umgerechnet 300 Millionen DM 1994 auf knapp 1000 Millionen DM bis 1999.

Die Idee des Business-Operations-Outsourcing ist eng mit der Übernahme größerer Verantwortung für das Kundengeschäft verknüpft. Das heißt, daß auch personelle und organisatorische Aufgaben außerhalb der traditionellen Aufgabenbereiche eines Outsourcing-Anbieters zu übernehmen und zu bewältigen sind. Bei vielen Unternehmen und Anbietern ruft dieses Konzept daher verständlicherweise nicht gerade Begeisterungsstürme hervor.

In einer Untersuchung zu diesem Thema befragte INPUT einen größeren Dienstleister über seine Kompetenzen in der Fertigungsindustrie. Der Dienstleister gab an, er verfüge im Bereich der diskreten Fertigung über ein vollständiges Set an Mitarbeitern, Know-how und Fähigkeiten, das von einigen Allianzen mit Beratungsunternehmen flankiert wird. Die Bereiche Produktdesign, Fertigungskonstruktion und -entwicklung, Produktionsstättenplanung und -management, Qualitätskontrolle, Ressourcenplanung- und kontrolle, Vertrieb, Arbeitszeitplanungen und -reports, Finanzmanagement, Logistik usw. würden ausreichend abgedeckt. Zudem behauptete der Anbieter, er verfüge nicht nur über das erforderliche Systemwissen, sondern auch über das notwendige Implementierungs-Know-how und die entsprechenden Schulungs- und Trainingsressourcen in seiner Organisation. Es gab nichts in einem Unternehmen der diskreten Fertigungsbranche, was dieser Anbieter nicht bewältigen zu können glaubte. Doch danach befragt, ob er beabsichtige, auch komplette Unternehmensabläufe seiner Kunden zu übernehmen, reagierte er zögernd und sogar ablehnend. Nachgefaßt ergab sich, daß sich das Unternehmen, d. h. die Geschäftsleitung nicht allzu sicher darüber zeigte, sämtliche in diesem Zusammenhang bestehenden Aufgaben bewältigen zu können. Die Antwort von INPUT darauf war, daß, wenn sie sich selbst schon nicht sicher seien, ihre Kunden es wahrscheinlich erst recht nicht sein würden. Diese werden sich reiflich überlegen, ob sie in einem solchen Fall auch nur einen Teil des Produkt- und Serviceangebotes in ihre Beschaffungsüberlegungen mit einbeziehen sollten.

In den neunziger Jahren wird es für einen Outsourcing-Anbieter zu den Schlüsselqualifikationen gehören, für einen bestimmten Geschäftsprozeß oder eine bestimmte Unternehmensfunktion die Fähigkeit und die Bereitschaft zur kompletten Übernahme vorweisen zu können. Damit wird gleichzeitig der ultimative Beweis für das Selbstvertrauen in die eigene Leistungsfähigkeit und das Leistungsangebot angetreten. Zwar wird der potentielle Outsourcing-Kunde in den meisten Fällen dies zunächst gar nicht in Betracht ziehen wollen, aber die Tatsache, daß der Anbieter bereit ist, mit diesem Angebot auf den Kunden zuzugehen, gibt diesem die Sicherheit, daß

1. der Anbieter selbst in die Qualität seiner Produkte und Services vertraut und bereit ist, »seinen Worten auch Taten folgen zu lassen«,
2. der Anbieter jene Dienstleistungen und Produkte nahtlos auszuweiten bereit ist, die bereits von ihm bezogen werden, bis hin zur Übernahme der Verantwortung für den gesamten Geschäftsablauf.

Für die Vermarktung des Business-Operations-Outsourcing-Konzeptes ist der Nachweis der geforderten Fähigkeiten, etwa in Form von entsprechenden Referenzen, zu erbringen.

Ein weiterer Anstoß für diese Business-Operations-Welle besteht in der steigenden Integration von Informationstechnologie und Geschäftsprozessen. Informationssysteme und Unternehmensabläufe sind immer stärker ineinander »verzahnt«. Aus diesem Grunde wird schließlich das Systems Management als eigenständiges Geschäft verschwinden. Es mag zwar ein kleiner Markt übrig bleiben, aber hierbei wird es sich fast ausnahmslos um Produkte und Dienstleistungen mit Commodity-Charakter handeln, die nur einen geringen Mehrwert enthalten und in jedem

Fall irgendwie Bestandteile eines umfassenderen Netzwerkservices sind. Es ist wahrscheinlich, daß bei einer weitergehenden Liberalisierung des Telekommunikationsmarktes die großen Postgesellschaften und Carrier zu den Hauptanbietern solcher Dienstleistungen zählen werden. Sicherlich wird die Systems-Management-Welle noch bis ins 21. Jahrhundert andauern. Aber sie wird auf absehbare Zeit von der Business-Operations-Welle überrollt werden, und zwar je weiter die Informationstechnologie die Unternehmensprozesse und -abläufe durchdringt.

Die stärkere Rückbesinnung vieler Unternehmen auf ihr eigentliches Kerngeschäft wird dem Business Operations ebenfalls entscheidende Impulse geben. Jede größere Unternehmung muß sich in Zukunft auf ihre Kompetenzen und eigentlichen Stärken besinnen und sie nachdrücklich betonen, um wettbewerbsfähig zu bleiben. In einigen Fällen kann dies Konzentration auf Produktplanung und -design, in anderen Fällen Prozeßeffizienz und -qualität, in noch anderen Fällen Marketing und Kundenservice heißen.

Es ist allerdings nicht immer sofort ersichtlich, was das eigentliche Kerngeschäft eines Unternehmens ausmacht. Zum Beispiel existiert manches »Fertigungsunternehmen«, für das die eigentliche Produktionstätigkeit gar keine primäre Aktivität darstellt. Der amerikanische Sportartikelhersteller Nike beispielsweise produziert selbst überhaupt keine Erzeugnisse. Er ist eine reine Produktplanungs- und Marketingfirma. Kosmetikunternehmen sind ausnahmslos Marketingunternehmen. Apple ist in erster Linie ein Software-Unternehmen. Es könnte also gut sein, daß ein Produktionsbetrieb seine Fertigungsprozesse auslagert. Und zwar an einen Anbieter mit dem entsprechenden Know-how für die Integration von Informationstechnologie und Fertigungsprozessen. Die Leitung eines Krankenhauses könnte die Geschäftsabläufe ohne weiteres an ein Unternehmen mit entsprechend ausgeprägtem Know-how in der Integration von Informationstechnologie und Medizintechnik abgeben. Es wäre denkbar, daß ein Versicherungsunternehmen seine gesamte Schadensbearbeitung einem externen Dienstleister überantwortet, der Bildverarbeitungstechnologie mit den Funktionen Schadensbewertung und -abwicklung zusammenführt. In der Versicherungsbranche sind einige Dienstleister bereits seit mehreren Jahren engagiert. Zum Beispiel hat ein Anbieter die gesamte Schadensbearbeitung für ein Versicherungsunternehmen im Gesundheitswesen in einigen Staaten der USA übernommen. Büroangestellte, Ärzte, Krankenschwestern wurden ebenso eingestellt wie eine komplette DV-Mannschaft. Sie zusammen bewerkstelligen den gesamten Unternehmensprozeß. Grundsätzlich sind die Kunden nicht mehr nur an separaten Informationslösungen oder -resultaten interessiert. Sie fordern zunehmend Lösungen für ihre gesamten Prozesse und Abläufe – Business-Lösungen also. Das Business-Operations-Outsourcing scheint hier eine angemessene Antwort auf die Frage nach dem Kerngeschäft zu beinhalten und verspricht eine größere Flexibilität und Effektivität der Unternehmensprozesse und -funktionen. Natürlich müssen die Outsourcing-Anbieter beachten, daß sie sich mit einer Ausrichtung auf die Übernahme ganzer Geschäftsprozesse gleichzeitig auch in für sie fremde Wettbewerbsgefilde hineinbegeben. Der Entscheidungsprozeß ist gerade für Anbieter, die informationsintensive Branchen wie Banken oder Brokerhäuser bedienen, besonders »knifflig«. Auf welcher Stufe sollen sie in den Wettbewerb zu ihren Kunden treten und selbst Banken werden und Finanzdienstleistungen anbieten? Die amerikanischen Firmen SEI oder FFMC befinden sich bereits in einer solchen Situation.

Outsourcing-Anbieter werden sich von der Position des Systemmanagements aus entweder nach vorne oder zurück bewegen müssen. Dabei liegt die Attraktivität der ersten Option in einem größeren Marktpotential, das im Business-Operations-Outsourcing steckt. Dies kann mit folgendem Rechenbeispiel veranschaulicht werden.

Typisch für ein Unternehmen ist ein Kostenanteil der Informationsverarbeitung zwischen 0,5 Prozent (für ein Unternehmen der prozeßorientierten Fertigung etwa) und 15 Prozent (für manche Geldinstitute). Die Aufwendungen für den eigentlichen Betrieb des Geschäftsprozesses aber betragen zwischen 50 und 70 Prozent der Gesamtkosten. Aus diesem Grunde könnte das Marktvolumen für Business Operations etwa fünf bis zehnmal so hoch ausfallen wie das dazu entsprechende Marktvolumen für die isolierten Outsourcing-Dienstleistungen. Ein auf die Übernahme von Geschäftsprozessen und -funktionen spezialisiertes Unternehmen, daß einen 20-Millionen-US-Dollar-Systemintegrationsvertrag abschließen kann, wird in der Lage sein, einen 10-Jahres-Systemmanagementvertrag über 200 Millionen US-Dollar zu gewinnen oder sogar einen 500 bis 1000 Millionen US-Dollar schweren Business-Operations-Kontrakt abzuschließen.

Schon früh wurden komplette Unternehmensprozesse ausgelagert. Man erinnere sich an die seit den fünfziger Jahren von Großunternehmen gestellte »make or buy«-Grundsatzfrage im Hinblick auf die Produktionsbereiche und bei ausgewählten Themen der Verwaltung, z. B. Reinigungsdiensten, Cafeteria-Services oder Gebäudeverwaltungsfunktionen. Zu diesem frühen Zeitpunkt schon wurde der Fremdbezug nicht primär zum Kerngeschäft gehörender Funktionen auf dem Weg zum »schlanken Unternehmen« forciert. Aber auch in dem klassischen Angebot an traditionellen Verarbeitungsdienstleistungen (Rechenzentrumsservices) bzw. im Facilities Management sind die Ansätze für dieses ganzheitliche Outsourcing-Konzept bereits zu finden. Neu und kennzeichnend aber ist die Evolution von der bisher überwiegend vertraglich determinierten Zusammenarbeit hin zu einer unbedingt partnerschaftlich orientierten Geschäftsbeziehung zwischen den beiden Vertragsparteien.

Grundsätzlich wird für Anbieter von Informationstechnologie nur die Übernahme solcher Funktionen und Abläufe in Betracht kommen, zu deren Effizienzsteigerung sie wesentlich beitragen können und wo potentielle Kunden sie als eine geeignete Wahl empfinden. Es dürfte wohl kaum Vorteile mit sich bringen, einem externen IS-Dienstleister die oben aufgeführten Produktions- und Verwaltungsfunktionen oder sogar Reinigungs- und Cafeteria-Dienstleistungen zu übertragen. Nichtsdestotrotz mögen dies einige Dienstleister als mögliche Erweiterung ihrer bereits bestehenden Infrastruktur-Managementdienstleistungen in ihre Überlegungen mit einbeziehen. Im Regelfall werden die Anbieter aber dort ihr Betätigungsfeld finden, wo die Informationstechnologie ein signifikanter Bestandteil der Unternehmensabläufe ist oder wenigstens einen hohen Beitrag zu deren Effektivität und Effizienz leistet.

Die Erkenntnis, daß ein bestimmter Prozeß einer Optimierung bzw. Restrukturierung bedarf, kann ebenfalls ein Auslöser sein. In diesem Fall wird der entsprechende Unternehmensprozeß nicht auf einer Projektbasis optimiert, sondern komplett in die Hände des externen Dienstleisters gegeben, der kontinuierlich und dauerhaft mit der Verbesserung dieses Geschäftsablaufes betraut ist. Der bei vielen Projekten in der Vergangenheit weit hinter den Erwartungen der Unternehmensführungen zurückgebliebene Nutzeneffekt vergrößert die Bereitschaft auf Seiten der Unternehmen, einem Anbieter, dessen Kernstrategie auf die Übernahme ganzer Prozesse ausgerichtet ist, den Auftrag zu erteilen.

Bei den bevorzugten Outsourcing-Kandidaten handelt es sich vornehmlich noch um Abläufe und Funktionen mit nur geringer strategischer Bedeutung für das Unternehmen. Branchenübergreifend vergleichbare strukturierte Unternehmensprozesse erhalten im allgemeinen den Vorzug vor solchen Funktionen, die für einen bestimmten Industriezweig oder gar für die einzelne Organisation einzigartig sind. Derzeit wird von den Anbietern auch eher umfangreiches Prozeß-Know-how gefordert als ein dediziertes Branchenwissen. Bei Kundenbefragungen tauchten daher Prozesse mit einem niedrigen Spezifitätsgrad regelmäßig ganz oben auf der Kandidatenliste für das Business-Operations-Outsourcing auf.

So zielte einer der ersten Business-Operations-Outsourcing-Verträge auf die Übernahme der gesamten Funktionen des Buchführungs- und Rechnungswesens der Ölgesellschaft BP Exploration im Jahre 1991. Im Anschluß daran begannen eine Reihe von Anbietern die Bandbreite ihres Outsourcing-Spektrums über die reine Informationstechnologie hinaus auszuweiten und Auslagerungskonzepte für komplette Geschäftsabläufe anzubieten. Dabei waren hauptsächlich Funktionen und Prozesse mit einem hohen Routine- und Verwaltungsanteil Gegenstand der Vertragsabschlüsse wie z.B. die Lohn- und Gehaltsabrechnung, Zahlungsverkehr, Logistik und das Dokumentenmanagement.

Doch langfristig wird sich eine ausschließlich auf die Auslagerung von Funktionen und Abläufen mit niedrigem Spezifitätsgrad ausgerichtete Strategie als eine zu einfache Sicht der Dinge erweisen. Verspricht die Auslagerung nämlich eine Verbesserung des Kosten/Nutzen-Verhältnisses und eine größere Flexibilität, so wird jede strategisch bedeutsame wie auch nicht strategisch bedeutsame Funktion letztlich zur Disposition stehen, vorausgesetzt der Kunde behält weiterhin die Planungs- und Kontrollhoheit. So beschloß jüngst ein Geldinstitut, seinen 24-Stunden-Telefon-Banking-Service, der in der zukünftigen Unternehmensstrategie ein Schlüsselelement darstellt, nicht selbst einzuführen, sondern diese Aufgabe einem externen Dienstleister zu überlassen.

Als weitere Merkmale eines geeigneten »Kandidaten« für das Business Operations nannten europäische Unternehmen in der Reihenfolge ihrer Wichtigkeit die Merkmale Häufigkeit von Schwankungen im Hinblick auf die Arbeitslast (Saisonbelastungen), Arbeitsintensität und Branchenverbreitung, Relevanz für das Tagesgeschäft, Wettbewerbsvorteil, hohes Transaktionsvolumen und Technologieanteil.

Der oft in Befragungen von Outsourcing-Kunden geäußerte Vorbehalt, daß Systemhersteller die Probleme der Kunden vielfach durch eine technologische Brille sähen, führt dazu, daß eher Anbietern von professionellen Dienstleistungen die Durchführung eines Funktions- bzw. Prozeß-Outsourcings zugetraut wird. Ausnahmen bestätigen allerdings die Regel. Denn in einer 1994 durchgeführten INPUT-Befragung unter deutschen Outsourcing-Kunden wurde der Dienstleister Siemens Nixdorf als einziger IS-Anbieter von Business Operations mit »Hardware-Vergangenheit« von Unternehmens- und DV-Verantwortlichen auf Platz zwei hinter einem Professional Services-Anbieter gestuft.

Außerdem legen Unternehmen sehr viel Wert auf die wirtschaftliche und finanzielle Stabilität des Anbieters. Sie wollen absolut sicher sein, daß der vereinbarte Service kontinuierlich und zuverlässig über den gesamten Vertragszeitraum hinweg erbracht werden kann. Die Quantifizierung der finanziellen Vorteilhaftigkeit und die Demonstration des Effizienzgewinns hebt nach Aussagen der Kunden die Attraktivität des Business-Operations-Outsourcing.

Auch sollte die Geschäftsbeziehung nicht vorwiegend durch »wasserdichte« juristische Vereinbarungen determiniert sein. Es wird Flexibilität und Reaktionsfreudigkeit in bezug auf sämtliche Anfragen und Bedürfnisse erwartet und gefordert. Daher muß mehr als bei allen anderen Outsourcing-Kategorien die Partnerschaftskomponente das dominierende »Vertragselement« darstellen.

3.3 Desktop-Services-Outsourcing

3.3.1 Einfluß- und Erfolgsfaktoren

Der Trend zu offenen Systemen und zum Downsizing hat einen hohen Einfluß auf die Desktop-Welten. Vor allem das Downsizing wird heutzutage als Lösung für viele Probleme in der Informationsverarbeitung angesehen. So macht der steigende Kostendruck zusammen mit den rasanten technologischen Fortschritten bei PC- und Workstationsystemen die Option, möglichst viele Anwendungen auf kleinere Plattformen herunterzuziehen (d. h. von einem Mainframe auf einen Minicomputer, von einem Minicomputer auf einen Microcomputer oder direkt von einem Mainframe auf eine Workstation oder einen PC) für Unternehmen attraktiv. Outsourcing-Anbieter scheinen bisher mindestens einen Weg gefunden zu haben, hieraus Vorteile zu ziehen. Sie bieten im Zusammenhang mit ihren bestehenden Angebotsportfolios oder unabhängig davon zunehmend Dienstleistungen für die Desktop-Ebene an. Da insbesondere mainframe-orientierte Unternehmen bisher noch über wenig Erfahrungen in Desktop-Umgebungen verfügen, ist die Kombination von Endbenutzerwissen, das bisher größtenteils dezentralisiert war, und zentralen Systemfähigkeiten einschließlich Logistiksupport, Help-desk-Funktionen, Implementierung und Umstellung, Schulung, Beschaffung und Aufrüstung notwendig.

Der Logistiksupport umfaßt das »roll in« und »roll out« von Hardware und Software. Die Informationen, wer welches System in welcher Konfiguration liefern kann, muß der Supporteinheit zur Verfügung stehen, sollen die Endbenutzer effektiv unterstützt werden. Auf technischer Ebene und auf Anwendungsebene muß eine Help-desk-Funktion installiert und die Bewältigung von z. B. Datenbankproblemen sichergestellt sein. Weiterhin sind Implementierungs- und Umstellungsaktivitäten einschließlich der Vorbereitung und Durchsetzung von Standards Aufgaben des Anbieters. Verkabelung, Ergonomie, Schulung und Ausbildung in Basiswissen und kundenspezifischem Know-how sind ebenso wie Equipment-, Netzwerk- und Software-Auswahl, -Beschaffung und -Distribution weitere an die Anbieteradresse gestellte Forderungen. Derzeit werden diese Aktivitäten noch vielfach zentral von der DV-Abteilung durchgeführt oder aber teilweise von einem »Vor-Ort«-Anbieter bereitgestellt. Bei diesem handelt es sich oft um einen lokalen Händler mit Sitz am Kundenstandort, zu dessen Hauptaufgaben im Regelfalle das Testen und Anschließen der Komponenten sowie die Durchführung von Systemerweiterungen (Upgrades) gehören.

Sicherlich verfügen auch die internen DV-Abteilungen und die Endbenutzereinheiten selbst über Fähigkeiten und Ressourcen, ihre Desktop-Umgebung zu unterstützen. Dessenungeachtet ist die IS-Abteilung für die Endbenutzer nicht unbedingt ein »Anbieter erster Wahl«. Weitaus mehr als ihre Kollegen aus den DV-Abteilungen sind sie nämlich davon überzeugt, daß mit der Auslagerung der Desktop-Strukturen signifikante Nutzenvorteile verbunden sind. Aber auch die IS-Verantwortlichen sehen sich einer Reihe von unternehmensinternen organisatorischen und technischen Herausforderungen sowie bestimmten Entwicklungen auf Anwendererebene gegenüber, die auch aus ihrer Sicht für einen verstärkten Fremdbezug von Desktop Services sprechen.

So werden viele unternehmensinterne DV-Abteilungen von den Unternehmensleitungen mit personellen und/oder Budgetrestriktionen konfrontiert, die ihre Fähigkeiten, den steigenden Anforderungen im Desktop Servicesbereich nachzukommen, stark einschränken. Dies gilt auch für die benötigen Personal- und Schulungsressourcen in ausreichender Menge und Qualität.

Mit zunehmender Komplexität der Technologie werden die Anforderungen an die Support-Funktion höher. Dabei ist diese Komplexität eine Folge des Übergangs von der Mainframe-Philosophie mit ihren »dummen« Terminals zu offenen Client-Server basierten IS-Strukturen. Zum einen liegen viele der Daten, die Endbenutzer benötigen, auf den proprietären Mainframe-Systemen, die benutzer- und zugangsfreundlicher zu gestalten sind. Zum anderen steigt die Zahl der lokalen Netzwerke und die Notwendigkeit, bestehende Netzwerke zu restrukturieren bzw. zu reimplementieren. Die Bereitstellung der entsprechenden PCs ist hierbei nur ein erster Schritt. Bei den Endanwendern steigt vor allem die Nachfrage nach Supportleistungen, um das Potential ihrer Systeme für ihre Tätigkeiten und Ziele voll ausschöpfen zu können. Mit der Ausbreitung der Desktop-Welten ist auch eine sehr viel größere geographische Abdeckung des Services erforderlich geworden. Es ist heute nicht mehr länger akzeptabel, kleinere Abteilungen, oder solche, die in vergleichsweise »unzugänglichen« Gebieten liegen, nachlässig oder überhaupt nicht zu unterstützen. Mittlerweile erwarten alle Anwender den Zugang zum Unternehmensnetzwerk und zu Informationen und Werkzeugen, die sie zur Erfüllung ihrer Aufgaben benötigen. In den meisten Fällen wird sich diese Forderung auf die jeweilige Landesperspektive beschränken, doch kann in einigen Fällen auch länderübergreifender Service auf europäischer oder sogar globaler Basis erforderlich sein.

Darüber hinaus emanzipieren sich die Anwender und werden zu anspruchsvollen »Kunden«. Intelligente Serviceleistungen und pro-aktiver Support gehören zu den wichtigen Anforderungen an einen Serviceleister. Häufig erhalten die Endanwender von der internen DV-Abteilung nur einen reaktiven technischen Basis-Support, der ihre unmittelbaren technischen Anfragen offenbar zur Zufriedenheit beantwortet. Doch halten sie, so zeigen Untersuchungen, diesen Service weder für besonders kosteneffektiv noch genügend pro-aktiv.

Ein häufig angeführter Grund gegen einen Fremdbezug besteht in dem detaillierten Wissen des hausinternen Dienstleisters, was die jeweiligen Aktivitäten und Aufgaben der Fachabteilungen betrifft. Dagegen spricht, daß ein Drittel der in einer INPUT-Analyse befragten europäischen Kunden sich eher unzufrieden über diesen Aspekt ihrer IS-Abteilungen geäußert haben. Das gleiche betrifft auch den pro-aktiven Support. Darüber hinaus gilt der Desktop-Bereich ohnehin als derjenige mit dem größten Wahrscheinlichkeitsvorkommen an Beschwerden und unvorhersehbaren Anforderungen, so daß nicht wenige Fachabteilungen bereit wären, ein externes »Third-Party«-Unternehmen mit dem Management ihrer gesamten Desktop-Geräte zu beauftragen, wenn sie über die entsprechende Entscheidungsgewalt verfügten. Die Benutzer selbst zeigen sich nämlich wenig begeistert davon, eine eigene IS-Organisation aufzubauen, um die Client-Server-Systeme zu unterstützen. Idealerweise erwarten die Endbenutzer einen vorausschauenden Benutzerservice, der ihnen zu größerer Produktivität verhilft. Der Help-desk-Service sollte den Servicesanbieter in die Lage versetzen, die drängenden Problembereiche frühzeitig zu identifizieren und pro-aktiv zu agieren. So muß beispielsweise sichergestellt sein, daß der Datenaustausch zwischen Arbeitsgruppen bzw. Abteilungen keine Schwierigkeiten bereitet und daß Inkompatibilitäten nicht als Folge unkoordinierter Software-Auswahl oder einer ungenügenden Versionenkontrolle auftreten.

Kompatibilität ist von hoher Bedeutung für die Transparenz und effektive Nutzung der Ressource ›Informationen‹ innerhalb einer Organisation. Sie ist insbesondere dann gefährdet, wenn die einzelnen Fachabteilungen eine unterschiedliche Update-Politik betreiben, die zu inkompatiblen Software-Produkten oder -versionen führt. Dieses Problem vergrößert sich noch im Zuge der rasanten Veränderungen in der Desktop-Technologie. Die Hauptbeschwerden der Anwender beziehen sich zum einen auf nicht mehr angemessene Hardware-Leistungen, wenn das Equipment nach bereits etwa drei Jahren veraltet ist, und zum anderen auf die häufigen Versionswechsel bei Betriebssystemen und Anwendungssoftware. Viele Endanwender stellen fest, daß die bestehenden Hardware-Kapazitäten das Potential der fortschrittlichen Software-Produkte nicht ausschöpfen können und daß der reibungslose Datenaustausch sich infolge der Einführung neuer Software-Produkte als immer problematischer erweist. Diese Situation stellt zwei Möglichkeiten für Desktop Services heraus: Update/Versionsmanagement einerseits und Finanz- und Leasingservices andererseits.

In der Praxis erweist sich das Update-Management als ein Sorgenkind der hausinternen DV zum Leidwesen der Anwender. Dennoch resultieren die Schwierigkeiten, eine zufriedenstellende Update-Politik und eine konsistente Version von Betriebssystemen und Applikationen über die gesamte Infrastruktur zu erreichen, eher aus dem hohen Autonomiegrad der Fachabteilungen hinsichtlich der Beschaffungszeit und des Beschaffungsausmaßes von Standardgeräten und Software-Produkten.

Für die interne IS-Abteilung ist es praktisch unmöglich, diese Leistungen auf einer gebührenabhängigen Basis zu erbringen. Dennoch bleibt dieser Ansatz oft der einzige Weg, um eine gleichmäßige Verteilung der Kosten für die technologischen »Auffrischungen« über die jeweils nächsten zwei bis drei Jahre zu erreichen. Die regelmäßig erforderlichen hohen Investitionen stellen eine große Barriere im Hinblick auf die Sicherstellung der unternehmensweiten Konsistenz von Desktop-Systemen und Applikationen dar. Es bietet sich daher an, für Finanz- und Leasingservices einen externen Dienstleister in Anspruch zu nehmen, um Konsistenz in »up-to-date« Desktop-Umgebungen zu realisieren.

Das Auslagern der Help-desk-Funktion stößt von Seiten des IS-Managements auf möglicherweise großen Widerstand. In der Regel ist es sehr darauf bedacht, die Kontrolle über die direkte Schnittstelle zum Endanwender nicht aus der Hand zu geben. Demgegenüber steht es einer Auslagerung anderer technischer Support-Aufgaben durchaus positiv gegenüber. Zusätzlich sind aber auch Endanwender der Überzeugung, daß die Auslagerung der »First-line«-Help-desk-Funktion einer derjenigen Bereiche ist, zu deren Verbesserung ein Desktop-Services-Outsourcing-Anbieter nur wenig beitragen kann. Sowohl Anwender als auch das IS-Management sind von den Fähigkeiten der Outsourcing-Anbieter – auch teils auf der Grundlage bisher gemachter Erfahrungen – noch nicht genügend überzeugt. Hauptgrund ist der extensive Einsatz von kundenspezifisch entwickelten Applikationen auf proprietären Herstellersystemen, die von den Desktops angesprochen werden. In diesem Falle besteht aber zumindest die Chance für Anbieter, Wartungsdienstleistungen als Teil ihres Desktop Serviceportfolios anzubieten. Dieses Angebot ist eines der besten Argumente für die Auslagerung, wenn Unternehmen ihre Mainframe-Umgebungen nicht aufgeben wollen.

Mit einem Desktop-Services-Outsourcing sind von IS-Management und von Anwenderseite her unterschiedliche Erwartungen verbunden. Kosteneinsparungen sind zwar sowohl für das IS-Management als auch für die Endanwender von entscheidender Bedeutung. IS-Manager erwarten von Desktop-Services-Anbietern aber darüber hinaus vor allem die Bereitstellung eines konsistenten Supports, was die geographische Abdeckung und die Qualität des technischen Services betrifft.

Auf der anderen Seite legen Anwender mehr Wert auf den Beitrag, den der Dienstleister zur Erreichung der Unternehmensziele leistet, sowie auf die Unterstützung bei operationalen Managementaufgaben. Die wichtigsten Selektionskriterien von Benutzerseite sind daher das Vorhandensein von Business-Know-how und die Fähigkeit, ein hohes Serviceniveau zu erbringen und zu halten. Einige Anwender betonen darüber hinaus auch die Flexibilität des Vertrages, der sie nicht an einen bestimmten Anbieter oder bestimmte Produkte bindet.

Eine weitere INPUT-Analyse ergab, daß folgende Anbietercharakteristika für einen Erfolg im Desktop-Services-Geschäft ebenfalls hilfreich und notwendig sind:

- hohe geographische Präsenz,
- ausreichende Managementressourcen,
- nachgewiesene Erfolge.

Eine hohe Anzahl von Niederlassungen ist ohne Zweifel notwendig, weil Unternehmen nach lokalem Installationsservice und Support für ihre verteilte Unternehmens- bzw. DV-Organisation nachfragen. Ein straffes Programm-Management ist essentiell, weil es sich um ein »sichtbares« Geschäft handelt. Ebenfalls aus diesem Grunde ist die Demonstration und der Nachweis entsprechender Kompetenzen und Erfolge notwendig. Fachabteilungen wie DV-Abteilungen sind auf eine Minimierung des Risikos aus. Das bedeutet für den Anbieter auch, er muß über ausreichende Ressourcen verfügen, um in Know-how zu investieren.

Bei einer Auslagerung der Desktop-Umgebungen übernimmt der Dienstleister die Planung der Infrastruktur und ist verantwortlich für die Bewältigung des Tagesgeschäftes sowie der entsprechenden Abläufe und Prozesse auf dieser Ebene. Wichtig in diesem Zusammenhang ist die Fähigkeit des Anbieters, nachfolgende Marktangebote zu bewerten, so daß die Desktop-Services-Strategie frühzeitig festgelegt werden kann; die Wahl der geeigneten Betriebssystemumgebung ist ein gutes Beispiel für die Bedeutsamkeit dieser Aktivität. Das zum Bestimmen der Leistungscharakteristika notwendige Testen der Produkte im Labor, bevor diese an die Kunden ausgeliefert werden, gehört ebenfalls dazu. In diesem Zusammenhang ist auf die Wechselbeziehung zwischen den einzelnen Systemen in der IV-Umgebung des Kunden zu achten.

Die Ausgaben, die mit dem Betrieb der Desktop-Infrastruktur verbunden sind, werden durch den Fremdbezug kontrollierbar und vorhersagbar. Entsprechende Managementprozesse müssen vom Anbieter installiert werden. Als eine weitere Konsequenz des Einsatzes von Logistik-Managementsystemen und der disziplinierten Vorgehensweise des Anbieters sind nun etwaige Erweiterungen und Aufrüstungen einfacher zu installieren und zu implementieren. Das Verständnis für die Eigenschaften der Zielsysteme, noch bevor ein »roll-out« stattfindet, erhöht die Wahrscheinlichkeit des Erfolges des Desktop-Services-Outsourcing-Kontraktes.

Standards für Anwendungen, Software und Kommunikation sind Nebenprodukte dieses Prozesses. Häufig ist ein Desktop-Services-Kontrakt aber auch der einzige Weg um sicherzugehen, daß diese Standards weiterentwickelt und eingehalten werden. Erwähnenswert sind die Hinweise auf mögliche Kosteneinsparungen, was häufig einfach verschwiegen wird, weil diese nur schwierig zu quantifizieren sind. Informationen über laufende Kosten der Desktop-Infrastruktur liegen nur in den seltensten Fällen vor. Eine Aufgabe der Anbieter besteht daher in der genauen Bestimmung dieser Kosten.

Der Sicherheitsaspekt sollte ebenfalls nicht außer acht gelassen werden. Unternehmen, die sich auf eine Netzwerkwelt einlassen, erkennen oft gar nicht das Gefahrenpotential, das durch eingeschleuste Viren, falsche Benutzerhandhabung, mangelnde Backup-Lösungen, Crashs etc. entstehen kann.

Derzeit sind Desktop Services, neben Business Operations, das wohl aktuellste und am schnellsten wachsende Segment des Outsourcing-Marktes. Prognosen der INPUT-Analysten sagen dem Markt für Desktop Services ein rapides Wachstum sowohl für Europa als auch für die USA voraus. In Japan und in anderen Ländern wird diese Entwicklung eher langsamer verlaufen, doch werden diese Märkte vielleicht unterschätzt. In den USA werden die Ausgaben hierfür voraussichtlich um jährlich durchschnittlich 21 Prozent von 1,8 Milliarden US-Dollar im Jahr 1994 auf 5,1 Milliarden US-Dollar im Jahr 1999 ansteigen. In Europa wird das Wachstum mit jährlich durchschnittlich sogar 27 Prozent im gleichen Zeitraum zu Buche schlagen und 1999 ein Volumen von umgerechnet knapp 2 Milliarden DM erreicht haben. Auf deutsche Verhältnisse bezogen, wird das Segment der Desktop Services wertmäßig von umgerechnet 105 Millionen DM mit durchschnittlich 25 Prozent jährlich auf 320 Millionen DM bis 1999 anwachsen. Das hohe Wachstumspotential resultiert aus folgenden Gründen.

Es existieren heutzutage mehr Möglichkeiten auf der Desktop-Ebene als in den Mainframe-Welten. Häufig wollen oder können aber weder die IS-Abteilungen noch die Fachabteilungen die notwendigen Ressourcen und die Infrastruktur hierfür aufbauen. Das Potential für eine Ausweitung dieses Services ist daher groß, nicht zuletzt weil diese Systeme in allen Unternehmen und Unternehmensbereichen immer mehr Verbreitung finden.

Der Downsizing-Trend stellt in diesem Zusammenhang zweifellos weiterhin die treibende Kraft dar. Die Tendenz zur Verkleinerung setzt sich fort. Die technologischen Fortschritte werden weiterhin dramatische Preis/Leistungsverbesserungen in beinahe allen Bereichen des Desktop-Geschäftes nach sich ziehen. Die Nachfrage von Benutzern nach einer größeren Kontrolle über ihre Informationsverarbeitungs-Umgebungen nimmt in Zukunft noch zu.

Die zukünftig wichtigen technologischen Neuerungen in verwandten Bereichen werden mit Computern auf der Desktop-Ebene und nicht mit Systemen in der Mainframe-Klasse realisiert. Entwicklungen wie Multimedia, TV/Display Integration, Bildverarbeitung, optische Speichermedien, Global Positioning Systems (GPS), mobile Kommunikation, natürlichsprachliche Schnittstellen, objektorientierte Informationsverarbeitung etc. beeinflussen vor allem die Desktop-Welten und die mobilen Systeme. Dieses Segment hat daher »High-tech«-Charakter und zeichnet sich durch ein hohes technologisches Innovationspotential aus. Die effektive Anwendung dieser neuen Technologien unter wirtschaftlichen Gesichtspunkten ist Problem und Chance zugleich. Desktop-Services-Anbieter, zu deren Aktivitäten sowohl das Mainframe-, das Netzwerk- und das Desktop-Geschäft gehört sind für die Zukunft bestens gerüstet.

3.3.2 Beispiele für Desktop-Services-Verträge und Anbieter

Die größten Anbieter von PC- und LAN-Produkten heute werden in Zukunft wahrscheinlich auch zu den Hauptanbietern von Desktop Services gehören. Sie werden sowohl die Dienstleistungen rund um die

Desktop-Systeme bereitstellen als auch das Equipment und die benötigte Software. Die ersten Unternehmen, die diesen Markt angingen, waren die großen PC-Produzenten bzw. sie wurden zu solchen. Seitdem die PCs aus Standardkomponenten aufgebaut sind (Motherboard, Stromversorgung, Laufwerke, Controller, Gehäuse etc.), ist es für diese Unternehmen leichter, Systeme nach ihren und den Spezifikationen ihrer Kunden zu assemblieren und auf zwischengeschaltete Distributionskanäle zu verzichten. Analog verhält es sich mit der Wartung für diese Systeme.

Die Desktop-Services-Anbieter benötigen daher den Support von PC-Fabrikanten und deren Help-desk-Angebote immer weniger. Sie sind mittlerweile selbst in der Lage, ihren Kunden diese Leistungen bereitzustellen. Auch das Testen und die Implementierung von Software und anderen Komponenten kann übernommen werden.

Als einer der ersten Verträge über Desktop Services gilt der Kontrakt zwischen Businessland und Kodak, der die Bereitstellung sämtlicher PC- und Workstation-Services für alle Kundenstandorte USA-weit vorsieht.

Siemens Nixdorf betreut 6000 Desktop-Systeme verschiedenster Marken und Hersteller in allen Niederlassungen des Chemie-, Metall-, und Pharmaunternehmens Degussa AG bundesweit. Das Informatik-Team des Kunden wird dabei ständig von Servicemitarbeitern vor Ort unterstützt. Um Engpässe in der internen DV-Abteilung auch kurzfristig überbrücken zu können, besteht darüber hinaus die Möglichkeit, je nach Personalbedarf und Aufgabenstellung eine entsprechende IT-Servicemannschaft anzufordern.

Digital konnte den Desktop-Kontrakt mit Blockbuster Video gewinnen. Der Systemhersteller übernahm die Verantwortung für alle Neuinstallationen und Implementierungen just als die rapide wachsende Videokaufhauskette mit ihrem Geschäft in den USA und Europa auf Expansionskurs ging. Digital übernimmt die komplette Wartung für das Equipment und ist verantwortlich für die Auslieferung und den Anschluß der Geräte, die Help-desk-Funktion und die Schulung der Ladenbesitzer. Dieser Vertrag kann als Beispiel dafür gelten, daß Anbieter mit einer internationalen Präsenz erforderlich sein können.

EDS verdiente sich seine ersten Sporen mit dem großen SMC-Vertrag der US-Armee. Das hohe Volumen und der straffe Zeitplan verlangte ein äußerst sorgfältiges Management über die vielen Standorte und die Bandbreite der verschiedenen Betriebssystemumgebungen hinweg. Aber erst das Geschäft mit General Electric, das im Spätdezember 1991 angekündigt wurde, ließ die IT-Branche erstmals auf das erstaunliche hohe Potential dieses Marktsegmentes aufmerksam werden. Der General Electric-Vertrag umfaßt insgesamt 90 000 PCs und wird auf ein Volumen von über eine halbe Milliarde US-Dollar über einen Zeitraum von fünf Jahren beziffert. Er schreibt im einzelnen die Einführung von PC-Standards, die zentrale Beschaffungsfunktion, den Benutzersupport und sämtliche Installationsaufgaben fest.

Desktop Services sind aber nicht immer »Stand-alone«-Verträge. Sie können auch Teil einer umfassenden Vereinbarung sein. So ist beispielsweise ISSC verantwortlich für 16 000 PCs im Rahmen des Zale Corporation Vertrages. Dies ist nur ein Beispiel dafür, daß Desktop Services immer häufiger im Rahmen größerer Outsourcing-Verträge abgeschlossen werden.

P&P's Vertrag mit ICI beinhaltete den Wechsel von 90 Mitarbeitern zum Desktop Services Anbieter. Zwei andere Verträge mit Unilever und TSB (einer amerikanischen Großbank) schlossen den Transfer von 12 bzw. 23 Mitarbeitern ein. P&P war ursprünglich ein Hersteller von Microcomputerprodukten. Vor diesem Hintergrund expandierte das Unternehmen in den Desktop-Services-Markt hinein. Eine der wesentlichen Stärken des Anbieters ist sein über 9000 Software- und Hardware-Produkte umfassendes Portfolio in der PC- und UNIX-Welt.

Raet ist ein Mitglied der ICG-Gruppe, die aus einem Joint Venture dreier PC-Händler hervorgegangen ist und seine Präsenz mittlerweile auf zehn europäische Länder ausgeweitet hat. Der Umsatz der ICG-Gruppe insgesamt betrug 1990 bereits 1,6 Milliarden Dollar. Die Gruppenmitglieder können große Desktop-Services-Verträge vorweisen.

In den USA können die traditionellen Outsourcing-Anbieter, d.h. Anbieter von Systems Operations, bereits große Erfolge im Desktop-Services-Geschäft vorweisen. In Europa werden die großen Kontrakte eher noch von PC-Händlern gewonnen, wie beispielsweise von P&P und Mitgliedern der International Computer Group, wie z.B. Raet und Comptacenter. Diese Unternehmen bieten Kunden ein breites Spektrum und ein tiefes »Sortiment« an Systemen und Anwendungssoftware. Sucht der Kunde eine »single-source« für Produktangebot und -support, wird Händlern im allgemeinen die größere Kompetenz unterstellt.

Bei dem Desktop-Services-Markt handelt es sich um ein ausgesprochen wettbewerbsintensives Marktsegment. Außer den zahlreichen Händlerketten und traditionellen Outsourcing-Anbietern drängen auch zunehmend Third-Party Wartungsunternehmen und Systemhersteller in diesen Markt. Das weitere Wachstum der Nachfrage nach Desktop Services wird daher zu nachhaltigen Veränderungen der Wettbewerbsstrukturen führen. Die Outsourcing-Anbieter mit Mainframe-Know-how und proprietären Midrange Systemen bauen sich den Zugang zur PC-Kompetenz der Händler auf. Ebenso erkennen die Händler, daß viele größere Outsourcing-Verträge sowohl Desktop-Know-how als auch Großsystemerfahrungen erfordern, um den gestiegenen Anforderungen der Kunden gerecht zu werden. Die sehr großen Desktop-Services-Verträge werden zwar unabhängig von anderen Mainframe- oder Midrange-Verträgen gewonnen und abgeschlossen. Dennoch werden eher solche Anbieter, die sowohl dem einen als auch dem anderen Erfordernis mit ihren Angeboten entsprechen, zukünftig Wettbewerbsvorteile realisieren können.

Der Systemhersteller Siemens Nixdorf bzw. Siemens Business Services befindet sich in dieser Lage, sämtliche Aufgaben im Umfeld der Informationsverarbeitung zu übernehmen. Dabei wird als zuverlässiges Partnerunternehmen eine herstellerübergreifende Gesamtverantwortung in einer heterogenen Systemlandschaft anvisiert. So ist Siemens Nixdorf autorisierter Partner führender Software-Anbieter wie Microsoft oder Novell und verfügt über das nötige Know-how, um alle gängigen Hardware-Systeme von DEC bis IBM zu betreuen. Diese *Multivendorkompetenz* konnte bei der Thyssen Handelsunion AG unter Beweis gestellt werden. Ausgangspunkt waren überlange Reaktionszeiten in der DV-Abteilung dieses Handelsunternehmens bei Fragen bzw. Problemen der PC-Anwender. Mit wenigen Mitarbeitern mußte eine ständig steigende Anzahl von PC-Arbeitsplätzen betreut werden. Die ohnehin schon überbeanspruchten Ressourcen standen für weitaus wichtigere Aufgaben, wie z. B. die strategische Informationssystemplanung, daher nicht mehr zur Verfügung. Zusammen mit dem Handelsunternehmen wurde ein Gesamtkonzept geplant und umgesetzt, das nicht nur den »Vor-Ort«-Benutzerservice sicherstellte, sondern durch die Unterstützung sowohl bei der Beschaffung von Hard- und Software-Produkten als auch durch die Organisation von Systemerweiterungen und Abwicklung von Lieferantengarantien die DV-Mitarbeiter des Kundenunternehmens stark entlastete.

3.4 Transition Outsourcing

Restrukturierungen der Aufbauorganisation und Veränderungen bei System- und Arbeitsabläufen sind in vielen Unternehmen im Hinblick auf die Erhaltung der Wettbewerbsposition und -fähigkeit notwendig geworden. Dabei können Unternehmen die entsprechenden Reengineering-Maßnahmen entweder pro-aktiv ergreifen, oder sie werden zu einem anderen Zeitpunkt unvorbereitet und vielleicht zu spät restrukturiert. In vielen Fällen jedoch sind sie kaum in der Lage, diesen Prozeß allein zu bewältigen. Genauso wie bei manchen chemischen Reaktionen ist die Anwesenheit eines Katalysators, eines »outside agents«, notwendig. Dies ist einer der Hauptgründe, ein Transition Outsourcing in Betracht zu ziehen.

Der Begriff »Transition Outsourcing« oder »Transition Management« wird hier bewußt anstelle des Terminus »Change Management« verwendet. »Changes« können kleiner oder größer ausfallen. Ebenso können Veränderungen in ein und derselben Umgebung stattfinden, etwa bei einer Rechenzentrumskonsolidierung. »Transition« aber meint eine fundamentale Veränderung, d. h. den Übergang von einem bestimmten Zustand oder einer bestimmten Phase in einen anderen Zustand oder eine andere Phase. Um ein Beispiel aus der Physik zu bemühen, würde man mit dem Begriff »Change« das Erhitzen oder Abkühlen von Wasser bezeichnen. Bringt man das Wasser hingegen in den Zustand Dampf oder Eis, wird dies als »Transition« bezeichnet.

Die Unzufriedenheit mit dem gegenwärtigen Status quo seiner Informationsverarbeitung ist häufig der Auslöser für ein Unternehmen, eine fundamentale Veränderung, also eine »Transition« anzuvisieren. Eine Werbeanzeige eines Dienstleisters verdeutlichte dies einmal mit zwei Punkten auf einem weißen Blatt Papier. »Durch diese Punkte A und B«, so behauptete der Anbieter, »ziehen wir gerade Linien«. Das einzige Problem hierbei ist, daß niemand wissen kann, wo B genau liegt. B ist eher eine Fläche auf diesem weißen Blatt Papier als ein genau zu ortender Punkt. Und dieser Punkt bewegt sich sogar noch. Ist ein Transitionsprozeß beschlossene Sache, muß also unbedingt das dynamische Element berücksichtigt werden. B ist ein bewegliches Ziel. Aus jeder Veränderung der »Zielposition B« resultiert Unsicherheit und Risiko. Das Risiko hängt direkt mit der Länge der entsprechenden Übergangsphase zusammen. Deshalb ist es wichtig, die Transitionsphase so schnell wie

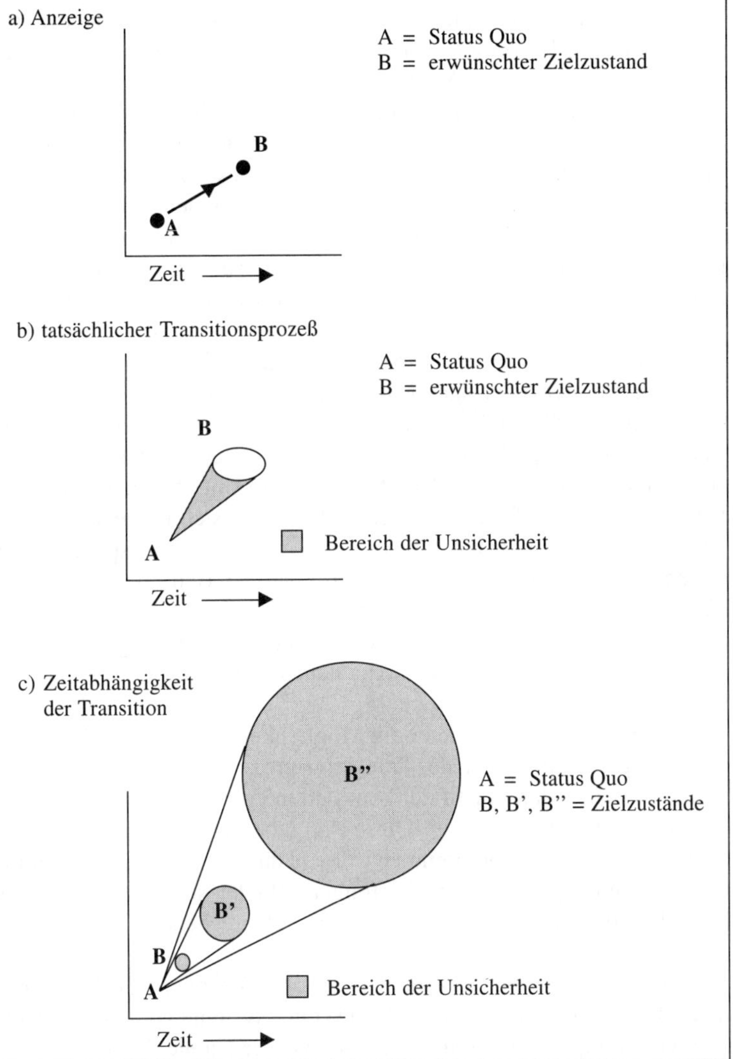

Quelle: INPUT

Abbildung 17: Der Transitionsprozeß

möglich abzuschließen. Je schneller der Zielstatus erreicht wird, desto weniger Variablen im Transitionsprozeß können sich verändern, desto geringer fallen die Veränderungen dieser Variablen aus, desto geringer sind schließlich auch die Kosten.

Um eine Transition schnell und effektiv bewältigen zu können, ist häufig das zeitliche Nebeneinander zweier Betriebs- bzw. Informationssystem-Konfigurationen erforderlich. Dieser Zustand sollte aber nicht länger als unbedingt nötig dauern. Die beiden Konfigurationen sind meist sehr verschieden, nicht nur was ihre Architektur (Mainframe-Basis versus Client-Server-Struktur) betrifft. Auch das Subjekt der Verfügungsgewalt unterscheidet sich, d. h. die IS-Abteilung im einen, die Fachabteilungen bzw. die Endbenutzer im anderen Fall.

Ziel ist es, jeden Geschäftsprozeß und jede Unternehmensfunktion mit einer möglichst geringen Mitarbeiterzahl und mit den nur noch unbedingt erforderlichen Ressourcen zu bewältigen. Aufgrund dieses Umstands führt eine geplante Transition in nicht wenigen Fällen zunächst zu einer Verschiebung des Vorhabens. Andere Unternehmen, die vor einer solchen Herausforderung stehen, bedienen sich hingegen externer Unterstützung. Dennoch hat dies kaum Einfluß auf den Aspekt der doppelten Konfiguration und auf den nachfolgenden Betrieb und die Unterstützung des Systems. Deshalb werden es viele Unternehmen in diesem Zusammenhang vorziehen, ihre »alte« Informationsverarbeitung auszulagern, während sie sich selbst der neuen Umgebung bzw. Konfiguration widmen und diese entwickeln.

Hier bietet sich für Anbieter die Möglichkeit, gleich auch die gesamten Managementaufgaben des Transitionsprozesses zu übernehmen. Der Anbieter steuert den Ablauf der kompletten Transition oder ist nur beratend und unterstützend tätig. Diese Aufgabe kann durchaus auch von einem Unternehmen übernommen werden, das selbst keine Outsourcing- oder Systemintegrationsdienstleistungen anbietet, sondern lediglich verhandelt und hilft, für den Kunden einen entsprechenden Vertrag abzuschließen.

Im Regelfall werden bei einem Transition Outsourcing die bestehenden Informationsverarbeitungsabläufe und -systeme vom Outsourcing-Anbieter komplett übernommen, während der Kunde die neuen Systeme entwickelt und einführt. Ist der Kunde dann in die neue Umgebung hinübergewechselt, wird die alte Konfiguration »heruntergefahren«. Jene Outsourcing-Kategorien, die augenscheinlich davon profitieren sind

Platform Operations, Network Management und Applications Maintenance. Platform Operations schließt hierbei im einzelnen die Übernahme der bestehenden Mainframe-Struktur und -Prozesse sowie das Verschmelzen mit der Infrastruktur des Anbieters ein. Auf diese Weise vermeidet der Kunde das Problem, den vollen Rechenzentrumsbetrieb während der Transitionsphase aufrechterhalten zu müssen, solange die volle Arbeitslast noch nicht auf das neue System übertragen werden kann. Solange auch nur noch eine Applikation auf den Mainframes gefahren wird oder irgendeine Geschäftseinheit auf diese Systeme angewiesen ist, muß das gesamte System gewartet und aufrechterhalten werden. Die Inanspruchnahme solcher externen IT-Services spiegelt dabei exakt den Grund für die Inanspruchnahme von Leistungen der Servicerechenzentren in den sechziger und siebziger Jahren wider, als diese ihre Kapazitäten erweiterten und durch zahlreiche Konsolidierungen noch damit fortfuhren. Das gleiche Argument gilt auch für die Auslagerung des Netzwerkes. Im allgemeinen geht das Management des alten Netzwerkes auf den Platform-Operations-Anbieter über. Dennoch wird es Umstände geben, in denen sich der Kunde entscheidet, die beiden Computerwelten parallel nebeneinander weiter zu betreiben und nur das Netzwerk auszulagern.

Applications Maintenance ist ein natürliches Resultat des Transition Outsourcing. Der Anbieter übernimmt die Verantwortung für Wartung und Aufrüstung des bestehenden Anwendungsportfolios des Kunden. Üblicherweise schließt dies auch den Transfer eines Teils der mit Wartungsaufgaben betrauten Mitarbeiter ein. Der verbleibende Mitarbeiterstamm weitet seine Anstrengungen auf die neue IV-Umgebung aus. Aussagen von Mitarbeitern zufolge ist dies die weitaus beliebtere Aufgabenstellung. Das setzt jedoch voraus, daß die Qualität und die Fähigkeiten der internen DV-Belegschaft ausreichend sind, die neue Infrastruktur zu übernehmen und zu beherrschen. In einigen Fällen wird dies nicht der Fall sein. Der Mangel an internen Ressourcen und interner Kompetenz wird dann zur Triebfeder für die Auslagerung auch der neuen Umgebung. Gewöhnlich werden diese Aktivitäten mehr anwendungsorientiert sein und wahrscheinlich mit einem Systemintegrationsprojekt starten.

Verträge über Applications Management und Applications Operations werden gemeinhin die Entwicklungs- und Betriebsfunktion sowohl für die alte als auch für die neue Systemumgebung beinhalten. Dennoch mag es den ungewöhnlichen Fall geben, daß ein Kunde seine alte DV-Mannschaft und Informationsverarbeitung behält und den Outsourcing-Anbieter mit der Entwicklung, Installation und Betrieb der neuen Anwendungssysteme beauftragt. Ähnliches kann auch für das Netzwerkmanagement zutreffen. Sowohl das alte als auch das neue Netz werden in diesem Fall vom Vertragspartner gefahren. Da das Management des neuen Netzes aber meist sehr viel schwieriger und anspruchsvoller ausfällt, muß der Transition Outsourcing-Anbieter die entsprechende interne Infrastruktur aufgebaut haben, um die mit dieser Aufgabe verbundene Komplexität bewältigen zu können.

Bei Transition-Outsourcing-Verträgen, die Desktop-Welten betreffen, ist es ein wichtiges Ziel des Kunden, die neue Infrastruktur in einer kontrollierten Art und Weise einzuführen und zu etablieren. Entscheidend in diesem Zusammenhang ist die Einführung des Logistikmanagementsystems und die Durchführung der Benutzerschulungen. Die Wahrscheinlichkeit, daß Desktop-Services-Verträge auch nach Abschluß der Transition verlängert werden, ist höher, als es das Wesen der Transition vermuten läßt.

Das Transition Outsourcing bringt für den Kunden ganz wesentliche Vorteile. Zum ersten richtet es den Fokus der Informationsverarbeitung auf den Zielzustand. Das größtmögliche Nutzenpotential der Informationstechnologie rührt oftmals nur aus einer fundamentalen Veränderung – Revolution statt Evolution lautet die Devise. Weiterhin macht es ein Transition-Outsourcing-Vertrag in vielen Fällen überhaupt erst möglich, den Übergang in eine neue Betriebs- und Informationssystemkonfiguration zu bewältigen. Wenn sich der Kunde in Richtung einer neuen und oft auch komplexeren Umgebung bewegt, sind zusätzliche Managementkomponenten und organisatorische Ressourcen erforderlich. Der Nachweis dieser Mittel ist daher für den Anbieter entscheidend, um die Risiken zu minimieren und das Vertrauen des Kunden zu gewinnen.

Das Transition Outsourcing bietet den kontrollierten bzw. kontrollierbaren »Stopp« der bestehenden Systeme und Prozesse. Es kann auch im Hinblick auf reibungslose Mitarbeitertransfers von Nutzen sein. Bei denjenigen Mitarbeitern, die vielleicht in der neuen Umgebung über keine ausreichende Qualifikation mehr verfügen, können die Arbeitsverhältnisse auf den Outsourcing-Anbieter übergehen, falls dieser Personalbedarf hat.

Die Bedrohung der Position des IS-Managements ist vergleichsweise gering, selbst wenn das Ziel der Etablierung einer dauerhaften Outsourcing-Partnerschaft im Raum stehen sollte. Natürlich stellt das Transition Outsourcing für die Unternehmensführung aber eine willkommene Gelegenheit dar, in diese Richtung zu gehen, ohne die damit verbundenen Traumata bei vielen Mitarbeitern sofort heraufzubeschwören. Der Kunde ist dann auch eher in der Lage zu entscheiden, in welchem Umfange und auf welche Bereiche er die mit dem Anbieter begonnene Geschäftsbeziehung ausweiten will.

Für den IS-Anbieter stellt das Transition Outsourcing eine Möglichkeit dar, frühzeitig in die zukünftige Entwicklung der Informationsverarbeitung des Kunden einbezogen zu werden und die Basis für eine fruchtbare Geschäftsbeziehung zu legen. Der Anbieter sollte daher während des Transitionsprozesses seine Leistungsfähigkeit und Kompetenz demonstrieren. Darüber hinaus ist das Potential für »Add-on«-Geschäfte (Zusatzgeschäfte) groß. Dies gilt für sämtliche Outsourcing-Kategorien. Es schließt die Möglichkeit der Einbeziehung in laufende Systemintegrationsprojekte ein, während der Entwicklungsprozeß weiter voranschreitet. Die Wahrscheinlichkeit ist hoch, daß die Inhouse-Organisation mehr Hilfe benötigt, als sie ursprünglich plant, nachdem sie die Verantwortung für den Entwicklungsprozeß erst einmal übernommen hat. Auch benötigen Transitionsprozesse erfahrungsgemäß mehr Zeit, als ursprünglich dafür eingeplant wurde. Dies eröffnet den Anbietern die Chance eines höheren oder aufgestockten Vertragsvolumens. Gewöhnlich werden Outsourcing-Verträge so konzipiert, daß sie erst über die gesamte Laufzeit betrachtet rentabel sind. Anfängliche Verluste seitens des Anbieters infolge der Konversionsaktivitäten und hohen Startinvestitionen sind eingeplant. Deshalb sind Vertragsverlängerungen am Ende eines Transitionsprozesses ausnahmslos profitabel.

Demonstriert der Anbieter seine Fähigkeit und Kompetenz mit der Übernahme der alten Informationsverarbeitung für die Dauer des Transitionsprozesses, sollte er grundsätzlich die Chance suchen, sich als dauerhafter Anbieter von Outsourcing-Dienstleistungen beim Kunden zu etablieren. Dies ist auch nicht gerade unwahrscheinlich, gestaltet sich letztendlich aber doch meist schwieriger als erwartet und ist im wesentlichen auf die beträchtlichen Unterschiede zwischen der »alten« und »neuen« IV-Umgebung zurückzuführen. Stellt er nicht gleichzeitig auch seine Kompetenz für die neue Systemumgebung unter Beweis, so vermutet der Kunde, der Anbieter sei vielleicht nur mit der »alten« Datenverarbeitung vertraut und nimmt ihm das Image eines fortschrittlichen, innovativen Technologieanbieters nicht ab.

Transition Outsourcing wird in der zweiten Hälfte der neunziger Jahre noch wichtiger werden, insbesondere im Zusammenhang mit der gestiegenen Bereitschaft zum Downsizing und der zunehmenden Leistungsfähigkeit von Client-Server-Systemen.

4. Der Markt für Outsourcing-Dienstleistungen aus der Anbietersicht

Dieses Kapitel bietet:

- einen Überblick über Outsourcing-Anbieter und ihre Leistungscharakteristika,
- eine quantitative und qualitative Analyse des europäischen Outsourcing-Marktes,
- Ergebnisse zur Leistungsfähigkeit von Systemintegratoren und Outsourcing-Anbietern,
- eine Übersicht über die Ansätze und Möglichkeiten zur Bewältigung personalpolitischer Probleme,
- eine Zusammenfassung erforderlicher Anbieterkompetenzen und Managementkomponenten nach Outsourcing-Kategorien.

4.1 Anbietergruppen

Das rapide Wachstum des Outsourcing-Marktes in den vergangenen Jahren und die optimistischen Prognosen namhafter Marktforschungs- und Beratungsunternehmen, die dem Markt für Informationsverarbeitungs-Dienstleistungen zweistellige Wachstumsraten bescheinigen, hat Unternehmen aus den verschiedenen Segmenten der IT-Branche angelockt. Dadurch ist mittlerweile eine recht heterogene Anbieterstruktur entstanden. Anbieter unterschiedlichen Alters und unterschiedlichster Größe agieren in diesem Markt, die sich entsprechend ihrer Angebotsbreite und Angebotstiefe spezialisiert haben. Es können insgesamt acht Anbietergruppen unterschieden werden.

Zur ersten Anbieterkategorie zählen die traditionellen Hardware-Anbieter wie SNI, IBM, oder Digital Equipment. Sie verfügen über bereits langjährig etablierte Beziehungen zu Unternehmen und können auf Preisvorteile bei der Hardware zurückgreifen. Diese Gruppe forciert das Angebot an Outsourcing-Dienstleistungen auch, um ihre eigene installierte Basis und das Servicegeschäft zu schützen. Die Hersteller verfügen über eine leistungsstarke Infrastruktur und über das entsprechende Informationstechnologie-Know-How, ihre eigenen und mittlerweile auch fremde Systemwelten angemessen zu unterstützen. Einige von ihnen sind allerdings nur wenig anwendungsorientiert und tendieren zu einer »Ein-Hersteller-Lösung«, so daß es an herstellerübergreifender Integrationskompetenz bisweilen mangelt.

Anbieter von Professional Services und Systemintegration bilden eine zweite Gruppe. Sie besitzen eine hohe Kompetenz im Projektmanagement und verfügen über gut ausgebildetes Personal sowie Erfahrung in der informatikbezogenen Beratung, haben jedoch selten die Ressourcen und die Infrastruktur, komplexe Verarbeitungs- und Netzwerkdienste sowie den Systembetrieb im großen Umfange für den Outsourcing-Kunden zu übernehmen.

Anbieter von Informationsverarbeitungs-Dienstleistungen, die sich auf vertikale Branchen, wie z. B. Banken oder das Gesundheitswesen spezialisiert haben, konstituieren eine weitere Anbieterkategorie. Diese bieten ihren Zielkunden die notwendigen Kernapplikationen und -dienste an. Bisher mangelt es ihnen aber häufig noch am Potential, Wartungsaufgaben und Support für spezifische kundenindividuelle Weiterentwicklungen von Applikationen zu bewältigen. Sie gelten allgemein als Experten für die Abwicklung von Projekten mittlerer Größe.

Computerhändler und -distributoren sind im Outsourcing-Markt fast ausschließlich im Segment Desktop Services aktiv. Amerikanische Firmen wie JWP oder Computerland haben bereits entsprechende Kontrakte abgeschlossen. Kernkompetenz der Händler und Distributoren ist der Umgang mit PC-Umgebungen, LAN sowie Peripheriegeräten. Aufgrund ihres engen Kontaktes zu Endanwendern können ihnen Aufgaben wie Hotline-Service und Second-level-support anvertraut werden.

Die Service-Rechenzentren – klassische Anbieter von Verarbeitungsdienstleistungen – und die aus dieser Tradition heraus erwachsenden Anbieter übernehmen entweder die gesamte Verantwortung für ein Rechenzentrum des Kunden oder konsolidieren die Rechenzentren einzelner Kunden in ihrem eigenen. In einem genau abgesteckten Bereich weisen sie ein Höchstmaß an Spezialkenntnissen auf. Aus dem Downsizing-Trend dürfte diese Gruppe allerdings den wenigsten Profit ziehen, reduziert er doch den Wert ihrer Investitionen in die großen »Versorgungszentren« erheblich.

Telekommunikationsanbieter haben eine hohe Kompetenz im Bereich der Netzwerkdienste. Einige von ihnen, wie z. B. Bell Atlantik und Bell South in den USA besitzen Supportfähigkeiten, die auch im Segment

Desktop Services besonders nachgefragt sind. Das Marktpotential für Telekommunikationsanbieter entsteht durch das Zusammenwachsen von Computer- und Telekommunikationsgeräten. Ihre Expertise im Bereich Applikationen und im Projektmanagement ist als eher schwach einzuschätzen.

Das Leistungsspektrum und die Servicefähigkeiten der ausgelagerten Informationsverarbeitungs-Funktionsbereiche großer Unternehmen, sogenannte »Spin-offs«, variieren sehr stark. Ein potentieller Outsourcing-Kunde, dessen Produkt- und Dienstleistungsangebot die Gefahr von möglichen Interessenkonflikten mit dem der Muttergesellschaft des Outsourcing-Anbieters in sich trägt, sollte Vorsichtsmaßnahmen gegen mögliche Änderungen der Unternehmenspolitik der »Spin-off-Mutter« treffen.

Die dedizierten Outsourcing-Unternehmen und Facilities-Management-Anbieter schließlich, deren Gründungszweck unmittelbar mit der wirtschaftlich selbständigen Erbringung von Dienstleistungen im Bereich der Informationstechnologie verbunden war, haben mittlerweile ihre starke Fokussierung auf das traditionelle Kerngeschäft aufgegeben. Sie bieten heute auf wirtschaftlich und rechtlich selbständiger Basis ein breites Portfolio an verschiedenen Informationsverarbeitungs-Dienstleistungen an und haben in einigen Fällen ihr Spektrum um Managementkomponenten und -beratung erweitert.

Für potentielle Outsourcing-Kunden ist es sehr wichtig, diese Charakteristika des Outsourcing-Vertragspartners und seine Fähigkeiten im Hinblick auf die jeweiligen Informationsverarbeitungs-Anforderungen im Unternehmen richtig einschätzen und beurteilen zu können.

4.2 Der Outsourcing-Markt in Europa

4.2.1 Entwicklungen und Trends im europäischen Markt

Das generelle Interesse an der Auslagerung der Informationsverarbeitung berührt zwar grundsätzlich alle Kategorien des Outsourcing von Informationssystemen, insbesondere aber die Kategorie Systems Operations. Dieser Begriff bzw. der damit gemeinte Sachverhalt kommt gemeinhin sofort zur Sprache, wenn von der Auslagerung der eigenen Datenverarbeitung die Rede ist. Gleichzeitig stellte Systems Operations im Jahre 1994 das weitaus größte Marktsegment mit einem Volumen von über elf Milliarden Dollar in den USA und annähernd drei Milliarden Dollar in Europa dar. Auch in Deutschland vereinten die Systems Operations im vergangenen Jahr mit umgerechnet etwa 370 Millionen DM mehr als die Hälfte des gesamten Outsourcing-Marktvolumens auf sich.

Der europäische Outsourcing-Markt wird weiter wachsen. Dies liegt zum einen an der zunehmenden Diversifikation des Angebotes in der einsetzenden Reifephase des Marktes, zum anderen an der steigenden Attraktivität des Konzeptes im allgemeinen. Ebenfalls erhöht sich die Wettbewerbsintensität unter den Anbietern. Das Auftauchen neuer Outsourcing-Services führt im Markt zu einer Vergrößerung der Anbieterzahl. Die Marktanteile der Professional-Services-Anbieter werden zunehmend von konzerngebundenen Outsourcing-Töchtern der traditionellen Systemhersteller bedroht. Darüber hinaus folgen eine Reihe von aus den USA stammenden Outsourcing-Anbietern den Pionieren EDS und CSC und nehmen den europäischen Markt ins Visier.

Charakteristisches Kennzeichen in der Anfangsphase der Entwicklung des europäischen Outsourcing-Marktes war das vorwiegend horizontale Dienstleistungsspektrum, das auf Kosteneinsparungen in den mainframe-orientierten IV-Welten fokussierte. Die Anbieterstruktur war weitgehend homogen und der Wettbewerb äußerst preisintensiv. So verringerten sich trotz des hohen Marktwachstums die Gewinnmargen schon nach kurzer Zeit erheblich, da eine Abgrenzung zur Konkurrenz eben nur über den Preis möglich war.

Mit zunehmender Reife und Segmentierung des Marktes vergrößerten sich die Optionen für eine Positionierung der IS-Dienstleister im Wettbewerb. Diese Entwicklung begünstigte einerseits den Markteintritt solcher Anbieter, die bis dahin noch über keine Mainframe-Kapazitäten verfügten. Andererseits bestand für die an Großrechnern orientierten Hersteller die Möglichkeit, sich aus den engen Margen im Mainframe-Geschäft in profitablere Segmente des Outsourcing-Marktes zu bewegen. Die wichtigsten Nachfragetrends lauten heute:

- von mainframe-basierten Platform Operations hin zu einem breiten IS-Infrastrukturmanagement,
- von einer kostenorientierten Denkweise hin zum optimierten Einsatz der Informationstechnologie zur Unterstützung der Unternehmensziele,
- von dem exklusiven IT-Fokus hin zur Business-Perspektive.

Der europäische Outsourcing-Markt wird voraussichtlich zweistellig um 19 Prozent über die nächsten fünf Jahre von umgerechnet 5,85 Millionen DM im Jahre 1994 auf knapp 14 Milliarden DM anwachsen.[1] Dabei wird das Wachstum in erster Linie nicht länger aus mainframe-orientierten Dienstleistungen resultieren. In Deutschland beispielsweise wird sich im Bereich SAP Outsourcing die Perspektive zugunsten der Hilfestellung beim Übergang von R/2 zu R/3 und dem Management Client/Server basierter Architekturen verschieben.

Outsourcing-Kategorien	**1994** in Mio. DM	**1999** in Mio. DM	**durchschnittliches Wachstum 1994–1999 in Prozent**
Platform Operations	1395	2400	11
Applications Operations	2850	7050	20
Desktop Services	600	1950	27
Network Management	750	1500	15
Applications Management	300	1020	27
Total IS-Outsourcing	5850	13950	19
Business Operations	300	975	27
Quelle: INPUT (Rundungen lassen eine Aufaddierung der Einzelwerte nicht zu.)			

Abbildung 18: Der europäische Outsourcing-Markt 1994–1999

Platform Operations bleibt zwar ein wichtiges Standbein im Markt. Das Wachstum aber wird voraussichtlich geringer als die Jahre zuvor ausfallen. Statt dessen wird die Auslagerung von Desktop-Umgebungen und Client-Server-Funktionen von Unternehmen zunehmend forciert. Das Kostenargument steht dabei nicht mehr allein im Vordergrund. Outsourcing wird immer mehr als adäquate Strategie für eine Optimierung der Informations- und Unternehmensprozesse erkannt. Die Relevanz von Applications Operations-Verträgen wird ebenfalls zunehmen, von denen einige bereits explizit Systementwicklungsaktivitäten mit

1 Für die Umrechnung von US-Dollar in DM wurde ein Wechselkurs von 1,50 DM/$ zugrundegelegt.

einschließen. Auch das Transitions Outsourcing, bei dem der Anbieter zeitweise die Legacy-Systeme (Altanwendungen) im Auftrag des Kunden übernimmt, gewinnt an Bedeutung. Ebenso legt das Wachstum für Applications Management zu, und der Markt für Business Operations entwächst den Kinderschuhen. Das Wachstum des Outsourcing-Marktes insgesamt verharrt daher auf einem äußerst hohem Niveau.

Da Kundenunternehmen in der Vergangenheit die Stärken von Anbietern eher in der Übernahme des Betriebes, der Wartung und des Managements für Mainframe-Systeme sahen, zeigen sie traditionell eine gewisse Zurückhaltung, wenn es um die Auslagerung der »neuen« IS-Infrastrukturen geht. Diese defensive Haltung ändert sich mittlerweile zugunsten einer offensiven Einstellung, weil Unternehmen die Schwierigkeiten erkennen, die mit dem Betrieb und Management dezentraler IV-Umgebungen verbunden sind. Als Folge davon geben viele Unternehmen, die vormals die Mainframe-Funktion in die Hände eines externen Dienstleisters legten, nun auch die Verantwortung für das Management ihrer verteilten Systeme und Desktop-Umgebungen nach »draußen«. Diese Entwicklung bleibt aber nicht nur auf Unternehmen mit »Mainframe-Vergangenheit« beschränkt, wodurch sich für Anbieter mit überwiegend Unix-basierten Systemmanagement und Desktop-Kompetenzen einschließlich der großen PC-Händlern wie P&P und der International Computer Group, die über wenig oder keine Erfahrungen mit Großrechnersystemen verfügen, Marktchancen erschließen.

Dennoch verlangt das Infrastruktur Management in großen Organisationen in den meisten Fällen die Bewältigung eines hohen Anteils an Rechenzentrumsaufgaben. Diese Kunden werden ihre Informationsverarbeitung eher einem Anbieter mit hoher Mainframe-Kompetenz und großer Erfahrung anvertrauen als einem Dienstleister, der sich lediglich durch exzellentes Client-Server-Know-how und Desktop-Management-Fähigkeiten auszeichnet. Diese Anbieter, so vermuten die Kunden, müssen im Zweifelsfalle ohnehin auf Partner zurückgreifen, wenn es um die Auslagerung von Großrechnerfunktionen bzw. das umfassende IS-Infrastruktur-Management geht.

Zu den Anbietern, die über ein solch umfassendes IS-Infrastrukturwissen verfügen zählen beispielsweise Hoskyns, debis Systemhaus und SHL Systemhaus. SNI bzw. Siemens Business Services, IBM, EDS und CSC gehören hingegen zu der Gruppe der mainframe-kompetenten Dienstleister. Obwohl z. B. EDS in Europa eine Technical Products Division (TPD) zur Unterstützung der Desktop-Services-Aktivitäten aufgebaut hat, betont TPD doch mehr die Distribution der Produkte, als Desktop Services wie etwa das LAN-Management zu forcieren. Cap Gemini Sogeti fokussiert auf solche Dienstleistungen, die Unternehmen beim Übergang von der Mainframe- zur Client-Server-Architektur unterstützen sollen, wie z. B. das Applications Management und Desktop Services. Trotz des Mainframe-Hintergrundes beherrscht Siemens Business Services die gesamte Dienstleistungskette des IT-Servicespektrums und kann auf herstellerübergreifende IT-Kompetenz verweisen. Dieser Dienstleister bietet ein umfassendes Leistungsspektrum im Bereich Outsourcing (siehe Kapitel 8.2).

Grundsätzlich können zwei verschiedenen Outsourcing-Ansätze oder -philosophien unterschieden werden. Die eine Gruppe von Anbietern betont das Konzept des »Impact-Gap«, d. h. die Lücke zwischen dem theoretisch durch die Anstrengungen der IS-Abteilung erreichbaren und dem tatsächlich erreichten Nutzen. Die andere Gruppe ist bereit, all jene Serviceskomponenten zu übernehmen, die die interne DV-Abteilung für eine Auslagerung freigibt. Ein Unternehmen wie Hewlett-Packard zum Beispiel bemüht sich, nicht offen in den Wettbewerb mit dem IS-Management und den IS-Abteilungen zu treten, sondern sie davon zu überzeugen, daß sie ihre Anstrengungen in Richtung Systementwicklung lenken sollten, während der Outsourcing-Anbieter das operative Management der offenen Systeme und der Desktop-Infrastrukturen übernimmt.

4.2.2 Branchen und Länder

Mit der wachsenden Bedeutung des Business-Reengineering-Ansatzes für das Wachstum des europäischen Outsourcing-Marktes, steigt auch die Nachfrage nach industriespezifischem Know-how. Derzeit sind die Outsourcing-Dienstleistungen noch mehr von horizontaler Beschaffenheit, doch wächst die Notwendigkeit, Branchen-Know-how zu entwickeln.

Die Fertigungsbranche bleibt weiterhin der größte Outsourcing-Markt in Europa. Sie stellt insbesondere für die deutschen und zunehmend auch für die italienischen Outsourcing-Anbieter den wichtigsten Absatzmarkt dar. Auch der öffentliche Sektor gewinnt als Zielmarkt für europäische Dienstleister an Attraktivität. Viele Anbieter, die diesen Markt in Großbritannien anvisieren, wie z. B. IT net oder Data Sciences, entwickelten früh ihre »Managed-Services«-Fähigkeiten. In der Tat wird

Branchen	1994 in Mio. DM	1999 in Mio. DM	durchschnittliches Wachstum 1994-1999 in Prozent
Öffentliche Hand	1500	4500	24
Fertigung	2400	4800	15
Finanzdienstleistungen	1350	3150	18
Handel	540	1245	18
Energie/Versorgung	465	1005	16
Transport	180	495	23
Quelle: INPUT			

Abbildung 19: Der europäische Outsourcing-Markt nach Branchen 1994–1999

der öffentliche Sektor auf der Insel in den nächsten fünf Jahren den weitaus größten europäischen Absatzmarkt für die Auslagerung ganzer Geschäftsabläufe und -funktionen darstellen. Diese Entwicklung wird sich sehr wahrscheinlich auf andere große nationale Outsourcing-Märkte während dieses Prognosezeitraums übertragen, da auch die öffentlichen Behörden anderer Länder bei den Kosten für die Verwaltung zunehmend einsparen müssen. Absatzpotential für Business-Operations-Outsourcing ist ebenfalls im privaten Sektor vorhanden. Anbieter wie ICL/CFM und die Capita Group erreichen einen beträchtlichen Umsatzzuwachs, indem sie sich auf die Unternehmensfunktionen wie Rechnungswesen oder Kundendienst konzentrieren. Anbieter von Verarbeitungsdienstleistungen wie Sligos und Axime haben sich auf den Banken- und Finanzsektor in Frankreich spezialisiert. Diese Dienstleister bemühen sich, ihr bestehendes Angebot an Processing Services um Business Operations für die Finanzdienstleistungsbranche zu erweitern. Zusätzlich sind die mittelgroßen Finanzinstitute in Deutschland und Italien für Outsourcing-Leistungen empfänglich. Obwohl sich die englischen Banken bisher in bezug auf Systems Operations eher zurückhielten, sind sie heute die Hauptabnehmer für Desktop-Dienstleistungen und Applications Management.

Das Wachstum des Outsourcing-Marktes im Versorgungssektor in England wird sich hingegen verlangsamen, sobald diese Organisationen ihre Restrukturierungsprogramme, die der Privatisierung folgten, abgeschlossen haben. Auch in Deutschland sind Privatisierungstendenzen in der Versorgungsindustrie zu erkennen, die den Outsourcing-Anbietern neue Absatzchancen eröffnen.

Viele führende Anbieter vergrößern derzeit ihre geographische Marktabdeckung und verfolgen eine Politik der Akquisitionen und Joint Ventures, um die gegenwärtige Marktpräsenz zu erhöhen. Nach dem Erfolg von EDS und CSC bewerten nun auch andere US-amerikanische Anbieter das Potential des europäischen Marktes positiv. Von einigen dieser Anbieter ist ein Markteintritt alsbald zu erwarten.

Das Reifestadium, in dem sich die einzelnen europäischen Ländermärkte derzeit befinden, unterscheidet sich erheblich (vgl. Abbildung 20). In den stark entwickelten Ländern Frankreich und Großbritannien resultiert das Wachstum des Outsourcing-Marktes vor allem aus der steigenden Verbreitung neuer Outsourcing-Typen wie Applications Management, Desktop Services und Business Operations. In Deutschland, Italien und Skandinavien scheint dagegen die grundsätzliche Zurückhaltung gegenüber der Outsourcing-Alternative endgültig überwunden zu sein. Die Beneluxländer und die übrigen, nicht im einzelnen aufgeführten Ländermärkte sind bisher weitaus weniger entwickelt, werden aber aufholen, sobald die führenden Anbieter ihre Outsourcing-Aktivitäten auf diese Märkte ausweiten.

Länder	**Umsätze 1994 in Mio. DM**	**Anteil in Prozent**
Großbritannien	2100	35
Frankreich	1425	24
Deutschland	600	10
Skandinavien	555	9
Italien	450	8
Benelux	420	7
Sonstige	300	6
Europa	5850	100
Quelle: INPUT (Rundungen lassen eine Aufaddierung der Einzelwerte nicht zu.)		

Abbildung 20: Outsourcing-Ländermärkte 1994

Bisher gelang es überwiegend US-amerikanischen Anbietern, wie EDS, CSC oder Perot Systems, die großen europäischen Outsourcing-Verträge für sich zu entscheiden. Diese gewannen die Aufträge hauptsächlich wegen ihrer ausgeprägten Business-Reengineering-Kompetenz, was die Vertragsabschlüsse mit Europcar, KF und BhS gezeigt haben, oder wegen ihrer Größe, wofür als Beispiele der Inland Revenue- und der British Aerospace-Kontrakt angeführt werden können. Weil Outsourcing-Verträge in Europa zu geringerem Umfang und kürzerer Dauer als in den USA hin tendieren, besitzen die großen US-Dienstleister entscheidende Vorteile im Hinblick auf den Abschluß von Verträgen jenseits der 100 Millionen Dollar Grenze. Dementsprechend forcieren Anbieter wie EDS und Perot Systems eher größere Vertragsvolumina, wohingegen die meisten europäischen Anbieter sich auf den Abschluß von Verträgen mit einem Volumen zwischen 2 Millionen und 50 Millionen US-Dollar konzentrieren.

4.2.3 Der deutsche Markt

Das Outsourcing-Konzept vermochte sich seit etwa 1992 in Deutschland endgültig durchzusetzen und wird von Unternehmen und Organisationen nun verstärkt implementiert. Das starke Wachstum des Outsourcing-Marktes 1993 und 1994 bestätigte diesen Trend. IBM Systeme und Netze begann, in der zweiten Hälfte des Jahres 1993 den Markt zu fokussieren und in den Wettbewerb zu EDS und debis Systemhaus zu treten. Mittlerweile forciert auch SNI bzw. Siemens Business Services (SBS) diesen Markt sehr stark.

Eine Prognose für das Business-Operations-Segment in Deutschland ist noch nicht möglich, da der Markt noch relativ unbedeutend ist. Dennoch ist das Potential hierfür durchaus vorhanden. Eines der wenigen Beispiele ist der Vertrag eines Dienstleisters mit der Leuna-Werke AG über die Übernahme der gesamten Finanzabteilung bzw. -funktion zusätzlich zu den bereitgestellten Outsourcing-Dienstleistungen.

INPUT klassifiziert SAP Outsourcing als Verarbeitungsdienstleistungen (Processing Services) und nicht als eine Outsourcing-Kategorie. Dennoch erscheint das SAP Outsourcing als separate Kategorie in den Marktprognosen, da es in Deutschland üblicherweise zu den Outsourcing-Leistungen gezählt wird.

SAP Outsourcing betraf früher überwiegend kleinere und mittlere

Outsourcing-Kategorien	1994	1999	durchschnittliches Wachstum 1994-1999 in Prozent
	in Mio DM		
Platform Operations	95	165	12
Applications Operations	275	710	21
Desktop Services	105	320	25
Network Management	185	370	15
Applications Management	33	120	30
Total	690	1690	20
SAP Outsourcing	540	800	8
Quelle: INPUT (Rundungen lassen eine Aufaddierung der Einzelwerte nicht zu.)			

Abbildung 21: Der deutsche Outsourcing-Markt 1994–1999

Unternehmen, die sich den Zugang zu SAPs R/2-Produkt benötigten und sich Mainframe-Kapazität nicht selbst leisten konnten oder wollten. Derzeit verändern sich jedoch die SAP-Umgebungen, da R/3 das SAP R/2 zunehmend ersetzt bzw. komplementiert. Dies ist Bedrohung und Chance für Anbieter zugleich. Wenn die mittelgroßen Unternehmen den Zugang zu teuren Großrechnersystemen nicht mehr benötigen, sind sie auch nicht länger von R/2-Anbietern abhängig. Dennoch dürfte es diesen Unternehmen an den notwendigen Eigenressourcen für eine effektive R/3-Unterstützung noch fehlen, so daß sie entsprechendes Know-how weiterhin von außen hinzukaufen werden.

Zusätzlich werden große Unternehmen, die von R/2 nach R/3 migrieren wollen, für den Transition-Outsourcing-Markt ein großes Absatzpotential darstellen. Die vorübergehende Übernahme der R/2-Infrastruktur eröffnet hierbei Follow-on-Möglichkeiten für die R/3-Umgebung.

Der Fertigungssektor stellt 1994, wie die Jahre zuvor auch, wieder den wichtigsten Absatzmarkt für Outsourcing-Dienstleistungen in Deutschland dar. Viele dieser Unternehmen haben finanzielle Probleme, seit dem ihnen amerikanische und japanische Unternehmen auf ihren Heimat- und Exportmärkten zunehmend Paroli bieten, und sehen im Outsourcing eine Möglichkeit zur Realisierung weiterer Rationalisierungs- und Einsparungspotentiale. Neue Chancen für das IS-Outsourcing scheint auch der öffentliche Sektor in Zukunft zu bieten, der

Branchen	**1994**	**1999**	**durchnittliches Wachstum 1994–1999 in Prozent**
	in Mio. DM		
Öffentliche Hand	75	370	38
Fertigung	500	900	12
Banken&Finanzen	210	370	12
Versicherung	180	250	6
Handel	75	175	19
Transport	35	100	22
Energie	130	300	15
Andere	20	25	4
Total	1230	2485	15
Quelle: INPUT (Rundungen lassen eine Aufaddierung der Einzelwerte nicht zu.)			

Abbildung 22: Der deutsche Outsourcing-Markt nach Branchen 1994–1999

sich immer häufiger Forderungen nach größerer Effizienz seiner Abläufe und Prozesse gegenübersieht. Besonders deutlich sind die Anzeichen für eine Privatisierung der regionalen Energieversorgungsunternehmen. Diese Entwicklung wird zu einem starken Anstieg der Ausgaben für die Informationsverarbeitung bei diesen Unternehmen führen und zusätzliches Absatzpotential für Outsourcing-Leistungen produzieren, das allerdings vorwiegend größere Anbieter abschöpfen werden. Viele kleinere Anbieter entwickeln daher vorwiegend ihr SAP-R/3-Wissen und ihre Fähigkeiten im branchenspezifischen Support für mittelständische Unternehmen weiter.

4.3 Vergleich Outsourcing – Systemintegration

Die Gegenüberstellung diverser INPUT- Analyseergebnisse zum Wachstum, zu Entscheidungsfaktoren und zur Kundenzufriedenheit bei Systemintegrations und Outsourcing-Leistungen zeigt Einsichten in die Gemeinsamkeiten und Unterschiede dieser beiden »Vertrauens«dienstleistungen auf.

4.3.1 Marktprognose

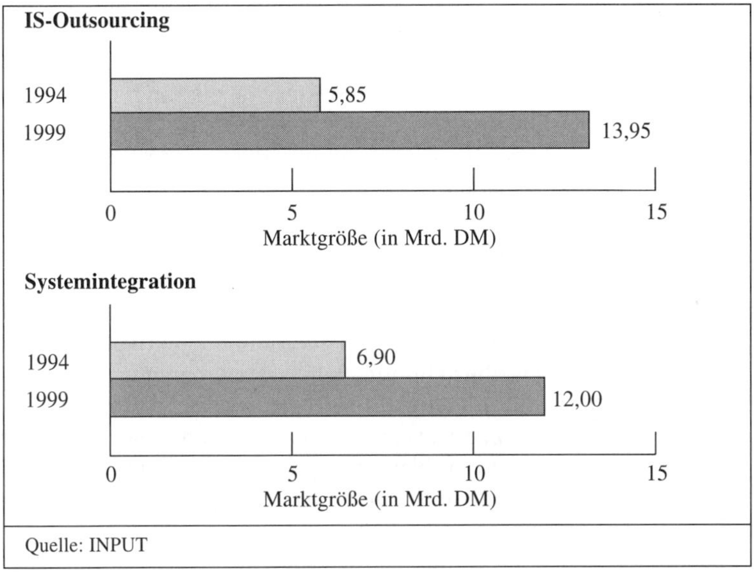

Abbildung 23: Wachstumsprognose IS-Outsourcing und Systemintegration in Europa

Diese Prognosen basieren auf der Annahme, daß die Unternehmen ihre bestehenden Beschaffungsmuster zukünftig auf umfassendere Serviceleistungen wie das Functional/Business-Integration bzw. das Functional/ Business-Outsourcing projizieren werden. Dennoch wird die Wachstumsentwicklung voraussichtlich eher evolutionär als revolutionär verlaufen, d. h. ein stetiges Wachstum ist wahrscheinlicher als massive, unvorhersehbare Wachstumssprünge. Dennoch ist die Möglichkeit hierfür grundsätzlich gegeben, wenn ruckartige Verlagerungen interner Ausgaben für die Datenverarbeitung auf »externe« Budgetposten stattfinden.

4.3.2 Entscheidungsfaktoren

Sowohl Systemintegration als auch Systems Operations bzw. IS-Outsourcing haben sich als Quelle talentierter und hochqualifizierter Fachkräfte herausgestellt und bewährt. Darüber hinaus ermöglichen die Anbieter den schnellen Zugang zu neuen, fortschrittlichen Technologien, etwa im Bereich der Automatisierung von Rechenzentren und Datennetzen, oder aber sie offerieren eine komplexe Systemlösung für ein bestimmtes Problem auf der operativen Ebene. Fortschrittliche »Up-to-date«-Technologien sind meist nur schwer beherrschbar und überdies teuer. Des weiteren erfordern sie ein gewisses Potential an Implementierungs-Know-how. Oft sind die Anbieter von Systems Operations und Systemintegration besser gerüstet, die notwendigen Kapazitäten hierfür zu akquirieren und zu halten.

Die Forderung, auf unvorhergesehene Anforderungen schnell reagieren zu können, wird vom operativen Unternehmensmanagement in seiner Anstrengung, mit dem raschen Wandel auf den Produkt- bzw. Wettbewerbsmärkten Schritt zu halten, erhoben. Die Schnelligkeit der Reaktion des Managements ist deshalb auch ein subjektiver Maßstab für die Qualität des jeweiligen Informationssystemprogrammes. Systemintegratoren bieten diese Fähigkeit, auf unerwartete Anforderungen schnell zu reagieren, ohne hausinterne Ressourcen auszudehnen oder umlenken zu müssen. Die Anbieter von Systems Operations verfügen ebenfalls über diese Möglichkeit, indem sie den Dienstleistungsumfang je nach Bedarf verringern oder erhöhen.

Die hinter Systemintegration und Outsourcing stehenden finanziellen Motive und Beweggründe sind allerdings grundverschieden. Ein Systemintegrationsprojekt verursacht projektorientierte Aufwendungen. Mit der Durchführung eines IS-Outsourcings ist es hingegen beabsichtigt, die Investitionen zu verschieben oder sogar ganz zu vermeiden. Die Ausgaben für die Informationsverarbeitung sollen einem »Pay-as-you-go«-Prinzip folgen.

4.3.3 Ergebnisse und Schlußfolgerungen zur Kundenzufriedenheit

Von INPUT 1992 und 1994 durchgeführte Analysen und Befragungen zur Kundenzufriedenheit gestatten es, die Leistungsfähigkeit der Anbieter von Systemintegration und Outsourcing einzuschätzen. Wie Abbildung 24 und 25 zeigen, bewegt sich die Kundenzufriedenheit in beiden Fällen auf einem sehr hohen Niveau.

Die niedrigste Ausprägung der Zufriedenheit konnte bezüglich des Erfüllungsgrades der Kostenerwartungen festgestellt werden; aber selbst dieser Wert bewegt sich noch über 3,0 auf der fünfstufigen Skala und liegt damit immer noch im Bereich der Zufriedenheit. Kostenreduzie-

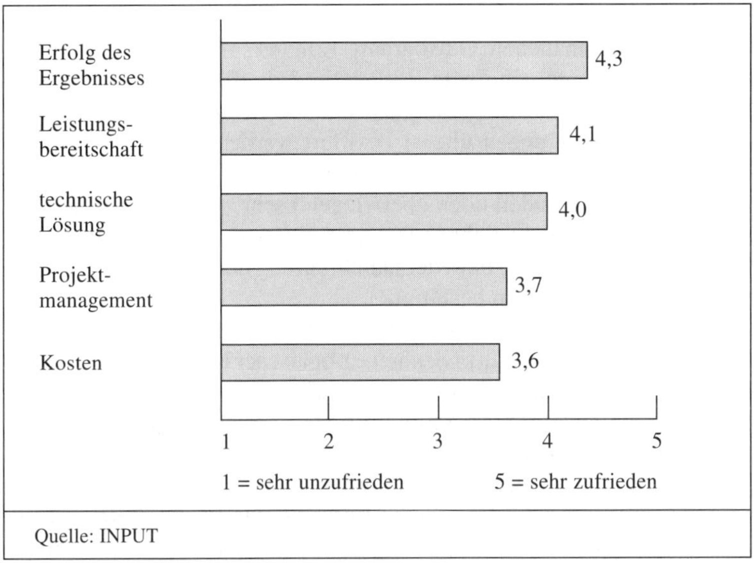

Abbildung 24: Kundenzufriedenheit Systemintegration

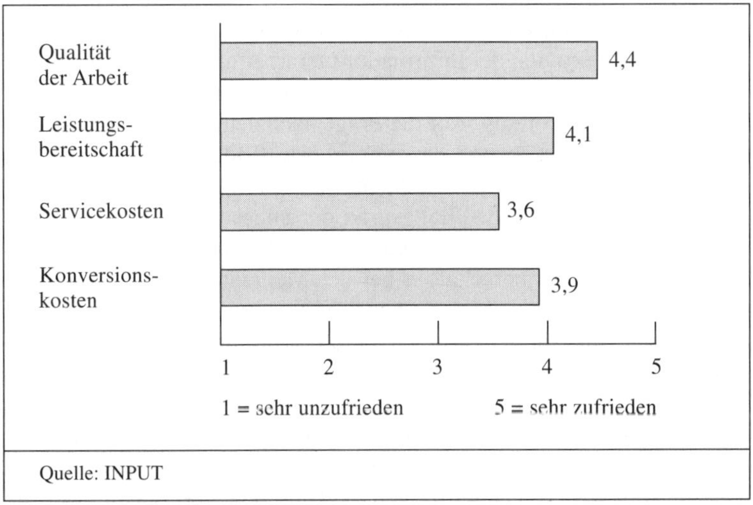

Abbildung 25: Kundenzufriedenheit Systems Operations

rungen sind überdies bekanntlich nicht der alleinige Grund für Systems Operations. Bei manchem Outsourcing-Kunden spielte das Kostenmotiv sogar nur eine untergeordnete Rolle. Die Zufriedenheitsausprägungen bei den Kriterien Leistungsfähigkeit und Servicequalität konnten hingegen mit Ausprägungen über 4 beziffert werden. Obwohl eine hundertprozentige Zufriedenheit in keinem Fall festgestellt werden konnte, zeigten sich die Kunden doch überwiegend sehr zufrieden in ihren bestehenden Geschäftsbeziehungen und fühlten sich mit der Wahl der Outsourcing-Alternative bzw. der Durchführung des Systemintegrationsprojektes im Nachhinein bestätigt.

Eine weitere im Jahre 1994 durchgeführte Befragung offenbarte ebenfalls die durchaus hohe Zufriedenheit europäischer Kunden mit den durch ihre Outsourcing-Aktivitäten erreichten Zielsetzungen. 90 Prozent der Unternehmen äußerten, sie seien zufrieden oder sogar sehr zufrieden mit ihrem Dienstleister bzw. den erhaltenen Leistungen und beabsichtigen nach Ablauf der Verträge eine Verlängerung.

Das Motiv »Einsparung im DV-Budget« stand zum Zeitpunkt der Entscheidung für die Durchführung eines Fremdbezuges von Informationsverarbeitungs-Dienstleistungen bei den meisten Unternehmen in der Rangliste ihrer Outsourcing-Hoffnungen an erster Stelle. Es folgten die Motive Verbesserung der Servicebereitschaft, Konzentration auf das Kerngeschäft, Entlastung der unternehmenseigenen DV-Abteilungen, verbesserte Effektivität der Informationsverarbeitung und Verminderung der Unsicherheit über die zukünftige Entwicklung der Kosten für die Informationsverarbeitung. Auf die Frage nach dem Erfüllungsgrad dieser Erwartungen ergab sich das umgekehrte Bild. Mit dem Erreichen der beabsichtigten »Nebenwirkungen« waren die Unternehmen stärker zufrieden als mit dem Erfüllungsgrad der angestrebten Hauptmotive, insbesondere den Kosteneinsparungen. Eine Erklärung hierfür ist, daß die Outsourcing-Partnerschaften bei der Mehrzahl jener Kunden, die sich bezüglich der erreichten Kostenreduktion unzufrieden zeigten, bereits seit einigen Jahren bestanden hatten. Erfahrungen aus der Vergangenheit legen nahe, daß sich die am Anfang des OutsourcingVertrages schnell einstellenden Erfolge über den weiteren Vertragsverlauf auf einem gewissen Niveau einpendeln und auf diesem zunächst verharren. Die anfängliche Euphorie der Kunden über die rasch erzielten Rationalisierungseffekte kann daher schnell in Mißtrauen umschlagen, was die Leistungsfähigkeit und den Leistungswillen des Anbieters betrifft. Verstärkt wird diese Unzufriedenheit im ungünstigen Falle noch durch den Glauben, die Anbieter würden sich auf Kosten ihrer Kunden eine »goldene Nase« verdienen. Der Forderung nach immer weiter sinkenden Preisen kann von Anbieterseite aber nur schwerlich entsprochen werden. Zu gering sind die Gewinnmargen aufgrund des wettbewerbs- und preisintensiven Marktes. Anstatt zu Preissenkungen ist den Anbietern daher eher zu einem »open-book-approach« geraten, um falsche Vorstellungen über die Höhe der Anbieterprofite zu korrigieren.

Anlaß zu Kritik gaben weniger die technischen Aspekte der Outsourcing-Arrangements als die Qualität des Kundenservice. Beklagt wurden die im Tagesgeschäft zu langsamen Reaktionen bei auftretenden Problemen, ein unnötiger bürokratischer Aufwand und fehlendes Branchen-Know-how.

Eine unzureichende Servicekompetenz und -leistung stellt eine Quelle potentieller Unzufriedenheit dar, weil Kunden in einer Outsourcing-Partnerschaft eben gerade diese kooperative, flexible und vertrauensvolle Zusammenarbeit erwarten. Nur zehn Prozent der befragten Unternehmen waren mit dieser Seite ihrer Geschäftsbeziehung vollauf zufrieden. Hieraus resultiert Handlungsbedarf. Nur eine konsequente Kundenorientierung kann zu einer wirklichen Partnerschaft führen, die es erlaubt, das Nutzenpotential eines IS-Outsourcing nachhaltig auszuschöpfen und ein hohes Zufriedenheitspotential zu konsolidieren.

Insgesamt fast drei Viertel der Befragten hatten eine Auslagerung weiterer IS-Teilfunktionen in den nächsten zwei bis drei Jahren bereits fest in ihre Überlegungen einbezogen. Dabei stehen bei den für die Zukunft geplanten Outsourcing-Aktivitäten das Infrastruktur-Management und das Ausschöpfen weiterer Rationalisierungspotentiale zwar weiterhin im Mittelpunkt, doch zunehmend wird auch den strategischen Aspekten Bedeutung beigemessen. So gaben 17 Prozent der befragten europäischen Outsourcing-Kunden an, es komme ihnen künftig auf die Verbesserung der Effektivität und Qualität ihrer Informationsverarbeitung an, 21 Prozent sahen in der Konzentration auf das Kerngeschäft die Schlüsselaufgabe.

Diese Ergebnisse geben den Dienstleistern Handlungsanweisung. Sie müssen sich rechtzeitig auf die Forderungen ihrer Kunden einstellen, d.h. beispielsweise der steigenden Nachfrage nach Management und Implementierung von Neuentwicklungen und Standardsystemen nachkommen und dem Partnerschaftsgedanken mit einer größeren Kundenorientierung Rechnung tragen.

4.4 Personalwirtschaftliche Aspekte

Die möglichen negativen Auswirkungen einer Outsourcing-Entscheidung für die Mitarbeiter des Outsourcers sind eines der stärksten Abschreckungsmittel für die Unternehmensführung und das IS-Management, das Auslagerungsvorhaben umzusetzen. Dennoch bleibt aus personalpolitischer Sicht die flexible und rechtzeitige Rekrutierung und die kontinuierliche Fortbildung von fachlich qualifizierten Mitarbeitern sowie deren Integration in die bestehende Organisationsstruktur eines der Hauptprobleme der internen Informationsverarbeitung. Insbesondere macht sich der Engpaß auf dem Arbeitsmarkt für fachlich qualifiziertes Personal für öffentliche Arbeitgeber bemerkbar. Deren Arbeitsbedingungen und Tarifstrukturen sind verglichen mit den flexibleren Arbeitszeiten, höheren Entlohnungen und besseren Karrieremöglichkeiten in der Privatwirtschaft für IV-Spezialisten unattraktiv. Des weiteren bieten die Services-Anbieter ständig wechselnde Aufgabenfelder und zumeist bessere Fortbildungsmöglichkeiten. Outsourcing-Anbieter sind im Hinblick auf ihre eigene Unternehmensentwicklung ohnehin ständig auf der Suche nach hochqualifizierten Mitarbeitern.

Es wäre darüber hinaus beinahe naiv anzunehmen, ein externer Anbieter könne die Informationsverarbeitung eines Unternehmens übernehmen, ohne sich die Unterstützung und das spezielle Know-how der angestammten IS-Mannschaft zu erhalten. Schlüsselmitarbeiter mit ablauforganisatorischem Know-how und mit qualifiziertem Branchen- und Anwendungsmethoden sowie Verfahrenskenntnissen sind für externe Dienstleister bei der Übernahme der Informationsverarbeitung des Kunden grundsätzlich unverzichtbar. Daneben könnten freiwerdende Mitarbeiter aber auch beauftragt werden, ihr Know-how für Dritte umzusetzen. So könnten Mitarbeiter der Anwendungsentwicklung Software- und Implementierungsleistungen am Markt anbieten. Ein schon als klassisch zu nennendes Beispiel ist hierbei die Umstellung auf Client-Server orientierte Anwendungen. Da nur wenige Unternehmen in der Lage sind, diese Umstellungen allein durchzuführen, besteht ein großer Bedarf an Spezialisten. Daß dies nicht für alle Arbeitnehmer des Unternehmens in Frage kommt, hängt mit der unterschiedlich hohen Mobilitätsbereitschaft der Mitarbeiter aus den verschiedensten, oft privaten Gründen zusammen.

Abbildung 26 faßt Ansätze zusammen, die von Outsourcing-Anbietern im Zusammenhang mit dem Auftreten personalpolitischer Probleme grundsätzlich angewendet werden können. Viele der Ansätze sind dabei unabhängig von einer bestimmten Outsourcing-Kategorie zu sehen. Einigen aber kommt bei bestimmten Outsourcing-Typen ein besonderer Stellenwert zu.

Outsourcing-Kategorie	Ansätze
Applications Management	(Teil-)Übernahme des Schlüsselpersonals Angebot erweiterter Karrieremöglichkeiten
Systems Operations	(Teil-)Übernahme des Schlüsselpersonals Outplacement-Service
Transition Management	Krisenmanagement Entlastung der Geschäftbereiche
Network Management	(Teil-)Übernahme des Schlüsselpersonals
Desktop Services	Übernahme des Help-desk-Personals Benutzertraining und -support
Quelle: INPUT	

Abbildung 26: Personalpolitische Ansätze

Generell sollten Outsourcing-Anbieter die Übernahme des internen DV-Personals in Betracht ziehen. In einigen Fällen wird dies sogar über Erfolg und Mißerfolg des Vorhabens entscheiden, wenn z. B. das Rechenzentrum des Kunden oder die Verantwortung für die Wartung bestehender Applikationen übernommen wird. In allen Fällen aber kann es dem Anbieter nur empfohlen werden, hinsichtlich der Identifizierung des qualifizierten Personals, das im Unternehmen verbleiben muß, eng mit dem Kundenunternehmen zusammenzuarbeiten.

Eine detaillierte Planung hilft, personalwirtschaftliche Probleme schon während der ersten Outsourcing-Aktivitäten auszuräumen. Schon im Vorfeld der Vertragsverhandlungen sollten sich Anbieter und Kunde gleichermaßen mit den vielfältigen Aspekten der Personalübernahme auseinandersetzen. Beispielhaft seien folgende Punkte genannt:

- Tarifsystem und -anwendung,
- Betriebsvereinbarungen,
- Altersversorgung,

- Sonderzahlungen,
- betriebliche Sozialleistungen und
- Arbeitszeitregelungen.

Arbeitnehmervertretungen sollten darüber hinaus rechtzeitig mit einbezogen und die Mitarbeiter frühzeitig informiert werden. Werden Betriebsrat und Personal vor vollendete Tatsachen gestellt, ist deren Widerstand gegen ein geplantes Outsourcing so gut wie sicher. Die Einbeziehung aller Beteiligten vor und eine ständige Kommunikationsbereitschaft während des Outsourcing-Prozesses sind wichtige Garanten für den Erfolg.

Der Outsourcing-Anbieter sollte sich darüber hinaus bereit finden, im Bedarfsfall ein strukturiertes Outplacement-Programm anzubieten. Er beauftragt in diesem Fall eine auf die Berufsgruppe IS-Professionals spezialisierte Personalberatung, die sich durch Erfahrung und Expertise, was diese sensiblen Aufgaben anbetrifft, auszeichnet. Die Leiter der Personalabteilungen des Systems-Operations-Anbieters sind hierbei die Schlüsselpersonen im »Verkaufszirkel«. Sie bzw. die Personalabteilungen des Anbieters implementieren das Outplacement-Programm für den Kunden.

4.5 Anbieterkompetenzen

Outsourcing ist kein Allheilmittel für die vielfältigen Probleme mit der Informationsverarbeitung und auch nicht der richtige Schritt für jede Organisation. Aber es ist eine Alternative zur eigenen Informationsverarbeitung, dessen eingehender Bewertung sich in Zukunft kaum ein Unternehmen oder eine Organisation mehr wird entziehen können. Geforderte Anbieterkompetenzen und damit im Zusammenhang stehende Aspekte hängen maßgeblich von dem zur Diskussion stehenden Outsourcing-Typ ab. In Abbildung 27 sind die einzelnen Anbieterkompetenzen nach Outsourcing-Kategorien gewichtet. Eine hohe Einstufung zeigt an, daß diese Fähigkeit des Anbieters für den Erfolg des entsprechenden Outsourcing-Vertrages entscheidend ist.

Organisatorische Fähigkeiten: Transition Management und Applications Operations können signifikante Umwälzungen in der internen Organi-

Outsourcing-Kategorie	Kompetenzen						
	Organ. Fähigk	Technologie Rechenztr	Technologie allgemein	Anwendung allgemein	Anwendung spezifisch	Syst. Mgt.	Proj. Mgt.
Applications Management	M	G	M	H	H	H	H
Systems Operations a) Platform b) Applications	 M H	 H H	 M M	 G H	 G H	 H H	 G H
Transition Management	M/H	H	M	G	G	H	H
Network Management	G	M	H	G	G	H	G
Desktop Services	M/H	G	H	G	G	H	G
H = hohe Bedeutung	M = mittlere Bedeutung			G = geringe Bedeutung			
Quelle: INPUT							

Abbildung 27: Anbieterkompetenzen und Outsourcing-Kategorien

sation verursachen. Zunehmend bieten Anbieter ihre Unterstützung in diesem Bereich an, um dem IS-Management und den Mitarbeitern bei der Planung und Umsetzung dieses organisatorischen Wandels zur Seite zu stehen. Je stärker die Einbeziehung von Endbenutzern in diesen Prozeß erfolgt, desto höhere Anforderungen sind auch an die organisatorischen Fähigkeiten des Outsourcing-Anbieters zu stellen.

Technologie-Rechenzentrum: Die Fähigkeiten, die heutzutage der Betrieb eines Rechenzentrums verlangt, sind weitaus umfassender, als es das traditionelle Facilities Management in der Vergangenheit erforderte. Der Nachweis der Fähigkeit, ein Rechenzentrum herunterfahren zu können oder es in ein bestehendes zu integrieren, ist für den Platform- und Applications-Systems-Operations-Kunden im Hinblick auf den Ausgang seiner Entscheidung sehr wichtig. Des weiteren muß ein Managementkontrollsystem vorhanden sein, um das Erreichen der vereinbarten Leistungszusagen ständig sicherzustellen.

Technologiekompetenz allgemein: Weitere technologische Fähigkeiten sind von Bedeutung und können über das Gelingen oder Nichtgelingen der Outsourcing-Partnerschaft entscheiden. So sind beispielsweise ausreichende Kompetenzen im Telekommunikationsbereich für die Übernahme des Netzwerkmanagements von entscheidender Bedeutung. Die Beherrschung von Client-Server-Technologien und Downsizing-Aktivitäten sind wichtig für das Desktop-Services-Angebot.

Anwendungs-Know-how allgemein: Ein breites Anwendungs-Know-how ist bei Applications Management und Systems Operations gefordert. Hierbei muß die komplette Garnitur an Anwendungssystemen unterstützt oder sogar substituiert werden.

Anwendungs-Know-how spezifisch: Spezifisches Wissen im Bereich Anwendungssysteme ist unabdingbar im Applications-Management-Prozeß. Umfangreiche Expertise in diesem Bereich ist in diesem Fall wohl die überragende Erfolgsgröße. Der Kunde sollte nicht erst die Mitarbeiter des Anbieters schulen und ausbilden müssen.

Systemmanagement: Es sind zu einem großen Teil auch Managementkompetenzen, die im Rahmen einen Outsourcing-Vertrags eingekauft werden. Kann die Informationsverarbeitung nur Stück für Stück vom Anbieter übernommen werden, geht ein wichtiges Nutzenpotential des IS-Outsourcings verloren. In einem Kontrakt über Applications Management oder Systems Operations ist die Fähigkeit des Anbieters, den IV-Prozeß sofort und vollständig zu übernehmen sowie die vereinbarte Serviceleistung zu erbringen, der Prüfstein des Erfolgs. Hinter dieser Schlüsselkompetenz sind andere Aspekte oft nur von zweitrangiger Bedeutung.

Projekt-Management: Die Projektmanagementkompetenz sollte zur Grundausstattung eines jeden Outsourcing-Anbieters gehören. Für jeden IV-Prozeß bzw. jedes Projekt ist dies gefordert. Ausschlaggebend ist die Projektmanagementkompetenz allerdings bei solchen Outsourcing-Verträgen, die stark zielfokussiert sind, wie das Transition Management, Applications Management und Applications Operations.

Anbieter versuchen gemäß ihrer spezifischen Ausrichtung, die benötigten Kompetenzen auf- bzw. auszubauen. Ihr Geschäft ist es, IV-Projekte ebenso wie -prozesse durchzuführen bzw. zu übernehmen. Dies setzt ein diszipliniertes Management voraus, das es ihnen ermöglicht, dem Kunden ein effektives »Set« an Produkten und Services bereitzustellen.

4.6 Die Managementkomponente beim Outsourcing

Bei den traditionellen Informationsverarbeitungs-Dienstleistungen nimmt sich die Managementkomponente meist sehr bescheiden aus. So ist bei Applikationssoftware, Schlüsselfertigen Systemen, Auftragsprogrammierung, Verarbeitungsdienstleistungen und Netzwerkdienstleistungen eine Managementkomponente in den wenigsten Fällen gefordert. Der Support im Anschluß an die Beschaffung ist fast ausschließlich technischer Natur.

Management- Komponente	Outsourcing-Kategorie
Strategisch	Systemmanagement
Taktisch	Applications Management Transition Management
Operativ	Applications Maintenance Systems Operations Network Management Desktop Services
Quelle: INPUT	

Abbildung 28: Managementkomponenten und Outsourcing-Typen

Mit der Entwicklung von der Auftragsprogrammierung zur Anwendungsentwicklung als professioneller Dienstleistung war Projektmanagementkompetenz erforderlich geworden. Dies war unmittelbarer Bestandteil des Services, der mit dem Informationssystem eingekauft wurde. Bis zu diesem Zeitpunkt war allein auf der Ebene des Facilities Management ein operativer Managementbeitrag zu erbringen.

Bei Systemintegrationsprojekten tritt die Managementkomponente stärker in den Vordergrund. Bei der Auswahl einer »single-source«, die ihrerseits wiederum Subunternehmen mit der Erbringung bestimmter

Leistungen beauftragen kann, übergibt die interne IS-Abteilung die große Mehrheit der Projektmanagementaufgaben dem Systemintegrator als Generalunternehmer. Als Schnittstelle zum Kunden fungiert der Leiter der DV-Abteilung und/oder eine andere Führungskraft. Die Managementleistung bleibt zeitlich beschränkt für die Dauer des Projekts.

Systems Operations Verträge beinhalten eine wichtige operative Managementkomponente. Das Rechenzentrum und die Daten- und Telekommunikationsnetze werden vom Anbieter vollständig auf einer »Day-to-Day«-Basis übernommen. Das strategische Informationsmanagement verbleibt allerdings beim Kunden, der auch das erreichte Leistungsniveau kontrolliert.

Mit dem Erscheinen weiterer Outsourcing-Services nehmen gleichzeitig auch die Managementaufgaben zu. Bei einem Vertrag über das Applications Management etwa umfaßt das operative Management gewöhnlich die Aufrechterhaltung einer direkten Schnittstelle zum Kunden und zum Rechenzentrum. Das IS-Management zieht sich auf Überwachungs- und Planungsfunktionen zurück.

Beim Transition Management aber auch beim Applications Management erreicht die Managementbeziehung taktische Qualität. Der Anbieter ist direkt involviert und nimmt Einfluß auf das komplette IS-Programm. Die Managementaufgaben gehen über die tagesaktuellen kurzfristigen Pläne und Entscheidungen hinaus. Die Schnittstelle zwischen Anbieter und Kunde umfaßt nun einen Großteil der des internen IS-Management und beinhaltet bereits einige jener Elemente, die eine umfassende Outsourcing-Partnerschaft ausmachen.

Bei einem Vertrag über das Systemmanagement ist eine solche Partnerschaftsbeziehung schließlich erreicht. Der Anbieter ist auf allen Ebenen der Informationssystemstrategie des Kunden mit einbezogen und übernimmt sowohl strategische als auch taktische und operative Aufgaben. Über dies hinaus schließt ein Vertrag über die Auslagerung eines kompletten Unternehmensprozesses (Business-Operations-Outsourcing) auch die Nicht-Informationsverarbeitungs-Funktionen und -Prozesse mit ein.

5. Der Outsourcing-Zyklus

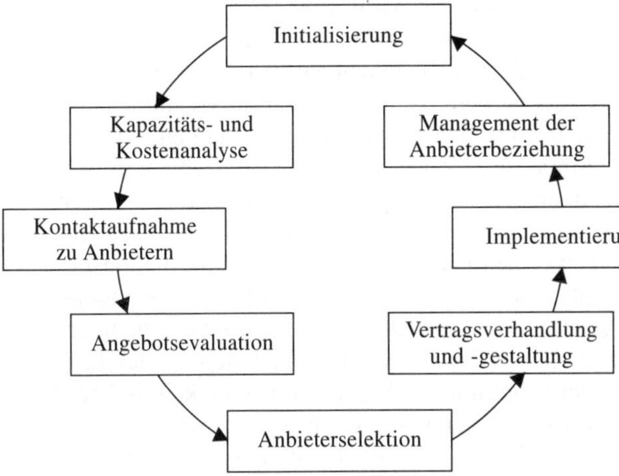

Quelle: INPUT

Abbildung 29: Der Outsourcing-Zyklus

5.1 Initialisierung

Meßgröße unternehmerischen Erfolges ist die Erreichung der strategischen Zielsetzungen. Treten Schwierigkeiten in der Zielerreichung auf und lassen sich die Ursachen hierfür in Problemfeldern der Informationsverarbeitung lokalisieren, so besteht Handlungsbedarf. Besonders deutlich werden die Schwächen in der Informationsverarbeitung, wenn z. B. steigende Informationsverarbeitungsbudgets und undurchsichtige Kostenstrukturen ökonomischen Zielen wie Kostenreduzierung und Kostentransparenz gegenüberstehen. Steht veraltete Hardware und Software der Erreichung technischer Ziele, beispielsweise eine Verbesserung der Datenverfügbarkeit, entgegen, resultiert daraus die Notwendigkeit zu Handeln.

5.1.1 Defizite in der Informationsverarbeitungslandschaft

Über Jahre hinweg wurde in die von den Herstellern angepriesene Hardware und Software investiert. Ohne explizite Informationssystemstrategie wurde im Eifer, technologisch »up-to-date« sein zu wollen, oft bedenkenlos gekauft, wobei entscheidende Fehler bezüglich der Koordination der einzelnen Systeme gemacht wurden. In vielen Unternehmen ist deshalb eine äußerst heterogene Informationssysteminfrastruktur vorzufinden. Die technischen »Insellösungen« mögen isoliert betrachtet durchaus optimal sein, doch verhindern die von unterschiedlichen Betriebssystemen, Datenbanksystemen, Benutzeroberflächen und Programmiersprachen hervorgerufenen Kompatibilitätsprobleme eine unternehmensweit einheitliche und durchgängige Informationsinfrastruktur. Dieses Defizit in der Informationssystemstrategie behinderte auch die Ausrichtung der Datenverarbeitung auf oberste Unternehmensziele und -strategien, wodurch der oft beschworene Beitrag der Informationstechnologie zur Erhaltung der Wettbewerbsfähigkeit und zur Erzielung von Wettbewerbsvorteilen heute geringer als erwartet und erhofft ausfällt. Dies ist zum Teil auch auf die häufig nur unzureichend ausgeprägten Kommunikationsbeziehungen zwischen IS-Management und Unternehmensspitze zurückzuführen. Das Unternehmensmanagement ist aufgrund mangelnder Fachkenntnis oftmals nicht in der Lage, sich mit Details der Informationsverarbeitung zu befassen und delegiert diese Entscheidungen an die IS-Verantwortlichen. Diese entziehen sich unter Umständen aufgrund ihrer Fachkompetenz weitgehend einer Steuerung des Managements und verfolgen eigene Ziele, die mit der unternehmerischen Gesamtstrategie nicht immer konform gehen.

Ein weiteres Problem heterogener Informationsverarbeitung ist der überdimensionale Wartungsaufwand, den die einzelnen Systeme in Anspruch nehmen. Die Wartungsaktivitäten zehren mittlerweile schon etwa 50 bis 70 Prozent der zur Verfügung stehenden IV-Ressourcen auf. Die Überlast führt zu einer Flucht in das operative Tagesgeschäft und blokkiert Personalkapazitäten für notwendige konzeptionelle Verbesserungen und für Neuentwicklungen. Dies führt zu einem Anstieg der Entwicklungszeiten für Informatik-Projekte und erhöht das Risiko. Verzögern sich z. B. Projekte zur Implementierung neuer Anwendungssysteme, kann die Innovationsfähigkeit des Unternehmens entscheidend beeinträchtigt werden.

5.1.2 Entscheidungsfaktoren

Für die Initiierung eines Outsourcing-Prozesses können im Einzelfall verschiedene Faktoren, Anlässe und Unternehmensinstanzen verantwortlich gemacht werden. Einer der wichtigsten Entscheidungsfaktoren scheint, betrachtet man die Gesamtheit der Outsourcing-Kunden, immer noch ›Kosteneinsparung‹ zu heißen. Einer aktuellen INPUT-Umfrage unter europäischen Unternehmen zufolge rangiert dieses Motiv im Falle einer Outsourcing-»Stand-alone«-Entscheidung noch vor dem Motiv technologische Verbesserung und dem Wunsch nach einer höheren Qualität der Informationsverarbeitung. Insbesondere für die Unternehmensführung und weitere Linienverantwortliche ist dies der Hauptbeweggrund. Im Zusammenhang mit einer notwendig gewordenen Änderung der Informationssystem-Architektur, bedingt durch Reorganisationsprogramme, sinkt aber die Relevanz dieser Faktoren. So konnte in der genannten Untersuchung herausgefunden werden, daß bei mehr als der Hälfte der Unternehmen, die eine Outsourcing-Entscheidung getroffen hatten, parallel dazu solche Programme durchgeführt wurden und der Stellenwert der beiden Motive ›Kosten‹ und ›verbesserte Technologie‹ in diesem Zusammenhang nicht mehr die vorherrschende Rolle spielte. So gewinnt auf Seiten des Managements die unternehmerische Perspektive an Gewicht, was konkret eine Rückbesinnung auf das Kerngeschäft meint.

Das IS-Management wird nur in seltenen Fällen als Initiator des Outsourcing-Prozesses identifiziert werden können. Es läßt sich von einem solchen Gedanken meist wenig begeistern. Es sieht darüber hinaus auch seine Existenzberechtigung bedroht und befürchtet den Verlust der direkten Kontrolle über die Informationsverarbeitung. Hingegen scheinen die IS-Verantwortlichen einem Outsourcing aber grundsätzlich dann offen gegenüberzustehen, wenn sie sich der Kombination ›Einsatz fortschrittlicher Technologie und Budgetrestriktion‹ als Herausforderung zu stellen haben. Dies bewegt das IS-Management dazu, seine Prioritäten zu identifizieren und all jene Aktivitäten einer Auslagerungsprüfung zu unterziehen, in denen ein Mangel an Know-how besteht. Zusätzlich werden jene Aktivitäten überprüft, die für den zukünftigen Unternehmenserfolg nur von zweitrangiger Bedeutung sind. So resultierte eine jüngst von einem Fertigungsunternehmen getroffene Entscheidung, das Rechenzentrum auszulagern, aus der Notwendigkeit, ein den zukünftigen Kapazitätsanforderungen gerecht werdendes Rechenzentrum zu einem Zeitpunkt aufzubauen, als ein beträchtlicher Kapitalbedarf vorlag. Das Rechenzentrum hätte verlagert und aufgerüstet werden müssen. Der Leiter der Informationsverarbeitung war sich bewußt, daß das notwendige Kapital aus anderen wichtigen Unternehmensprogrammen hätte abgezogen werden müssen. So brachte er den Outsourcing-Vorschlag als erster zur Sprache, entwickelte diese Alternative über ein Jahr lang und »verkaufte« sie anschließend erfolgreich der Unternehmensführung.

Häufig ist die Finanzleitung für den Anstoß zur Prüfung der Outsourcing-Alternative verantwortlich. In der Vergangenheit berichtete die Mehrheit der IS-Abteilungen direkt an die Finanzleitung, wohingegen das IS-Management heute eher direkt der Unternehmensführung unterstellt ist. Dennoch tendiert die Finanzleitung grundsätzlich zu einer engeren Beziehung zu ihren Kollegen aus der Informationsverarbeitung als ihre obersten Vorgesetzten. Sie ist daher in der Lage, schneller als die Unternehmensführung die Notwendigkeit externer Unterstützung im Bereich der Informationsverarbeitung zu erkennen. Interessanterweise steht daher auch das Kostendenken nicht allein an erster Stelle, wenn es um die Auslösung des Outsourcing-Prozesses geht. Gewiß sind in vielen Fällen der Finanzleitung schon prominente Fallbeispiele und Pressemeldungen über per IS-Outsourcing erreichte Einsparungspotentiale von 30–50 Prozent (tatsächlich gilt als realistischer Anhaltspunkt generell eine Ersparnis von 10–20 Prozent) Anlaß genug, das Outsourcing-Argument als erste ins Feld zu führen. Doch auch ein Mangel an Kompetenz und Ressourcen innerhalb der Informationsverarbeitung sowie notwendige Änderungen der Informationssysteminfrastrukturen durch Restrukturierungsprogramme stellen entscheidende Beweggründe dar. Obwohl die Finanzleitung in über der Hälfte der in einer Analyse befragten Unternehmen für die Auslösung des Prozesses verantwortlich war, geschah dies selten, ohne daß die Geschäftsleitung oder Verantwortliche des Managements von Anfang an mit einbezogen waren. In Frankreich und Deutschland herrscht sogar der Teamansatz vor, so daß Unternehmens- und IS-Leitung immer rechtzeitig involviert sind.

Der Einfluß externer Beratungsunternehmen auf die Initiierung eines solchen Prozesses scheint dagegen eher gering zu sein. Dies mag zum großen Teil auch an der oft den Unternehmensberatern unterstellten In-

Instanz	**Finanzleitung**	**Unternehmens-leitung**	**IS-Management**
Entscheidungs-faktoren (in der Rangfolge der Wichtigkeit)	Mangel an Skills und Ressourcen IV-Ausgabenkürzung verbesserte IV-Funktion	Kosten-reduzierung verbesserte IV-Funktion Mangel an Skills und Ressourcen	Mangel an Skills und Ressourcen IV-Ausgabenkürzung verbesserte IV-Funktion Zugang zu fortschrittlicher Technologie
Quelle: INPUT			

Abbildung 30: Entscheidungsfaktoren

tention liegen, eine »als unzulänglich empfundene Informationsverarbeitung« selbst auf Marktniveau bringen zu wollen, dieses Geschäft also keinem Outsourcing-Anbieter zu überlassen. In der Regel aber werden sie erst in den Prozeß mit einbezogen, nachdem die Entscheidung für eine Auslagerung der Informationsverarbeitung bereits getroffen wurde. In diesem Zusammenhang ist allerdings zu bemerken, daß Managementberater an der Durchführung von Business-Reengineering-Maßnahmen meist direkt beteiligt sind und die Notwendigkeit der Fokussierung auf das Kerngeschäft stets betonen. Dies sind zweifellos wichtige potentielle Anlässe, die intern zum Anstoß eines Outsourcing-Prozesses führen können. So kann ein Outsourcing etwa die Optimierung bzw. Restrukturierung der Geschäftsabläufe und -funktionen dadurch unterstützen, daß es Kapital und Personalressourcen für Systementwicklung und weitere strategische Aufgaben freisetzt.

Auch die Outsourcing-Anbieter selbst haben nur einen relativ geringen Einfluß in dieser Phase. In der Tat konnte INPUT bei Befragungen feststellen, daß insbesondere die europäischen Dienstleister eher auf Angebotsanfragen seitens der potentiellen Kunden reagieren. Ein proaktiver Ansatz auf Führungsebene wird dagegen nur von wenigen europäischen Anbietern verfolgt.

5.1.3 Anstoßereignisse

Mehr als bestimmte Entscheidungsfaktoren einzelner Unternehmensinstanzen – wie etwa das latente Kostenbewußtsein, das wiederum auf die steigende Wettbewerbsintensität und schwierige ökonomische Situation als externem Faktor zurückgeführt werden kann – ist ein bestimmtes, konkretes Ereignis für die Initialisierung eines Outsourcing-Prozesses verantwortlich. Dies konnte vor allem bei französischen und deutschen Unternehmen beobachtet werden.

Das am häufigsten genannte Ereignis, das konkret eine Bewertung der Outsourcing-Alternative auslöst, ist die bevorstehende Durchführung eines größeren Systementwicklungsprojektes. Die Notwendigkeit, ein neues System unter Einbeziehung von Technologie und Informationssystemarchitekturen, mit denen die Organisation und ihre Mitarbeiter bisher kaum Erfahrungen gesammelt haben, zu implementieren, drängt viele Unternehmen dazu, sich an einen externen IS-Dienstleister zu wenden.

Ebenfalls sind die schon erwähnten Reorganisationsmaßnahmen oder Organisationsänderungen »auslösende« Ereignisse. Dies gilt um so mehr, wenn zeitgleich ein Wechsel an der Unternehmensspitze erfolgt. Größere Reorganisationen führen heutzutage zu flacheren Strukturen und zur Entstehung einer Reihe von Geschäftseinheiten mit größerer Autonomie. Einige Geschäftseinheiten können in die Hände neuer Eigentümer übergehen. Dies führt zunächst zu einer Trennung der Geschäftseinheit vom konzerneigenen Outsourcing-Anbieter und der Notwendigkeit, sich einen neuen Geschäftspartner für diese Informationsverarbeitungs-Dienstleistungen suchen zu müssen. Eine kurzfristige Konsequenz besteht häufig im Bezug externer Rechenzentrumsdienstleistungen, um die bestehenden Unternehmenssysteme weiter zu betreiben. Auf längere Sicht wird die entsprechende Unternehmenseinheit eine Neuentwicklung ihrer eigenen Systeme in Betracht ziehen.

Die Finanzleitung nimmt dabei in erster Linie eine eher pragmatische Sicht der Dinge ein. Sie ist stärker in das Tagesgeschäft der Informationsverarbeitung involviert als andere Führungskräfte bzw. als die Unternehmensleitung und sieht im Outsourcing vor allem eine Möglichkeit, effektiv Neuentwicklungen durchzuführen. Ein weiterer Auslöser stellt für sie die Unterbrechung oder Störung des Betriebsablaufes etwa infolge der Kündigung von DV-Personal dar.

Instanz	Finanzleitung	Unternehmens-leitung	IS-Management
Anstoß-ereignisse	größere System-entwicklungs-projekte	Konzentration auf das Kern-geschäft	Durchführung von Entwicklungs-projekten
(in der Rang-folge der Wichtigkeit)	Verlust des »Schlüssel-personals«	Systementwick-lungsprojekte	Konzentration auf das Kerngeschäft
	Organisations-änderungen	Restrukturierungs-erfordernisse	Organisations-änderungen
Quelle: INPUT			

Abbildung 31: Anstoßereignisse

Die Unternehmensleitung betrachtet das IS-Outsourcing dagegen aus einer vorwiegend theoretischen und distanzierten Perspektive unter dem Aspekt Reengineering der Geschäftsabläufe und Hinwendung zum Kerngeschäft. Dies läßt darauf schließen, daß die Unternehmensleitung mit anderen Argumenten vom Outsourcing-Potential überzeugt werden muß als die Finanzleitung. So steht erstgenannte beispielsweise einem proaktiven Marketingansatz seitens der Outsourcing-Anbieter in der Regel offen gegenüber. Auch ist sie im Falle größerer Restrukturierungsmaßnahmen oder eines Benchmarkings, das die Fähigkeiten und Potentiale ihrer eigenen Organisation im Vergleich zu anderen Mitbewerbern aufzeigt, für ein Outsourcing-Angebot empfänglich.

5.2 Kapazitäts- und Kostenanalyse

Die zunächst nur vage festgestellten Mängel und Schwächen in der Informationsverarbeitung bedürfen einer genauen internen Analyse. Die Wahl der letztlich in Frage kommenden Lösungsalternative hängt dabei wesentlich von einem Soll-Ist-Vergleich unter Berücksichtigung der Zielbedingungen für die Informationsverarbeitung ab. Die Ziele eines Outsourcing-Vorhabens müssen dabei unbedingt als Konkretisierungen der obersten Unternehmensziele definiert und formuliert werden können. Wird die Auslagerung der Informationsverarbeitung ohne eine klare Zielformulierung betrieben, so wird ein eventueller Konflikt zwischen Zielen des Outsourcings und dem Zielsystem des Unternehmens *ex ante* erschwert. So stehen Outsourcing-Projekte häufig unter dem Motto: »Stärken behalten, Schwächen auslagern«. Eine differenzierte Betrachtung sieht das Ziel dagegen in der Erhaltung und Erzielung von Wettbewerbsvorteilen. Wird dieses Ziel vorrangig angestrebt, so wird auch der weit verbreiteten Befürchtung entgegengesteuert, mit der Auslagerung der Informationsverarbeitung ginge ein bedeutender Wettbewerbsfaktor außer Haus. Auch unterschiedliche Zielsetzungen sind möglich. Einerseits kann mit einem IS-Outsourcing eine Kostensenkung bei konstantem Volumen und gleichbleibender Qualität der Informationsverarbeitung angestrebt werden, andererseits kann die Erhöhung des Differenzierungspotentials beabsichtigt sein, welches durch einen umfassenden und hochqualitativen externen Service dem Unternehmen einen Wettbewerbsvorsprung gegenüber der Konkurrenz verschafft. Obwohl die Entscheidung für eine Auslagerung der Informationsverarbeitung bzw. Teilen davon im Verlauf des Outsourcing-Zirkels unterstellt wird, muß bemerkt werden, daß dies nur eine Lösungsalternative unter anderen darstellt. Ein festgestellter Handlungsbedarf in der Informationsverarbeitung kann beispielsweise auch zu Überlegungen in Richtung Systemintegration oder Business-Process-Reengineering führen. Die endgültige Entscheidung für ein IS-Outsourcing ergibt sich meist erst im Laufe des Projektes aus dem Ergebnis der Alternativenbewertung.

Gleichgültig welche Entscheidungsfaktoren oder Auslöser den Outsourcing-Prozeß initiiert haben, durchlaufen Unternehmen beispielhaft anschließend den durch den Outsourcing-Zirkel aufgezeigten Phasenprozeß, der sich mit der Kosten- bzw. Kapazitätsanalyse der bestehenden Informationsverarbeitung anschließt.

Die Kapazitätsanalyse dient zur Bestimmung des Ist-Zustandes der Informationsverarbeitung und schließt die Definition zukünftiger Anforderungen mit ein. Die Kostenanalyse soll die aktuellen Kosten der Informationsverarbeitung aufdecken. Die detaillierte Dokumentation der Informationsverarbeitungs-Charakteristika stellt sicher, daß der Outsourcing-Anbieter im weiteren Verlaufe des Zyklus ein ebenso detailliertes Angebot unterbreiten kann. Kostenanalysen ermöglichen zum einen den Kostenvergleich zwischen den Alternativen Eigenfertigung und Fremdbezug in der späteren Angebotsbeurteilungsphase, zum anderen gewährleisten sie Kostentransparenz, die für eine Stärken-Schwächen-Analyse der Informationsverarbeitung wichtig ist.

Die meisten Unternehmen nutzen in dieser Phase einen multidisziplinären Teamansatz. Optimale Ergebnisse lassen sich erzielen, wenn die Zusammenarbeit zwischen dem Management des Unternehmens, den Mitarbeitern aus den jeweils zu untersuchenden Abteilungen und externen Spezialisten für Hardware-, Software- und Services-Beratern sowie Juristen im Projektteam harmoniert. Das IS-Management übernimmt hierbei meist die Federführung.

Bei der Kostenanalyse allerdings übernimmt das Finanzmanagement die entscheidende Rolle. In beinahe der Hälfte aller Fälle, so zeigen Untersuchungen, ist es entweder direkt verantwortlich für die Durchführung dieser Kostenanalyse, oder aber es überprüft die Ergebnisse in solchen Fällen, in denen diese Aufgabe beispielsweise von der IS-Abteilung oder externen Beratungsunternehmen durchgeführt wurde. Anschließend verifiziert sie die Genauigkeit und Glaubhaftigkeit der Resultate gegenüber der Geschäftsleitung. Erscheinen auf der Grundlage dieser Kostenanalyse die eigene Informationsverarbeitung oder Teile davon als nicht mehr rentabel und wird auf der Basis dieser Ergebnisse auch eine Ausgliederung an ein Verbundunternehmen ausgeschlossen, so werden sie als monetärer Maßstab für einen Vergleich der Angebote der IS-Dienstleister zu einem späteren Zeitpunkt herangezogen.

Der Ermittlung des Ist-Zustandes der Informationsverarbeitung wird federführend vom IS-Management durchgeführt und umfaßt folgende Punkte:

Hardware-Ausstattung: Erfaßt werden Anzahl, Kapazität und Vernetzungsgrad der Informationssysteme. Außerdem wird festgestellt, welche Eigentumsverhältnisse (z. B. Leasingverträge und deren Kündigungsmöglichkeiten) vorliegen. Daten- und Kommunikationsnetze werden auf ihre Leistungsfähigkeit und ihre Struktur hin untersucht.
Software-Ausstattung: Alter, Umfang und Entwicklungsstand der Software sowie Wartungs- und Pflegeaufwand werden überprüft. Daneben erfolgt eine Überprüfung der Betriebssysteme, Benutzeroberflächen und Anwendungssoftware auf Einheitlichkeit. Schwierigkeiten kann hierbei die Erfassung und Bewertung selbsterstellter Software der Fachabteilungen bereiten.

Personaleinsatz in der Informationsverarbeitung: Es werden Installations-, Instandhaltungs- und operative Tätigkeiten unterschieden. Die Bestandsaufnahme der eingesetzten Personalkapazitäten, deren Qualifikation und Bezahlung ist notwendig.
Aktuelles Informationsverarbeitungsvolumen: Es gilt, in diesem Bereich eine möglichst zuverlässige Schätzung der Anzahl der Transaktionen und/oder Nutzungszeiten in Zusammenarbeit mit den jeweiligen Endanwendern zu erarbeiten.

Zur Offenlegung weiterer Defizite in der Informationsverarbeitung werden zusätzliche Kriterien herangezogen, wie etwa das Ausmaß der Integration der Informationssysteme in die Unternehmensabläufe und -funktionen. Dies gilt für alle Bereiche von der Beschaffung bis zum Vertrieb. Hinzu kommt eine Beurteilung der Nutzungsgrade sowie der verbleibenden Kapazitätsreserven der Hardware-Systeme, die für die Anpassungsfähigkeit der Informationssysteme an ablauforganisatorische Veränderungen entscheidend sind. Unterschätzt werden häufig auch Sicherheitsstandards. Sie wurden in der Vergangenheit oft nicht in angemessenem Maße an die gestiegenen Informationsvolumina angeglichen.

Für den weiteren Verlauf der Darstellungen wird davon ausgegangen, daß die Analyseergebnisse auf erhebliche Schwächen in der Informationsverarbeitung hinweisen, die zum größten Teil auf eine unkoordinierte Informationssystemstrategie oder ausgebliebene Investitionen zurückzuführen sind. So kann eine Analyse der Kostenstruktur etwa aufgedeckt haben, daß die Aufwendungen für die Pflege der eingesetzten Software in keinem Verhältnis mehr zu den Neuentwicklungsprojekten stehen und somit auf einen zu geringen Innovationsgrad deuten. Ein Applications Maintenance oder -management kann hier in Betracht gezogen werden. Weiterhin könnte festgestellt worden sein, daß die Unterstützung der Benutzer mit den vorhandenen DV-Personalkapazitäten und -qualifikationen als unzureichend empfunden wird oder Informationssysteme einzelne Unternehmensprozesse aufgrund des Einsatzes eines veralteten Datenmodells nicht mehr adäquat unterstützen.

Zunächst muß jedoch die genaue Festlegung der zukünftigen Anforderungen an das Informationssystem bzw. Teile davon erfolgt sein. Dies dient der Feststellung der Soll-Ist-Abweichung und Aufdeckung ineffizienter Bereiche und muß unter Beachtung und Einbeziehung der strategischen Rahmenbedingungen erfolgen. Die grundlegende Erkenntnis vorausgesetzt, daß mit den vorhandenen Ressourcen eine Neuausrichtung der Informationsverarbeitung zur Überwindung der »Krise« aus eigener Kraft nicht möglich ist und die hierzu notwendigen Investitionen die Möglichkeiten der Kapitalbeschaffung des Unternehmens übersteigen, setzen konkrete Überlegungen zum Fremdbezug von Informationsdienstleistungen ein.

5.3 Kontaktaufnahme zu Anbietern

Im Gegensatz zu öffentlichen Ausschreibungen treten potentielle Outsourcing-Kunden im privatwirtschaftlichen Bereich direkt an die Outsourcing-Anbieter mit der Aufforderung zur Angebotsabgabe (Request for Proposal) heran. Dies kann im Rahmen eines formalen Screening-Prozesses erfolgen. Dieser ermöglicht, zunächst die Spreu vom Weizen zu trennen (Screening=durchsieben), und kann von Beratern unterstützt werden, die beim Entwickeln der entsprechenden Dokumente für die Angebotsaufforderung behilflich sind. Die Kontaktaufnahme vollzieht sich oftmals aber auch auf informaler Basis, in dem ein Anbieter zur Angebotsabgabe aufgefordert wird, zu dem eine enge Geschäftsbeziehung, etwa aufgrund von Hardware-Lieferungen, bereits besteht. Liegen dem Unternehmen nur unzureichende Kenntnisse über Outsourcing-Anbieter und deren Informationsverarbeitungs-Dienstleistungen vor, so können zunächst kompetente Spezialisten (etwa Marktforschungsunternehmen, unabhängige Berater u. ä.) mit einer entsprechenden Marktanalyse beauftragt werden. Dies kann sehr effektiv sein, da in deren Analysen bereits unternehmensspezifische Anforderungen einfließen können und somit eine Vorauswahl erleichtert wird.

Unabhängig von der jeweiligen methodischen Vorgehensweise sollte der potentielle Outsourcing-Kunde die Zahl der zur Angebotsabgabe aufgeforderten Anbieter limitieren. Durchschnittlich fordern europäische Unternehmen zwischen drei und fünf Anbieter zur Angebotsabgabe auf.

Üblicherweise nehmen Unternehmen spätestens unmittelbar nach der Outsourcing-Entscheidung Kontakt zu potentiellen Anbietern auf. Das Ergreifen noch frühzeitigerer Initiativen, wie z. B. Messebesuche, Kontaktgespräche, gezielte Informationsansprache ist von Vorteil, denn es ermöglicht die Erstellung einer vorläufigen Auswahlliste (»Short list«)

der überhaupt in Frage kommenden Anbieter. Anders als bei öffentlichen Ausschreibungen sind die potentiellen Auftraggeber auch eher bereit, umfangreiche und lange Diskussionen mit den Anbietern vor einem eventuellen Vertragsabschluß zu führen.

Vor der Angebotsaufforderung muß ein Projektteam des Kundens einen detaillierten Anforderungskatalog bzw. ein Pflichtenheft erstellt haben. Dieses setzt sich inhaltlich aus den aus der internen IV-Analyse resultierenden Informationen, den zukünftigen Anforderungen und Zielsetzungen zusammen. Der Katalog beinhaltet somit die Ist-Daten über aktuelles Verarbeitungsvolumen, Hardware- und Software-Ausstattung und personelle Kapazitäten. Ohne solche Basisinformationen dürfte kein Anbieter in der Lage sein, ein detailliertes Angebot zu unterbreiten. Die genaue Kenntnis des Verarbeitungsvolumens ist z. B. für den potentiellen Anbieter von Platform Operations besonders wichtig, denn die meisten solcher Angebote bedienen sich der Transaktionsraten oder Ressourcennutzung als Kalkulationsgrundlage. Anbieter benötigen ebenfalls genaue Kenntnisse über die Art der eingesetzten Anwendungssysteme, die sie im Falle eines Vertragsabschlusses betreiben und/oder entwikkeln und warten sollen. Informationen über eingesetzte Betriebssysteme und Systemsoftware ebenso wie über bestehende Software-Lizenzverträge sind von Interesse für Applications Operations bzw. Applications Management. Dieselbe Art von Auskünften muß auch für die Hardware bereitgestellt werden. Bei mehr als der Hälfte aller Outsourcing-Vorhaben, so zeigt die Praxis, ist die Übernahme der DV-Mannschaft des Kunden bzw. eines Teiles davon vorgesehen. In diesem Fall sind genaue Informationen über Anzahl und Qualifikation sowie Bezahlung relevant.

Von zusätzlicher Bedeutung sind die Anforderungen an die zukünftige Informationsverarbeitung und -systeme, d. h. deren Anzahl, qualitative Ausstattung und Grad der Vernetzung. Ansprüche an zukünftige Verarbeitungsvolumina sind für ein detailliertes Systems-Operations-Angebot notwendig. Wenn absehbar ist, daß das Verarbeitungsvolumen im Zeitablauf starken Schwankungen unterliegt, sollte schon zu diesem Zeitpunkt auf Preisflexibilität geachtet werden. Aber auch Informationen strategischer Natur sollten sich im Anforderungskatalog oder Pflichtenheft niederschlagen. So ist etwa bei geplanten Akquisitionen schon im Vorfeld zu klären, ob ein Anbieter den quantitativ und eventuell auch qualitativ gestiegenen Ansprüchen an die Informationsverarbeitung genügen kann, um die Gefahr des Scheiterns einer auf Langfristigkeit angelegten Partnerschaft zu minimieren.

Uneinigkeit herrscht in der Frage, ob dem Outsourcing-Anbieter auch detaillierte Informationen über die Kosten der eigenen Informationsverarbeitung übergeben werden sollten. Auf der einen Seite besteht die Gefahr, daß der Anbieter sein Angebot so erstellt, daß er unter seiner sonst üblichen Kalkulation bleibt, um zunächst den Zuschlag zu erhalten. Später könnte er dann versuchen, die Preise zu erhöhen. Eine solche Vorgehensweise des Dienstleisters würde einen objektiven Kostenvergleich zwischen Eigenerstellung und Fremdbezug in der Phase der Angebotsevaluation unmöglich machen. Auf der anderen Seite kann es durchaus von Vorteil sein, wenn der Anbieter seine Berechnungen nach Kenntnis der aktuellen Informationsverarbeitungskosten des Kunden überdenken muß. Gegebenenfalls wird er ein günstigeres Angebot unterbreiten, das zum gegebenen Zeitpunkt als Fixpreis in den Outsourcing-Vertrag übernommen wird.

5.4 Angebotsevaluation

In der Evaluationsphase sind die eingeholten Angebote unter Zuhilfenahme geeigneter Modelle untereinander und eventuell noch gegenüber einer Inhouse-Lösung vergleichbar zu machen und zu bewerten. Die Dauer dieser Phase kann zwischen drei Monaten und einem Jahr variieren. Im Durchschnitt beträgt sie gut vier Monate. Fortlaufende und intensive Diskussionen mit den potentiellen Anbietern sind ein wesentliches Kennzeichen dieser Phase. So ist es auch nicht unwahrscheinlich, daß die Anforderungen an die Informationsverarbeitung und -systeme aufgrund solcher Gespräche noch einmal revidiert werden.

5.4.1 Das Bewertungsteam

Das Bewertungsteam setzt sich im Regelfalle aus den bereits am »Request for Proposal« Prozeß beteiligten Personen bzw. Instanzen zusammen. Die endgültige Entscheidung für einen Anbieter wird ebenfalls meist von diesem Team getroffen oder aber von der Unternehmensleitung, deren Entscheidung auf der Empfehlung des Bewertungsteams beruht. Viele Unternehmen, so bestätigen Untersuchungen, verlassen sich dabei eher auf ihre interne DV-Mannschaft. Werden externe Personen einbezogen, so handelt es sich meist um Rechtsanwälte und/oder Beratungsunternehmen.

Feste Teilnehmer:
- ein bis drei Vertreter des Unternehmensmanagements
- DV-Leiter
- Finanzvorstand

Optionale Teilnehmer:
- Rechtsanwälte
- Unternehmensberater
- Personalmanager

In der Regel konstituieren drei bis fünf Unternehmensmitarbeiter das Bewertungsteam. Wo Modelle als Teil des Bewertungsprozesses Verwendung finden, fällt die Entwicklung entsprechender Entscheidungsinstrumente für die Beurteilung der wirtschaftlichen und finanziellen Aspekte überwiegend dem Finanzmanagement zu. Die zu messenden und zu bewertenden Kriterien werden aber meist in Kooperation mit der IS-Abteilung und eventuell unter Mitwirkung von erfahrenen Beratern bestimmt.

5.4.2 Modelle

Beinahe jedes Unternehmen setzt Modelle ein, um den Evaluationsprozeß zu unterstützen. Zumindest einfache Kostenkalkulationsmodelle gehören zum Standardrepertoire. In Abhängigkeit von der Art der fremdbezogenen Informationsdienstleistung und der jeweiligen Ausgangssituation beim Outsourcer werden einfache Kostenvergleichsmodelle für direkt meßbare Sachverhalte und Punktbewertungsmodelle für Bereiche, die sich einer zuverlässigen Messung und Beurteilung entziehen, für den Vergleich der Angebote angewendet.

5.4.2.1 Einfache Kostenvergleichsmodelle

Kostenvergleichsmodelle dienen der Gegenüberstellung der voraussichtlichen Kosten bzw. Erlöse für die interne Lösung und der Outsourcing-Alternative über die Dauer des Vertrages hinweg. Sie ermöglichen auf sehr einfache Art und Weise, alternative Informationsverarbeitungsszenarien und Kostenprojektionen zu entwerfen bzw. zu bewerten.

Das Kriterium für die Beurteilung der relativen Vorteilhaftigkeit ist dabei die Kostendifferenz. Sind die Kosten (Perioden- oder Stückkosten) nach Durchführung der zu erwägenden Investition, d.h. für die Outsourcing-Variante, niedriger als die Kosten des bisher praktizierten Verhaltens, d. h. die interne Informationsverarbeitungslösung, so fällt die Entscheidung dem Modellcharakter entsprechend zugunsten des Fremdbezuges der Informationsverarbeitungsdienstleistungen aus.

Bei den Kosten, die sich der Informationsverarbeitungsalternative IS-Outsourcing direkt zurechnen lassen (Einzelkosten), handelt es sich zum einen um kontinuierlich anfallende Kosten für Rechnerleistung, Datenübertragungsleistungen etc. Daneben sind einmalige Aufwendungen für z.B. die Kapazitäts- und Kostenanalyse und die Projektabwicklung zu berücksichtigen ebenso wie Gemeinkosten, die für das Management der Geschäftsbeziehung anfallen. Einmalige Erlöse sind aus dem Verkauf der Hardware, aus der Aktivierung selbsterstellter Software und aus der

Eigenfertigung		**Fremdbezug**	
Kosten	**Erlöspotential**	**Kosten**	**Erlöspotential**
Personal	Verkauf von IV-Leistungen an Dritte	Bereitstellung von Ressourcen	Verkauf der Hardware
Hardware		Übertragungs-leistungen	Aktivierung/ Verkauf Software
Software Equipment		Druckleistungen	Auflösung Pensions-rückstellungen
Transaktions-kosten – Hardware-anbieter – Software-firmen – Service-Anbieter – IT-Berater		Transaktionskosten – Outsourcing-Dienstleister – Betriebsrat/AN-Vertreter	

Abbildung 32: Kosten und Erlöspotentiale Eigenfertigung versus Fremdbezug

Auflösung von Pensionsrückstellungen zu erwarten. Darüber hinaus sind Transaktionskosten zu berücksichtigen. Im Falle der »Ein-Hersteller-Lösung« beim Outsourcing aber sind diese in der Regel weitaus niedriger als im Falle der Inhouse-Lösung, wo Geschäftsbeziehungen meist zu mehreren IS-Anbietern bestehen.

Zu den Kosten für die Inhouse-Lösung zählen im wesentlichen Personalkosten und die Aufwendungen für den Kauf von Hardware, Software, Ausrüstungen usw. Vor einer endgültigen Entscheidung könnte auch die Überlegung eine Rolle spielen, mittel- bis langfristig selbst IV-Leistungen für Dritte bereitzustellen und dadurch Erlöse zu erzielen.

5.4.2.2 Punktbewertungs- bzw. Scoring-Modelle

Zusätzlich zu den oben genannten Kosten können in Punktbewertungsmodellen weiteren erwünschten Angebotsattributen bestimmte Werte zugewiesen werden, die sich einer direkten Quantifizierung entziehen. Eine Gewichtung der Attribute nach Bedeutung für die Auswahlentscheidung und anschließende Aufaddierung ermöglicht die Ermittlung einer Rangfolge der Angebote aus Kundensicht. Die Scoring-Modelle sind gewöhnlich weitaus komplexer als die vorstehenden Kostenvergleichsmodelle, da sie subjektive Urteile über nicht exakt meßbare Kriterien einschließen. INPUT-Untersuchungen haben ergeben, daß diese Modelle im Zusammenhang mit der Bewertung von sogenannten Soft-Parametern, also nicht direkt meßbaren Vorteilen und Risiken, zum Einsatz kommen. Dabei besteht die eine Möglichkeit des Einsatzes dieser Modelle in der Feststellung der Existenz oder Nichtexistenz einer bestimmten »Request for Proposal«-Anforderung bzw. eines spezifischen Angebotselementes mit Ja (1) oder Nein (2). Entsprechend ihrer Bedeutung für die Kundenorganisation erfolgt eine Gewichtung. Die andere Möglichkeit besteht in einem relativen Vergleich der einzelnen Angebote auf der Basis subjektiver Einschätzungen von technischen, organisatorischen oder wirtschaftlichen Vorteilen sowie bestimmten Risiken. Die einzelnen Angebotsattribute werden ebenfalls mit einem subjektiv von der Kundenorganisation festzulegenden Gewicht, dessen Ausprägungen sich beispielsweise auf einer Skala von –3 (geringer Vorteil, hohes Risiko) bis +3 (großer Vorteil, geringes Risiko) bewegen können, multipliziert, nachdem ihnen ein bestimmter Wert zugeordnet wurde. Die anschließende Addition der Positionen ergibt das »Gesamturteil«.

Kriterien	Gewicht	**Alternative I**		**Alternative II**		**Inhouse**	
		Bewertung	Produkt	Bewertung	Produkt	Bewertung	Produkt
Vorteile:							
wirtschaftlich:							
– Kostentransparenz	3	3	9	4	12	2	6
technisch:							
– kontinuierliche Teilnahme an Innovationen	3	3	9	1	3	1	3
– garantierter Service-Qualitätslevel	2	1	2	3	6	1	2
personell-organisatorisch:							
– schnelle Projektrealisation	2	1	2	3	6	1	2
– Entlastung Arbeitsvolumen	2	2	4	1	2	1	2
Risiken:							
– Abhängigkeit	2	–3	–6	–4	–8	0	0
– Know-how-Verlust	2	–2	–4	–3	–6	0	0
Punktwert			**16**		**15**		**15**

Abbildung 33: Punktbewertungsverfahren

In diesem Fall liegen die Ergebnisse dicht beieinander, so daß eine noch differenziertere Analyse unter Zuhilfenahme weiterer Kriterien sinnvoll erscheint.

Der potentielle Anbieter sollte nach Möglichkeit soviel Informationen wie möglich über die im Modell verwendeten Zielkriterien zu sammeln versuchen. Outsourcing-Kunden verlassen sich im allgemeinen stark auf die Ergebnisse solcher Modellrechnungen, um die nachfolgende Anbieterentscheidung zu treffen. So konnte in der Tat festgestellt werden, daß in über achtzig Prozent der in einer INPUT-Untersuchung ermittelten Outsourcing-Vorhaben der im Rahmen der Modellrechnungen favorisierte Anbieter letztendlich auch ausgewählt wurde. Die genaue Kenntnis der Modellparameter verschafft dem Anbieter darüber hinaus tiefe Einsichten in die Charakteristika des Kaufprozesses seines potentiellen Auftraggebers und erlaubt ihm, ein relevantes Angebot in einfacher und erfolgversprechender Weise zu erstellen. Weiterhin sind diese Kriterien Indikatoren für die Meßvariablen, auf die der Kunde als wichtige Vertragsbestandteile bestehen wird (siehe Abschnitt 5.8.3).

Obwohl Unternehmen diese Informationen potentiellen Outsourcing-Anbietern zunehmend zur Verfügung stellen, äußerte beinahe die Hälfte der befragen Unternehmen ihren Unmut darüber, daß viele Anbieter auf ihrer eigenen Präsentation bestünden. Dies beinhaltet die Gefahr von mißverständlichen Interpretationen der Anbieterangaben einerseits und von Frustration auf Kundenseite andererseits.

5.5 Anbieterselektion

In beinahe allen Modellrechnungen kommt den finanziellen Parametern wegen der mit der Outsourcing-Entscheidung verbundenen Erwartung von Einsparungspotentialen und Kostenreduktionen eine besondere Bedeutung zu. Die Finanzleitung gewinnt aufgrund ihrer besonderen Involvierung in der Phase der Angebotsevaluation einen starken Einfluß auf die endgültige Anbieterentscheidung. Sie kontrolliert die wesentlichen wirtschaftlichen bzw. finanziellen Parameter der einzelnen Angebote, die großen Einfluß auf die Rangfolge der Anbieter nach Abschluß des Bewertungsprozesses haben. Die Expertisen des IS-Managements sind allerdings unabdingbar. Sie sind für die Überprüfung der technischen Angaben und der möglichen Einsparungspotentiale erforderlich. Die Finanzleitung gibt allerdings ihre Einschätzung darüber ab, ob die Modellanalysen über die genügende Genauigkeit und Zuverlässigkeit verfügen. So validiert sie beispielsweise Aussagen darüber, in welchem Zeitraum sich die erhofften Kosteneinsparungen mit der Auswahl eines bestimmten Dienstleisters tatsächlich realisieren lassen. Doch das IS-Management oder ein entsprechendes Projektteam übernimmt die Führungsrolle im Anbieterauswahlprozeß.

5.5.1 Anbieter-Kunden-Beziehung

Wie bereits angesprochen, existieren einige signifikante Unterschiede zwischen den verschiedenen Kategorien des Outsourcing, was den Charakter der Beziehung zwischen Anbieter und Kunden betrifft. Dies sollten Kunden im Hinblick auf die Auswahl geeigneter Selektionskriterien beachten. Die einzelnen Outsourcing-Typen sind in Abbildung 34 auf der Basis der beiden Beziehungsformen, die sich bisher etabliert haben, kategorisiert. Ebenfalls sind die wichtigsten Kennzeichen beider Beziehungsformen aufgeführt.

Typ der Beziehung	Outsourcing-Kategorie	Merkmale der Beziehung
partnerschaftlich	Desktop Services Applications Management Systems Operations Network Management	managementorientiert breiter Fokus umfassende Expertise Personaltransfer flexibler Vertrag Serviceorientierung
zielbasiert	Transition Management Applications Maintenance (Systemintegration)	projektorientiert spezifisches Spektrum vorgegebener Zeitrahmen spezielles Know-how starre Übereinkunft Zieldaten
Quelle: INPUT		

Abbildung 34: Typisierung der Outsourcing-Kategorien

Vorherrschendes Ziel der Outsourcing-Anbieter und -Kunden heute sollte grundsätzlich die Etablierung einer wirklichen Partnerschaftsbeziehung sein. Noch ist die Beschaffenheit vieler Outsourcing-Entscheidungen aber eher zielbasierter Natur und hängt eng mit klar umrissenen, aber komplexen Zielen zusammen.

Systems Operations, Applications Management, Network Management und Desktop Services können als Dienstleistungsbeziehung mit Partnerschaftscharakter als zugrundeliegendem Ziel gekennzeichnet werden. Obwohl der Bezug informatikbezogener Dienstleistungen scheinbar im Vordergrund steht, sind es doch die Managementkomponenten, zusammen mit der breiten Wissensbasis, die über Erfolg oder Mißerfolg der Outsourcing-Beziehung entscheiden. Der Kunde macht sich im »day to day«- und »minute to minute«-Support vom Anbieter abhängig. Die Reichweite der Beziehung ist weit und eher unspezifisch. Sie beinhaltet darüber hinaus ein breites Spektrum an Individualdienstleistungen. Die Bereitschaft, die langfristig angelegte Partnerschaft über die festgelegte Vertragsdauer hinaus fortzusetzen, ist grundsätzlich vorhanden. Es besteht ein signifikanter, lang anhaltender organisatorischer Einfluß. Die Unternehmensstruktur muß flexibel sein und dem Kunden erlauben, seine Unternehmenspolitik jederzeit zu ändern sowie auch dem Anbieter entsprechende Veränderungen vorzuschlagen, die für beide Seiten von Vorteil sind. Die Performance wird an der Höhe des Serviceniveaus gemessen und basiert nicht auf bestimmten »Point-in-time«-Bewältigungen. Die Entwicklung der Kosten muß vorhersehbar bleiben. Dies meint gewöhnlich ein fixes Kostenniveau plus vordefinierte Grenzkosten sowie Vertragsstrafe bei Leistungsverzögerungen oder Leistungs-Nichterbringung.

Entscheidungen über Applications Maintenance, Transition Management und Systemintegration unterliegen im allgemeinen genauen Zielvorstellungen. Obwohl auch hier überwiegend die Ein-Hersteller-Beziehung dominiert, ist die Reichweite der Entscheidung genau abgesteckt und die verschiedenen skizzierten Elemente sind exakt spezifiziert. Ein Hauptmerkmal der zielbasierten Beziehung ist die Projektorientierung. Zeitrahmen und Umfang basieren auf festgelegten Vereinbarungen. Das erwünschte Projektergebnis ist mit internen Ressourcen nicht erreichbar. Die gesamte Geschäftsbeziehung ist auf die spezifischen Projektvorgaben hin ausgerichtet. Der Leistungsmaßstab ist an vorgegebene Vereinbarungen und Kosten geknüpft.

Eine ursprünglich zielbasierte Beziehung kann sich selbstverständlich in Richtung Partnerschaft entwickeln. So wird z.B. eine Applications-Maintenance-Vereinbarung –vorausgesetzt, sie verläuft für beide Seiten zufriedenstellend – wahrscheinlich über die ursprüngliche Vertragsvereinbarungsdauer hinaus fortgesetzt werden und sich unter Umständen auch auf andere Anwendungssysteme und/oder sogar die Übernahme von Neuentwicklungsaktivitäten ausbreiten. Ein Systemintegrationsvertrag dagegen kann Outsourcing-Komponenten von Anfang an beinhalten oder im Laufe der Zeit mit einbeziehen.

Tritt ein solcher Wandel ein, ist es wichtig, daß sich Kunde und Anbieter über die unterschiedlichen Charakteristika der »neuen Beziehung« im klaren sind. In den meisten Fällen wird dies auch eine Redefinition der Geschäftsbeziehung nach sich ziehen. Es ist besonders wichtig, daß das IS-Management bzw. die mit der Selektion beauftragte Instanz die Outsourcing-Beziehung von Anfang an klar definiert und die Schlüsselmerkmale bestimmt, die für eine solche Beziehung erwünscht sind. Anderenfalls übernimmt dies der Anbieter selbst, oder beide Parteien machen es im schlechtesten Falle falsch.

5.5.2 Selektionskriterien

5.5.2.1 Untersuchungsergebnisse

Eine 1994 durchgeführte INPUT-Untersuchung förderte folgende Kategorien von Schlüsselkriterien, die im Anbieterauswahlprozeß grundsätzlich ein Rolle spielen, zu Tage:

- Preis: totale Projektkosten auf jährlicher Basis, auf Basis der gesamten Vertragsdauer und auf Stückbasis.
- Technologie: Die Fähigkeit, die geforderte Technologie bezüglich Hardware, Software und/oder Telekommunikation bereitzustellen.
- Service: Ruf oder die Verpflichtung, ein verlangtes Servicelevel zu erbringen.
- Flexibilität: Verpflichtung, das Serviceniveau im Hinblick auf unvorhersehbare und/oder veränderte Anforderungen anzupassen.
- Expertise: Professionelle Dienstleistungskompetenz.

Je nach Outsourcing-Kategorie tauchen aber einige Unterschiede hinsichtlich der Relevanz der Kriterien für die Anbieterselektion auf. So gewichten z. B. Unternehmen, die ein Applications Operations anvisieren, das Kriterium technische Expertise sehr hoch, wohingegen Kunden auf Hardware- und Software-Technologien als zweit wichtigstem Kriterium nach dem Preis bei einer Entscheidung für Platform Operations Wert legen. Für Platform Operations, Desktop Services und Network Management stellt der Preis wohl das bedeutendste Anbieterselektionskriterium dar. Dies gilt nicht für solche Verträge, die Business Operations oder Aufgaben der Systementwicklung einschließen. Hier sollten sich Anbieter deshalb auf innovative Preisansätze verlegen, die das Niveau des Preiskampfes senken und zur Steigerung der Anbieterprofitabilität beitragen. Der kulturelle »Fit« spielt ebenfalls eine nicht unbedeutende Rolle bei der Auswahl des Anbieters, sollte aber nicht überschätzt werden.

Im folgenden werden die Selektionskriterien für einen Anbieter von Systems Operations aus einer weiteren INPUT-Untersuchung in der Reihenfolge ihrer Wichtigkeit aufgelistet:

1. Outsourcing-Erfahrung,
2. Gesamtkosten,
3. Datensicherheit und Schutz,
4. wenn Systemintegrations-Kontrakt besteht, Systems Operations vom Generalunternehmer,
5. Bereitstellung von Hardware und Software-Wartung,
6. Instandsetzung der Anwendungen,
7. Verbesserung der Anwendungssysteme,
8. reduzierter Kapitalbedarf,
9. Verbesserung des Cash Flow,
10. Bereitstellung am Kundenstandort,
11. Managementbeziehungen/Gewerkschaften,
12. Bereitstellung des Services am Anbieterstandort.

Den Kriterien Erfahrung im Outsourcing-Geschäft und Höhe der Gesamtkosten kommt bei der Anbieterbewertung am meisten Gewicht zu. Das Kriterium Erfahrung schließt hierbei bewährte Managementkompetenzen mit ein.

Als eher unbedeutend wird der genaue Standort der Leistungserbringung betrachtet. Ist die Entscheidung für eine Auslagerung gefallen, dürfte die Schlüsselgröße Servicorientierung und nicht Standort heißen.

Die Verbindung von Systemintegration und Systembedienung, wie es das Kriterium an vierter Stelle andeutet, ist eine weitere Bestätigung für die Konvergenzthese (vgl. Kapitel 3.1).

Zum Vergleich sind im folgenden die Selektionskriterien für Systemintegratoren aufgelistet. Vier der ersten fünf Kriterien bilden den für die Systemintegrationsaktivitäten typischen zielbasierten Charakter der Beziehung ab. Ohne die Kombination von branchen-, applikationsspezifischen- und projektbasierten Know-how dürfte ein Anbieter von Systemintegrationsdienstleistungen kaum Chancen haben, in die engere Wahl zu kommen.

1. Branchenerfahrung,
2. spezielles Anwendungswissen,
3. Kosten/Leistung,
4. Systemintegrationsexpertise,
5. Projektmanagement-Skills,

6. Supportfähigkeiten,
7. Serviceorientierung,
8. On-Site-Besuche,
9. Referenzen,
10. Allianzen.

Die Kriterien 6–10 tendieren dazu, eventuelle Schwachpunkte auszugleichen, etwa durch das Eingehen strategischer Allianzen oder durch die Erbringung des Nachweises bisher erfolgreich durchgeführter Projekte vergleichbarer Komplexität.

5.5.2.2 Selektionskriterien allgemein

Die Auswahl eines Outsourcing-Anbieters erfolgt üblicherweise im Anschluß an die Bewertung der einzelnen Angebote anhand klar definierter Kriterien hinsichtlich partnerschaftlicher Eignung oder zielgerichteter Durchsetzungskraft. Die Kriterien müssen in jedem Fall die Anforderungen des Outsourcers an das Dienstleistungsunternehmen widerspiegeln.

(1) Zunächst ist hier die Fähigkeit des Anbieters angesprochen, die geforderten Serviceleistungen zu einem bestimmten Preis innerhalb eines akzeptierbaren Vertragsrahmens zu erbringen und das vereinbarte Serviceniveau auf Dauer zu halten.
(2) Das Risiko, das mit der Anbieterauswahl verbunden ist, zeigt sich in der Betonung der Kriterien Größe und Erfahrung des Dienstleisters.
(3) Zuletzt spielt die Anbieterkompetenz bewertet auf der Grundlage des adäquaten Mix aus Branchen-Know-how und technischer Expertise eine Rolle. Das technische Know-how bezieht sich dabei auf die Betriebssystemumgebung des Kunden bzw. die Informationssystem-Infrastruktur insgesamt.

Daneben bleibt die Erfahrung des Anbieters mit ähnlichen Vorhaben ein signifikanter Wettbewerbsvorteil. Bestand bereits vorher eine langfristige Beziehung zum Anbieter, etwa im Rahmen seiner Funktion als Systemlieferant, so wirkt sich dies ebenfalls vorteilhaft auf die Entscheidung aus. In einer Vielzahl von Fällen beeinflussen aber auch Empfehlungen oder Referenzen eines befreundeten Unternehmens die Wahl des Partners. Für den Fall, daß noch keine Geschäftsbeziehung zum Anbieter besteht, kann die Reputation und der Ruf des Dienstleisters über den Ausgang der Selektionsphase bestimmen.

Auch die Fähigkeit, auf die Kundenbedürfnisse einzugehen, ist in diesem Zusammenhang ein entscheidender Erfolgsfaktor: Hierzu gehört das Vermögen, die Vision des Outsourcing-Kunden zu verstehen und zu teilen, ihm die Kontrolle über sein DV-Schicksal zu erhalten, auf Details zu achten und Vertragsflexibilität bezüglich der Zeithorizonte und Optionen zu beweisen.

Gerade in der letzten Phase des Anbieterselektionsprozesses kommt der Vertragsflexibilität eine entscheidende Bedeutung zu. Auf die Frage, welches Kriterium letztendlich den Ausschlag für die Anbieterauswahl gibt, sticht dieses Merkmal klar hervor. Dies ist unter anderem als Reaktion auf die in der Vergangenheit als zu lang und als zu einschränkend empfundenen Verträge zu interpretieren. So ist ein Wechsel des Anbieters wegen Inflexibilität auch dann noch wahrscheinlich, wenn sich die Entscheidungsinstanzen über den präferierten Outsourcing-Anbieter bereits geeinigt haben. Die Forderung nach Flexibilität bezieht sich aber nicht nur auf die Phase der anfänglichen Vertragsverhandlungen, sondern auf die gesamte Vertragsdauer, da Unternehmen häufig auf halber Wegstrecke in Neu- oder Nachverhandlungen eintreten.

Die Wichtigkeit des Kriteriums kulturelle Kompatibilität wird, Aussagen von Outsourcing-Kunden zu Folge, eher überschätzt. Eine mögliche Erklärung hierfür ist, daß die kulturelle Verträglichkeit sich durch die eventuell bestehenden Geschäftsbeziehungen und/oder die demonstrierte Flexibilität in Vertragsverhandlungen bereits erwiesen hat.

5.5.2.3 Schlüsselkriterien einzelner Unternehmensinstanzen

Die Reputation des Outsourcing-Anbieters besitzt insbesondere für die Finanz- und Unternehmensverantwortlichen eine hohe Bedeutung, da diese Instanzen offenbar nur wenig Berührungspunkte zu den IS- Dienstleistern, zu denen ihre Organisation bereits Geschäftsbeziehungen unterhält, aufweisen. Das IS-Management hingegen scheint aufgrund der direkten Kontakte im Tagesgeschäft hiervon weniger beeinflußt. Für ihre

Instanz	Bedeutung	Selektionskriterien
Finanzleitung	mittlere bis hohe Bedeutung	professioneller Verkauf Kontraktflexibilität Reputation des Anbieters
Unternehmensleitung	hohe Bedeutung mittlere bis hohe Bedeutung	Kontraktflexibilität Kontraktpreis Reputation des Anbieters Preiskalkulation kulturelle Kompatibilität
IS-Management	hohe Bedeutung mittlere bis hohe Bedeutung	Kontrakflexibilität Kontraktpreis Preiskalkulation existierende Geschäftsbeziehung Verkaufsansatz
Quelle: INPUT		

Abbildung 35: Anbieterselektionskriterien

Entscheidung spielt die Qualität der bestehenden Beziehung zum IS-Anbieter die weitaus größere Rolle.

Der Vertragspreis als Selektionskriterium ist überraschenderweise für die Finanzleitung im Hinblick auf die Anbieterselektion nicht so entscheidend wie die Vertragsflexibilität. Dagegen betont die Unternehmensführung und das IS-Management diesen Aspekt um so mehr. Das IS-Management sieht im Outsourcing trotz mancher Widerstände häufig ein geeignetes Mittel zur Reduzierung der Kosten. Ebenfalls benutzt die Unternehmensleitung Kostenvergleiche, um zu entscheiden, welche internen Dienstleistungen ausgelagert werden sollen und welche nicht.

Die Gründe, sich gegen einen Outsourcing-Anbieter zu entscheiden, sind für alle Instanzen ähnlich durch einen entsprechenden Mangel an Expertise in relevanten Bereichen beschrieben. Auch eine unzureichende geographische Präsenz kann, etwa bei Desktop-Services-Outsourcing, ausschlaggebend sein, das Angebot eines Outsourcing-Anbieters zurückzuweisen.

5.5.3 Die Rolle externer Berater

60 Prozent der Unternehmen ziehen externe Beratungsunternehmen zum Bewertungs- und Anbieterauswahlprozeß und/oder in der Vertragsverhandlungsphase hinzu. Nur in seltenen Fällen wird ein Unternehmensberater beauftragt, den gesamten Outsourcing-Prozeß zu begleiten. Grundsätzlich können Beratungsunternehmen den Outsourcing-Kunden effektiv bei der Durchführung folgender Aktivitäten im Outsourcing-Prozeß unterstützen:

(1) Situationseinschätzung: Bewertung der bestehenden Leistungsfähigkeit der Systeme einschließlich strategischer Ausrichtung an Unternehmenszielen, Kosten und Servicequalität. Dies kann auch Applikationen und Informationssystem-Architekturpläne mit einschließen.
(2) Request for Proposal-Vorbereitung: Beratung bei der Aufforderung zur Angebotsabgabe und Unterstützung bei der Entwicklung entsprechender Dokumente.
(3) Modellentwicklung: Die Entwicklung oder Modifizierung von im Evaluierungsprozeß verwendeten Modellen.
(4) Angebotsbewertung: Beratung oder Teilnahme an der Bewertung von Angeboten und der Entwicklung von Gegenangeboten und Nachfragen. Diese Aktivität kann letztendlich zur Abgabe einer formalen Anbieterempfehlung führen.
(5) Vertragsverhandlungen: Beratung oder Teilnahme an Vertragsentwicklungen bzw. -verhandlungen mit dem ausgesuchten Anbieter.

Mehr als 90 Prozent der Outsourcing-Kunden empfinden die Einbeziehung von Beratern als wertvoll für die Durchführung eines Outsourcing-Vorhabens. Insbesondere die Bereitstellung einer Methodologie für den Bewertungs- und Auswahlprozeß, die Vorbereitung von Schlüsseldokumenten wie Request for Proposals und Verträge, die Identifizierung von zusätzlichen Einsparungspotentialen sowie die Entwicklung von Verhandlungsstrategien und die Teilnahme an Verhandlungen wurden von Befragten herausgestellt. Daß ein mit der Materie Outsourcing erfahrener Berater dem Projektteam zur Seite steht, wird häufig allein schon als ein Mehrwert empfunden. Gerade bei komplexeren Vorhaben wie dem Applications Operations oder Desktop Services wird der Bedarf an Beratern mit entsprechender Kompetenz voraussichtlich noch zunehmen.

5.6 Vertragsverhandlung und -gestaltung

Nachdem ein Outsourcing-Anbieter als zukünftiger Partner ausgewählt ist, setzen Vertragsverhandlungen ein, um die im Vorfeld getroffenen Vereinbarungen juristisch abzusichern. Die Ausarbeitung eines Vertrages für ein so umfangreiches Dienstleistungspaket wie im Falle des IS-Outsourcings kann eine komplizierte und oft auch zeitaufwendige Unterfangen darstellen.

5.6.1 Strukturen und Inhalte

Aufgrund der relativen Neuartigkeit von Outsourcing-Verträgen betreten sowohl Unternehmen als auch Juristen ein Feld, in dem es noch an explizit-rechtlichen Definitionen mangelt. Mit ein Grund hierfür ist die Tatsache, daß durch einen Outsourcing-Vertrag aufgrund der Vielfalt der zu erbringenden Informationsverarbeitungsleistungen unterschiedliche Vertragstypen berührt werden. So unterliegt etwa die Überlassung von Standardsoftware dem Kaufrecht, während eine Erstellung von Individualsoftware oder die Anpassung einer Applikation der werkvertraglichen Leistungspflicht zuzuordnen ist. Wartungs- und Pflegeverträge für Hard- und Software müssen nach Art der Dienstleistung unterschieden werden, sind jedoch in der Regel ebenfalls dem Werkvertragsrecht unterstellt. Verträge über Beratungs- und Schulungsleistungen entsprechen hingegen dem Dienstvertrag.

Für den Outsourcing-Vertragstyp existieren bisher keine ausdrücklichen gesetzlichen Bestimmungen. Die jeweils nationalen rechtlichen und gesetzlichen Regelungen finden bei der Erstellung und dem anschließenden Management der Geschäftsbeziehung Anwendung. Im deutschen Rechtsraum gilt grundsätzlich Vertragsfreiheit, und es sind die allgemeinen vertragsrechtlichen Grundsätze maßgebend. Sofern Outsourcing-Verträge keine entsprechenden Klauseln enthalten, ist für die Behandlung von Leistungsstörungen beispielsweise das allgemeine Schuldrecht des Bürgerlichen Gesetzbuches relevant.

Ein Outsourcing-Vertrag über die Erbringung einer bestimmten Outsourcing-Leistung ist in der Regel ein Dienstleistungsvertrag. Er dient zur Regelung einer spezifischen Leistung über die Vertragsdauer hinweg, z. B. der Lieferung von Rechnerleistung, und stellt somit einen Einzelvertrag dar. Zur vertraglichen Regelung der Vielschichtigkeit einer konkreten Outsourcing-Beziehung aber, die eine Verknüpfung mehrerer Dauerleistungsverträge darstellt, gibt es kein allgemeingültiges Vertragsmuster. Die üblicherweise in Outsourcing-Verträgen aufgenommenen Regelungen können jedoch zunächst als Anhaltspunkte für eine Vertragsgestaltung dienen. Hierzu zählen:

- Umfang der Dienstleistung des Anbieters,
- Personalbereitstellung,
- Leistungsvergütung,
- Mitwirkungspflichten des Kunden (z. B. Bereitstellung relevanter Informationen über Organisationsstrukturen),
- Ort der Informationsverarbeitung (Verarbeitung »Inhaus« oder beim Dienstleister),
- Ablösung oder Übernahme der existierenden Infrastrukturen,
- Eigentumsrechte an selbst erstellter Software,
- Datenschutz und Datensicherheit,
- Katastrophenschutzmaßnahmen,
- Vertragsdauer,
- Regelungen über vorzeitige Vertragskündigung,
- Vertragsstrafen bei unvollständiger, verspäteter oder nicht erbrachter Leistung,
- Insolvenzfall des Kunden sowie des Anbieters,
- Software-Entwicklung und -Wartung,
- Hardware-Modifikation,
- Übergabe der Infrastruktur bei Vertragsende.

In der Praxis wird meist ein Rahmenvertrag geschlossen, um die Verknüpfungsproblematik der einzelnen Vertragstypen zu lösen. Durch den Rahmenvertrag, der allgemeine Vertragspflichten sowie alle Bestimmungen, die sich bei Einzelverträgen wiederholen würden, enthält, wird die komplexe Outsourcing-Leistung geregelt und eine hohe Flexibilität in der Partnerschaft erreicht. Dem größeren Risiko von Auslegungsstreitigkeiten und Meinungsverschiedenheiten muß dann durch Festschreibung einer Nachverhandlungsklausel begegnet werden. Die Regelung der jeweiligen vertragsgegenständlichen Leistungen erfolgt in Einzelverträgen. Hier sind alle Leistungsmerkmale und -daten sowie besondere Pflichten zu vereinbaren, wodurch unter anderem die Beurteilung der vertragsgemäßen Leistungserbringung sichergestellt werden kann.

Die Regelung der Leistungsvergütung erfolgt üblicherweise ebenfalls in den Einzelverträgen oder ist als Nachtrag zugefügt. Je nach Art der bezogenen Dienstleistung stehen verschiedene Alternativen zur Verfügung. Zunächst besteht die Möglichkeit einer Verrechnung nach verfügbaren Kapazitäten, d.h. einer ressourcenbasierten Preiskalkulation. Diese auf MIPS (Million Instructions per Second) oder CPU-Zeiten basierende Berechnung wird vor allem bei bereitgestellten Rechenzentrumsdienstleistungen verwendet. Beziehen sich die Kapazitäten auf Personal, so werden Anzahl und Stunden der Kalkulation zugrundegelegt. Die Berechnung eines Datenbankservices erfolgt nach Anzahl der Transaktionen. Die Kalkulation für Professional Services basiert zumeist auf einer Fixpreisvereinbarung pro Zeiteinheit, die in Abhängigkeit vom Qualifikationsgrad der Servicemitarbeiter entsprechend gestaffelt sein kann. Sind mehrere der genannten Leistungen Bestandteil der Outsourcing-Partnerschaft, so ist eine Kombination der verschiedenen Preiskalkulationsschemata angebracht. Andere Möglichkeiten sind ebenfalls denkbar. So vereinbarte ein amerikanisches Bankhaus mit seinem Outsourcing-Partner als Kalkulationsgrundlage die Anzahl der Kundenkonten. Ein anderer Kunde vereinbarte ein abgestuftes Preisschema, basierend auf dem voraussichtlichen Geschäftswachstum.

Aus Gründen der Kostenkalkulierbarkeit wird von Kunden oftmals ein Fixpreis pro Zeiteinheit gewünscht. Hierbei ist jedoch zu beachten, daß im Falle von notwendigen Kapazitätserweiterungen oder gestiegenem Personalbedarf Nachverhandlungen zur Leistungsvergütung notwendig werden. Auch ein Wandel in der Unternehmenspolitik als Folge von Mergers & Acquisitions ebenso wie das Erfordernis neuer Anwendungen oder eines Plattformwechsels können erneute Preisverhandlungen auslösen. Die Bedingungen, unter denen Preisvereinbarungen neu verhandelt werden können, sollten vorab als Standardelemente in den Vertrag aufgenommen werden.

Enthält der Outsourcing-Vertrag Vereinbarungen über Applikationen, die entweder im Besitz des Anbieters sind oder von ihm entwickelt wurden, darf es über die Eigentümerrechte keine Zweifel geben. Es ist die Anwendungssoftware und nicht die zur Verfügung gestellte Verarbeitungskapazität, die langfristig den signifikanten Wert für den Kunden repräsentiert. Folgende Fragen bedürfen daher einer eindeutigen Klärung:

- Erhält der Kunde das Recht, die im Besitz des Anbieters befindliche Software zu behalten, wenn er die Informationsverarbeitung wieder einlagert oder den Anbieter wechselt?
- Welche Rechte besitzt die Vertragsparteien, wenn die Applikationssoftware speziell für den Kunden entwickelt worden ist?
- Welche Rechte haben die Vertragsparteien für den Fall, daß die Software vom Kunden entwickelt worden ist, aber vom Anbieter erweitert und gepflegt wurde?

Langfristig ist auch das Verhalten bei einem Wechsel der Anforderungen an die Informationsverarbeitung in die Überlegungen mit einzubeziehen. Nichts bleibt konstant, sogar wenn das gemeinsame Ziel der kleinste gemeinsame Nenner, die »Fixpreis-easy-to-understand«-Geschäftsbeziehung sein sollte. Die Festlegung eines Rahmenentwurfes, um solche Verhandlungen nachträglich ohne Störungen des Basisvertrages bewältigen zu können, sollte daher immer in Betracht gezogen werden. Gleichzeitig ist dies auch ein guter Test, um festzustellen, wie ernsthaft der Anbieter tatsächlich an einer langfristigen und flexibel gestalteten Partnerschaft interessiert ist.

Bei der Festsetzung der Vertragsdauer ist ein Trend zu Verträgen mit einer durchschnittlichen Laufzeit zwischen drei und fünf Jahren zu beobachten. Während in der Vergangenheit eher 10-Jahres-Verträge präferiert wurden, sind bei neueren Vertragsabschlüssen kürzere Laufzeiten üblich geworden. Das Interesse der Unternehmen an einer kürzeren Vertragsdauer besteht hauptsächlich darin, eine größere Flexibilität zur Anpassung an geänderte Anforderungen durch Neuverhandlungen zu gewinnen. Diese Absicht resultierte aus den Erfahrungen, die Kunden bei Nachverhandlungen innerhalb ihrer langfristig abgeschlossenen Outsourcing-Verträge machten. So fühlten sich Outsourcing-Kunden ungerecht behandelt, als die Outsourcing-Anbieter ihre Preise bei gestiegenen Transaktionsvolumina, wie vertraglich vereinbart, anhoben. Diese Preisanhebung spiegelte dabei nicht die für die Anbieterseite verbesserte Einkaufssituation für leistungsfähigere Hardware wider. Mittlerweile wird die Möglichkeit von Nachverhandlungen vertraglich fixiert. Daß die Implementierung technologischer Neuerungen nicht mehr nachträglich verhandelt werden muß, ist heute allerdings üblich. Der Service des Anbieters schließt durch Festlegung entsprechender Vertragsklauseln bei Marktneuheiten eine automatische Modifikation der

Hardware mit ein. Dennoch ist die Tendenz zu kürzeren Vertragslaufzeiten zu beobachten. Mit ein Grund hierfür dürfte die steigende Wettbewerbsintensität auf dem Markt für Outsourcing-Leistungen sein.

5.6.2 Aspekte des Verhandlungsprozesses

Aus Diskussionen mit IS-Managern, die bereits Erfahrungen mit der Durchführung von Outsourcing- Vertragsverhandlungen gesammelt haben, wird ersichtlich, daß der Erfolg und die Dauer des eigentlichen Verhandlungsprozesses sehr stark von den Arbeiten im Vorfeld des Vertragsabschlusses abhängen. Bestehen genaue Vorstellung über die Geschäftspartnerschaft? Ist die Entscheidung ausreichend gut durchdacht worden? Sind die einzelnen Komponenten hinreichend definiert und verstanden? Dann können die vertraglichen Angelegenheiten um so weniger kompliziert und zeitaufwendig ausfallen. Die Dauer von Vertragsverhandlungen variiert, so zeigt die Praxis, zwischen zwei Wochen und dreieinhalb Monaten.

Die Vertragsverhandlungen werden in der Regel entweder vom IS-Management federführend übernommen oder von einem Team durchgeführt. Im Falle des Teamansatzes sind sowohl technisch/organisatorisches Personal als auch die Finanzleitung und rechtskundiger Beistand beteiligt. Der Finanzleitung des Unternehmens kommt in dieser Phase vornehmlich die Aufgabe zu, die vorgeschlagenen finanziellen Vertragsbedingungen zu überprüfen und die Führung bei Verhandlungen bezüglich besonderer finanzieller Regelungen, wie etwa der Zahlung bei Leistungsverzug oder Leistungsnichterfüllung, zu übernehmen. Das Einholen von Beratung seitens rechtskundiger Outsourcing-Experten ist grundsätzlich zu empfehlen.

Eine Reihe von Elementen sollte sich der Outsourcing-Kunde noch vor der Phase der Vertragsverhandlung verdeutlicht haben. Hierbei handelt es sich um:

- Klarheit über Unternehmensziele,
  Festlegung der Leistungs-Maßstäbe,
- zukünftige Aufgaben der Mitarbeiter des Unternehmens,
- Anbieterverhalten in bezug auf personalpolitische Aspekte,
- Beschreibung der Arbeitsbeziehungen,
- Rechte für Anwendungssoftware,

- Definition und Kontrolle der IS-Architektur,
- Basis für Flexibilität.

Mit der genauen Definition der Unternehmens- bzw. Informatikziele und der Leistungsmaßstäbe werden wichtige spätere Kontrollelemente vorab definiert. Werden die Kundenmitarbeiter genügend vorbereitet und sind die Anbieterziele bezüglich des internen DV-Personals klar, können größere Überraschungen vermieden werden.

Der Verhandlungsprozeß beginnt somit schon vor dem Anbieterauswahlprozeß, bereits nachdem die einzelnen Outsourcing-Spezifikationen feststehen. Es können vier verschiedene Phasen über die gesamte Verhandlungsdauer hinweg identifiziert werden. So gesehen ist der Prozeß kein monolithischer Schritt zwischen der Anbieterselektions- und Implementierungsphase. Die eigentliche Vertragsverhandlung ist nur eine Teilphase.

Eine der erste Anfragen an den Anbieter, der ernsthaft in die Auswahl einbezogen wird, sollte der Nachweis eines Beispielvertrages sein. Beinahe alle Anbieter dürften über Beispielkontrakte verfügen. Selbst wenn dem Schema eines solchen Vertragsentwurfes nicht gefolgt werden soll, läßt er doch Rückschlüsse darauf zu, wie der einzelne Anbieter die Kundenbeziehung zu definieren pflegt und zu gestalten beabsichtigt.

Phase	**Ziele/Aktivitäten**
Beobachtungsphase	Klarheit über Unternehmensziele Grob-Anbieterauswahl
Definitionsphase	Definition der Geschäftsbeziehung (ohne Rechtsanwälte) Nachdruck auf Service und Flexibilität Definition der Verantwortung für den Übergangsprozeß
Verhandlungsphase	(Kurzhalten) Incentives auf beiden Seiten Klarheit über personalpolitische Aspekte
Kontrollphase	Fähigkeit, den Plan anzupassen Kontrolle durch Lenkungsausschuß
Quelle: INPUT	

Abbildung 36: Vertragsverhandlungsprozeß

Wie bereits weiter oben erwähnt ist der Schlüssel zu einem erfolgreichen Vertrag eine klare Definition der erwünschten Geschäfts- bzw. Partnerschaftsbeziehung. Ist dieses erfolgt, so wird der Vertrag darüber diesen Aspekt eher verstärken als verkomplizieren.

Im Rahmen von Vertragsverhandlungen ergeben sich für beide Seiten bestimmte Verhaltenspflichten. Solche können für den deutschen Rechtsraum aus dem Grundsatz von Treu und Glauben abgeleitet werden. So muß der Anbieter beispielsweise (vor-)vertragliche Aufklärungs- und Beratungspflichten in Abhängigkeit von der Entscheidungskompetenz des Kunden wahrnehmen. Auf Kundenseite besteht dagegen dahingehend die Pflicht zur Mitwirkung, dem Anbieter die zur vereinbarten Leistungserbringung notwendigen Informationen zur Verfügung zu stellen.

5.7 Implementierung

Der Übergang von der internen Datenverarbeitung zum Fremdbezug von Informationsverarbeitungs-Dienstleistungen ist eine der am meisten unterschätzten Aufgaben, sowohl was die Zeit als auch den Managementaufwand hierfür betrifft. Es handelt sich gleichzeitig aber auch um eine der wichtigsten Aufgaben. In dieser Phase werden die anfänglichen Muster der Kommunikation zwischen Anbieter und der internen Organisation festgelegt, die wahrscheinlich die ganze Vertragsdauer hindurch maßgebend sein werden. Des weiteren können eine Vielzahl von Fragen auftauchen, die in den Vertragsverhandlungen bisher noch keine Berücksichtigung fanden und die nun Ad-hoc-Lösung erfordern. Diese gefundenen Lösungen werden dabei höchstwahrscheinlich zu »Präzedenzfällen« für die gesamte Dauer des Vertrages. Ebenfalls erfolgt in dieser Phase spätestens die Einbeziehung der Endanwender, die mit dem Anbieter bisher noch wenig vertraut werden konnten.

Die Verantwortung für die Durchführung der Umstellungsaktivitäten wird entweder einem Projektteam oder jener internen Organisationsfunktion übertragen, die langfristig die größte Verantwortung für das Management der Anbieterbeziehung innehaben wird. In den meisten Fällen handelt es sich dabei um das IS-Management.

Die Zeit, die Unternehmen zur Verfügung steht, um diese Übergangsphase zu bewältigen, variiert erheblich. Vor allem bei der Übernahme der Anwendungen wird in der Anfangsphase vieles umgestellt. Das Bestreben zum Einsatz von Standardsoftware kann zunächst umfangreiche Systemintegrations-Dienstleistungen erfordern, welchen dann eine Übernahme der IS-Verantwortung folgt. Zur Orientierung sollte ein mit dem Anbieter gemeinsam erarbeiteter Realisierungszeitplan dienen, der eine möglichst exakte Terminierung der einzelnen Schritte aufweist. Eine generelle Aussage über die Dauer dieser Phase ist jedoch nicht möglich. Einige Aspekte, die diesen Sachverhalt beeinflussen, können jedoch identifiziert werden:

- Verträge, die ein Applications Operations einschließen, scheinen längere Übergangsphasen zu erfordern. Das Personal-, Prozeß- und Benutzermanagement zusammen mit der Übernahme und/oder dem Reengineering von Entwicklungsaktivitäten erfordert einen tendenziell größeren Zeitrahmen, um die Beziehung zu stabilisieren.
- Gleiches gilt für den Fall, daß Einrichtungen oder Personal auf den Anbieter übergehen.
- Waren die Managementverantwortlichen (intern oder Anbieter) für die Übergangsphase nicht bereits in der Vertragsverhandlungsphase involviert, wird der Fortgang des Prozesses durch das Phänomen Lernkurve erheblich verlangsamt.

Trotz umfassender Maßnahmen, die einen korrekten und erfolgreichen Verlauf dieser Phase zu sichern versuchen, ist eine perfekte Planung und spätere Ausführung bis in das letzte Detail in der Praxis kaum möglich. Um so wichtiger ist daher die Existenz einer gesunden Vertrauensbasis zwischen dem Outsourcing-Kunden und dem Outsourcing-Anbieter. Garant für dieses gegenseitige Vertrauen ist die häufige und offene Kommunikation miteinander über das Abhalten formaler Besprechungen hinaus. Die intensive und ständige Kommunikation wird aus der Kundensicht daher als wichtiger Maßstab für eine erfolgreiche Zusammenarbeit empfunden. Ist ein Anbieter willens und fähig, Kundenwünschen schnell und unbürokratisch zu entsprechen, so wird das vom Kunden weitaus höher eingeschätzt als eine akkurate Planung aller durchzuführenden Maßnahmen oder die Regelmäßigkeit, mit der die formellen Treffen abgehalten werden. Hoch bewertet wird auch das Maß an Professionalität der eigenen und externen Mitarbeiter für den Erfolg der Outsourcing-Partnerschaft. Als weniger wichtig wird dagegen die Präsenz des Anbieters nach Abschluß der Implementierungsphase angesehen. Während der Umstellungsphase ist ein professionelles »trouble shooting« zwar explizit erwünscht, doch nimmt der Bedarf mit zunehmender Konsolidierung ab (vgl. Abbildung 37).

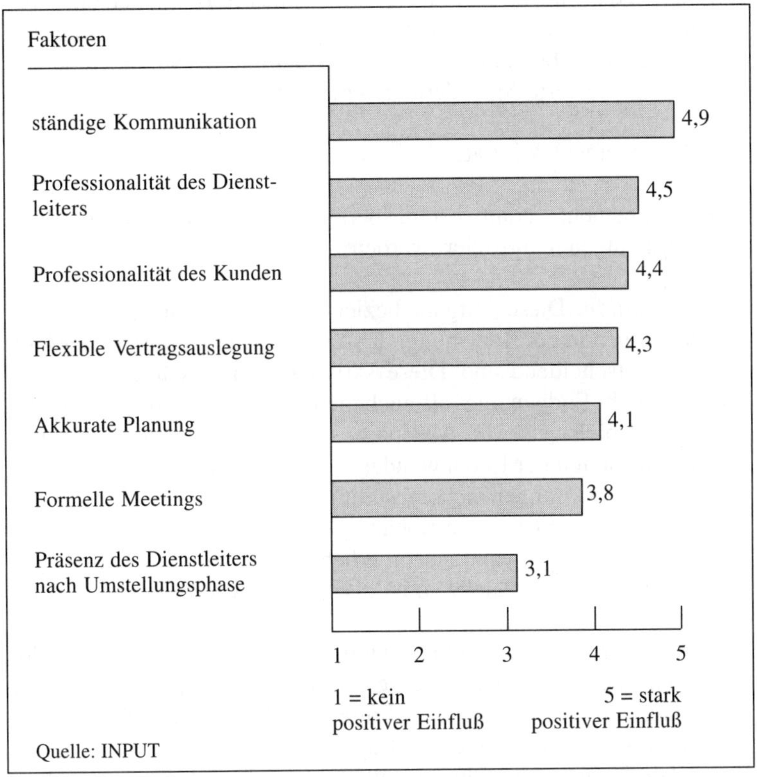

Abbildung 37: Erfolgsfaktoren einer Outsourcing-Beziehung

5.8 Management der Anbieterbeziehung

Mit Abschluß des Übergang der Informationsverarbeitung auf den Anbieter beginnt das Tagesgeschäft, und das Unternehmen löst sich endgültig von einer eventuell bis dahin noch vorherrschenden Projektorientierung. Es übergibt die Verantwortung für das weitere Management einer bestimmten Unternehmensfunktion bzw. Unternehmensinstanz. So überwacht in den meisten Fällen das IS-Management in einem ständigen Anpassungsprozeß die weitere Entwicklung der Informationsverarbeitung. An das im Unternehmen verbleibende Informatikpersonal werden aufgrund der aus der Auslagerung der Informationsverarbeitung resultierenden umfassenden Reduzierung der intern wahrzunehmenden Aufgaben veränderte Anforderungen gestellt.

5.8.1 Managementaktivitäten

Vier Management-Verantwortungsbereiche können auf der Grundlage von Befragungen identifiziert werden:

Kommunikation: Diese Aufgabe bezieht sich auf Vereinbarungen oder Veränderungen in der Beziehung, die für den weiteren Verlauf der Partnerschaft entscheidend sind. Diese Aktivität ist meist sehr komplex und betrifft sowohl Endbenutzer als auch die DV-Leitung und den Anbieter. So muß beispielsweise die Akzeptanz der fremdbezogenen Dienstleistungen auf Seiten der Endanwender durch verstärkte Kommunikation mit den Fachabteilungen sichergestellt werden.
Verwaltung des Vertrages: In Abhängigkeit vom spezifischen Kontrakt variieren Zeit und Aufwand hierfür erheblich. Gewöhnlich schließt dieser Bereich eine breite Palette von Aktivitäten auf wiederkehrender Basis ein.
Leistungsmessung: Dies umfaßt Sammlung, Analyse und Verifikation der Daten, die für die Messung der Anbieterperformance vertraglich vereinbart worden sind. Diese wichtige Aufgabe besitzt laufende finanzielle Implikationen für beide Vertragsparteien.
Neuverhandlungen: Über die gesamte Vertragsdauer hinweg, vor allem aber zum Zeitpunkt der Vertragserneuerung stehen Verhandlungen und Diskussionen über das Serviceniveau, die Preise und andere Schlüsselaspekte des Vertrages auf der Tagesordnung. Wie einfach diese Aktivitäten zu bewältigen sind, hängt stark von den im Vertrag geschlossenen Vereinbarungen ab.

Somit ist durch Outsourcing von einem stark erweiterten Aufgabenumfeld der IS-Abteilung auszugehen. Hieraus können allerdings Probleme bei der Rekrutierung von spezialisiertem Informatikpersonal auftauchen, dessen informatikbezogene Fachkompetenz von integrativen Fähigkeiten ergänzt wird. Die einzige Instanz, die ebenfalls mit diesen Aufgaben betraut werden könnte, ist die Finanzabteilung oder ein Lenkungsausschuß.

5.8.2 Das Instrument Lenkungsausschuß

Der IS-Lenkungsausschuß ist ein in der Vergangenheit häufig vorgeschlagenes, aber selten effektiv eingesetztes Mittel, auch um die Unternehmensleitungen stärker in die Informationssystemplanungs- und -entscheidungsprozesse einzubeziehen. Eine solche Konstruktion soll verschiedene Organisationsebenen beider Vertragsparteien zusammenfassen und hat die Aufgabe, die in der Geschäftsbeziehung durchzuführenden Aktivitäten zu lenken, um eine kontinuierliche Fortentwicklung der Outsourcing-Partnerschaft zu gewährleisten. Der Lenkungsausschuß stellt gewissermaßen ein Ideal für das Management einer Outsourcing-Partnerschaft dar. Abbildung 38 zeigt einen Rahmenentwurf für einen Outsourcing-Lenkungsausschuß.

Die Partnerschaft bedarf grundsätzlich eines Forums für einen strukturierten Austausch und strukturierte Planungsprozesse, das unabhängig von der täglichen Schnittstelle ist. Die primäre Schnittstelle sollte dabei auf Anbieterseite mit einem Account Manager besetzt sein. Dieser Aufgabenträger zeichnet für das Tagesgeschäft ebenso wie für die Gesamtbeziehung verantwortlich. Im Falle eines Lenkungsausschusses

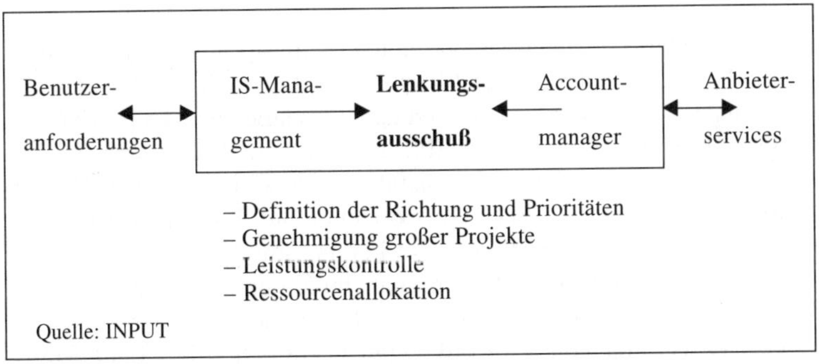

Abbildung 38: Outsourcing-Lenkungsausschuß

verfügt sowohl der Account-Manager als auch das IS-Management über eine Infrastruktur, die es ihnen erlaubt, die Geschäftsbeziehung auch einmal aus größerer Entfernung zu betrachten. Ohne einen Lenkungsausschuß ist diese weite Perspektive nicht einfach zu entwickeln.

Der Lenkungsausschuß bietet darüber hinaus auch eine Möglichkeit, das operative Management in die Beziehung mit dem Outsourcing-Anbieter auf einer Routine- oder Ad-hoc-Basis einzubeziehen während es von der täglichen Schnittstelle und Kommunikation ferngehalten wird. Sobald eine Änderung in der Beziehung unvermeidlich sein sollte, dient dieses Forum dem Kundenmanagement, seine Forderungen zu artikulieren.

5.8.3 Meßvariablen

Die Ansätze, die Anbieterperformance zu bewerten und zu messen, unterscheiden sich stark. In den meisten Fällen sind bestimmte Kriterien und Parameter elementare Bestandteile der Vertragsverhandlungen bzw. des Vertragsabschlusses. Sie spiegeln gewöhnlich auch die entscheidenden Anbieterselektionskriterien wider (siehe Abschnitt 5.5.2.3). Es kann davon ausgegangen werden, daß beinahe alle Outsourcing-Kunden irgendeine Form von formalem Meßsystem installiert haben und einsetzen.

5.8.3.1 Charakter

Die verwendeten Leistungskriterien variieren je nach Outsourcing-Kategorie:

Platform Operations: Die Meßvariablen für diese Outsourcing-Kategorie sind gut verstanden und etabliert. Sie sind einfach anzuwenden und mit den gemachten Vertragszusagen leicht abzugleichen. Es handelt sich hauptsächlich um die Größen MIPS (gelieferte totale MIPS pro Monat, gemäß Vertragsvereinbarung), Ausfallzeit (Ausfallzeit pro Tag), Antwortzeiten (durchschnittliche Antwortzeiten auf Terminal oder Server initiierte Transaktionen), Stapelverarbeitung und Help-desk-Response (Beantwortungszeit auf Anfragen, manchmal qualitative Einschätzung notwendig). Dennoch existieren einige Probleme:

Das Feststellen von Schwankungen bezüglich MIPS oder Transaktionsraten im laufenden Prozeß ist schwierig. Um dieses Problem zu handhaben, nutzen eine Reihe von Unternehmen periodische Benchmarktests.

Die Messung der Antwortzeiten im Hinblick auf ein individuelles Terminal ist äußerst schwierig und komplex. Unternehmen ziehen z. B. Transaktionen von traditionellen 3270 Terminals auf Client-Server oder LAN-basierte PCs herunter. Wenn der Outsourcer den Mainframe und/oder das Netzwerk kontrolliert, aber nicht auch die Kontrolle über das Transaktionsmanagement auf verteiltem Niveau wahrnimmt, sind genaue Messungen kaum möglich.

In meßtechnischer Hinsicht ist das Help-desk-Management ein weiterer Problembereich. Es ist wesentlich einfacher, die Zeitspanne zu messen, die zwischen Frage und Antwort liegt, als die Qualität oder Nützlichkeit der Antworten. Einige Anbieter benutzen deshalb Systeme, die das direkte Feedback der Endbenutzer in bezug auf die Qualität dieser Funktion ermöglichen. Andere begnügen sich mit periodischen Umfragen.

Applications Operations: Die Handhabung dieses Bereichs erweist sich für beide Parteien als äußerst schwierig in bezug auf die Messung geeigneter Leistungsvariablen. Als Kriterien können die in der Praxis noch wenig verwendeten »Function Points«, die gemäß einem monatlichen Zeitplan zu liefern sind, dem Projektfortschritt und der Projektmannschaft dienen. Wäre der Gebrauch von »Function Points« von Anbieterseite üblicher, wäre dieser Meßansatz auch für Kunden aller Wahrscheinlichkeit nach populärer, um den Fortschritt von Entwicklungsaktivitäten zu messen. Viele Firmen halten hingegen die Investitionen für das Installieren eines Systems zur Messung von Functions Points für zu aufwendig. Es existiert eine Vielzahl anderer Meßsysteme, wie z. B. gelieferte Zeilen »lines of debugged«, aber nur wenige korrelieren tatsächlich mit dem Wert der gelieferten Funktionalität.

Die meisten Unternehmen verlassen sich daher lediglich auf die Überwachung der eingehaltenen Zeitpläne für die Projektphasen, um die Performance der Entwicklungsaktivitäten zu messen. Die Bestimmung der Qualität der gelieferten Leistung ist ein weiteres Problem. Die meisten Kundenunternehmen gehen automatisch davon aus, daß ein die geforderten Funktionalitäten aufweisendes System gleichzeitig auch immer den gewünschten Qualitätsanforderungen entspricht. Ist der Prozeß der Festlegung der Anforderungen gut bewerkstelligt worden, ist dies vielleicht eine noch durchaus akzeptable Vorgehensweise, aber nur solange, bis bessere Meßtechniken hierfür verfügbar sind.

Wo Unternehmen Platform und Applications Operations zusammen auslagern, erreicht das Problem der Meßbarkeit der Leistung eine neue Dimension. Die Effizienz, mit der neue Applikationen implementiert werden, beeinflußt in starkem Maße die benötigten Ressourcen und Antwortzeiten auf Seiten der Hardware-Plattformen. Die Einführung neuer Anwendungssysteme dürfte Änderungen in Netzwerk- und Benutzer-Workstation-Konfigurationen nach sich ziehen. Dies verändert die gesamte Systemumgebung und hat demzufolge auch Einfluß auf das Meßsystem.

Network Management: Ebenso wie bei Platform Operations sind die Variablen für die meisten Netzwerkmanagementaktivitäten einfach zu handhaben und bis zu einem gewissen Ausmaß mit Hilfe von speziellen Software-Paketen direkt meßbar. Kunden, die mit dem Management und der Performance ihrer Netzwerke hochzufrieden sind, geben an, sie verlassen sich sehr stark auf Echtzeitsysteme, die die Netzwerkleistung und das -volumen überwachen, Netzwerkfehler identifizieren und gleichzeitig isolieren und in einigen Fällen auch potentielle Netzwerkausfälle vorhersagen.

Desktop Services: Viele Unternehmen halten das Überwachen der Installationszeitpläne zusammen mit Reparaturzeiten und Update/Upgrade-Aktivitäten für adäquate Instrumente zur Leistungsmessung. Die operativen Anforderungen können hiermit zwar kontrolliert werden, aber es bleibt das Problem der Qualitätsmessung der Hotline-Antworten, wie bereits im Fall Platform Operations geschildert.

Trotz aller Meßprobleme herrscht bei den meisten Kundenunternehmen die Überzeugung vor, daß sie, nachdem sie alle oder signifikante Teilbereiche der Informationsverarbeitungs-Funktion ausgelagert haben, über weitaus bessere Kontrollmöglichkeiten verfügen als vorher. Dies ist nicht weiter überraschend: Die Generierung von Informationen, die ein »Request for Proposal« ermöglichen, erfordert, die interne Informationsverarbeitung – vielleicht zum erstenmal überhaupt – genauestens zu analysieren. Außerdem vereinbaren viele Outsourcing-Verträge gleitende Preiskalkulationsschemata, basierend auf dem tatsächlichen Ressourcenverbrauch. Daher erfordert die Verwaltung des Vertrages selbst ein höheres Maß an Disziplin in bezug auf den Prozeß der Leistungsmessung, als es bei einem einfachen internen Reporting verlangt wird.

5.8.3.2 Anwendungshäufigkeit

Gemäß Befragungen folgt die Häufigkeit der Nutzung bestimmter Meßvariablen in Abhängigkeit von der Outsourcing-Kategorie den Angaben in den Abbildungen 39 und 40.

Im Falle von Platform und Network Operations wird auf die Messung der Gesamtverfügbarkeit des Systems abgestellt. Im Falle von Applications Operations steht die Überwachung der Projektergebnisse an erster Stelle. Dennoch sollte beachtet werden, daß sich die konkrete Ausgestaltung dieses spezifischen Meßvariablen von Vertrag zu Vertrag stark unterscheiden kann.

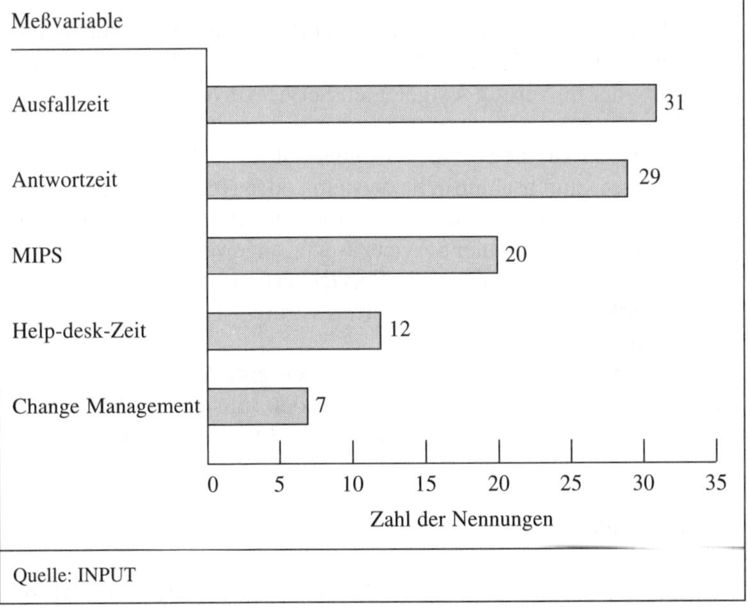

Quelle: INPUT

Abbildung 39: Häufigkeit der Nutzung bestimmter Meßvariablen bei Platform und Network Operations

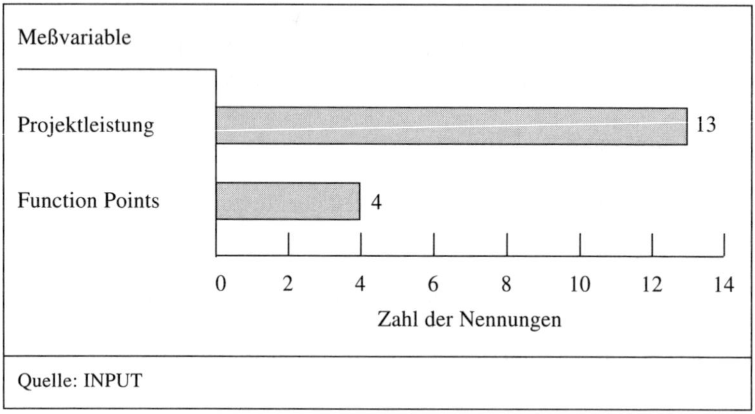

Abbildung 40: Häufigkeit der Nutzung bestimmter Meßvariablen bei Applications Operations

Im allgemeinen werden auf monatlicher Basis erhobene volumen- oder nutzungsabhängige Meßvariablen genutzt, um die Einhaltung der unteren Grenze der im Vertrag festgelegten Serviceverfügbarkeit festzustellen.

Meßvariablen für die Serviceverfügbarkeit, wie z. B. Projekterfüllung nach Zeitplan, durchschnittliche System- oder Netzwerkantwort- und Help-desk-Zeiten sowie -Qualität, werden üblicherweise zur Messung der Performance bestimmter Servicezusagen angewendet. Abhängig vom spezifischen Vertrag könnten die Serviceverfügbarkeitsvariablen auch genutzt werden, um die Höhe der Vertragsstrafe bei Leistungsnichterfüllung festzusetzen.

Schließlich dürften einige Unternehmen eine Kombination dieser beiden Meßvariablen-Kategorien anwenden, um einen Wert für die Gesamtperformance des Anbieter für eine bestimmte Periode zu erhalten.

5.8.4 Kontrolle

Unabhängig von den jeweiligen Variablen, die zur Messung der Anbieterperformance herangezogen werden, erfolgt der Kontrollzyklus meist auf einer monatlichen Basis. Zusätzlich bauen einige Anbieter aber noch Kontrollprozesse auf, die nicht notwendigerweise Vertragsbestandteil sein müssen, um sich gegen möglicherweise unangenehme Überraschungen am Monatsende abzusichern. So gibt es wöchentlich und sogar täglich abgehaltene Besprechungen, die zur Überprüfung operationaler Probleme, die z. B. bei Network- oder Platform-Operations-Verträgen auftauchen können, dienen. Andere Unternehmen verfassen tägliche Statistiken über die Netzwerkperformance und machen sie jederzeit, jedermann verfügbar. Manche Unternehmen installieren sogar »Alarm«-Systeme, die von Benutzern, dem IS-Management oder dem Anbieter ausgelöst werden können und sich auf Sachverhalte beziehen, die einer sofortigen Lösung bedürfen. In der Reifephase der Partnerschaft wird es eher üblich, daß monatliche Treffen zu formalen Foren für die Präsentation des Status quo werden.

5.8.5 Die Insourcing-Option am Vertragsende

Die Phase des Managements der Outsourcing-Partnerschaft kann sich bei einer Vertragsverlängerung über die ursprünglich vereinbarte Vertragsdauer hinaus verlängern. Die Entscheidung zur Fortführung wird dabei durch den erneuten Eintritt in die Initialisierungs- bzw. Analysephase eingeleitet. Die im Rahmen des Outsourcing neu entstandenen Problemfelder können ein Unternehmen aber auch veranlassen, zu einer Eigenerstellung der Informationsverarbeitung zurückzukehren. Zwar sind bisher kaum Fälle bekannt, in denen Outsourcing-Kunden nach einer umfassenden Auslagerung die Informationsverarbeitung wieder in Eigenregie betrieben, so daß von einem hohen Grad an Zufriedenheit in bestehenden Outsourcing-Beziehungen ausgegangen werden kann.

Dennoch sollten schon vor dem Vertragsende bestimmte Vorkehrungen getroffen werden, um eventuell eine reibungslose Reorganisation der Informationsverarbeitung zu gewährleisten. Jedes Unternehmen sollte daher grundsätzlich, noch bevor es ein Outsourcing der Informationsverarbeitung überhaupt durchführt, das Potential für ein Zurückholen der Informationsverarbeitung abschätzen. So ist zu beachten, daß sich z. B. das interne Know-how in bezug auf Anwendungen infolge eines Applications-Outsourcing-Vertrages stark reduziert. Ein Vertrag über die Auslagerung der Plattformen oder des Netzwerkes hat die Verminderung extensiven technischen Wissens und der System- und Personalkompetenzen zur Folge. Lediglich mit der Durchführung eines Transition Outsourcing sind im Regelfall kaum langfristige Konsequenzen verbunden. Wenn ein Outsourcing-Anbieter die Verantwortung für die existierende DV-Umgebung übernimmt, während eine neue Technologie oder ein neues Anwendungssystem implementiert wird, dann müssen die alten Systeme bzw. Fähigkeiten nicht weiterhin unterstützt und gepflegt werden, da sie nach Abschluß des Vertrages ohnehin nicht mehr benötigt werden – zumindest im Kundenunternehmen.

5.8.5.1 Anbieterperspektive

Anbieter bemerken im Zusammenhang mit der Insourcing-Option, daß dies kein kritischer Aspekt sei. Sie versichern ihren Kunden in der Regel, bei einem eventuellen Insourcing-Vorhaben behilflich zu sein. Dies betrifft auch Lizenzen für Software-Eigentum und die Unterstützung bei der Schulung neuer Mitarbeiter.

Beinahe alle Anbieter sagen in Untersuchungen durchweg aus, bisher mit keinen Überlegungen oder Entscheidungen von sehr großer Tragweite bezüglich eines Insourcing gegen Ende eines Outsourcing-Vertrages konfrontiert gewesen zu sein. Darüber hinaus belegen Analysen, daß das Outsourcing-Konzept im allgemeinen zunehmend an Attraktivität gewinnt und institutionalisiert wird. Können sich die IS-Verantwortlichen und die Fachabteilungen als Ganzes auf ihre Kernaktivitäten konzentrieren, werden sie auch bei Auslaufen des ursprünglichen Vertrages kaum noch Interesse daran zeigen, sich erneut um den Betrieb und die Wartung der IV-Prozesse und -Systeme zu kümmern, lautet eine Begründung für diesen Trend. Häufiger ist sogar der Wunsch nach Erweiterung oder auch die Modifikation der Outsourcing-Beziehung auf halbem Wege oder kurz vor Auslaufen des Vertrages anzutreffen. So bestätigt eine im Jahre 1993 von INPUT unter französischen, englischen und deutschen Outsourcing-Kunden durchgeführte Befragung diese Behauptung. 33 von insgesamt 37 Befragten beabsichtigten eine Fortsetzung ihrer Outsourcing-Aktivitäten. Davon stellten wiederum 30 in Aussicht, ihre bisherigen Aktivitäten in diesem Feld noch auszuweiten. Kurzfristig waren damit vor allem Rechenzentrumsdienstleistungen und Transition Outsourcing angesprochen. Andere Outsourcing-Kategorien werden mittel- bis langfristig aber verstärkt angegangen (vgl. Abbildung 41).

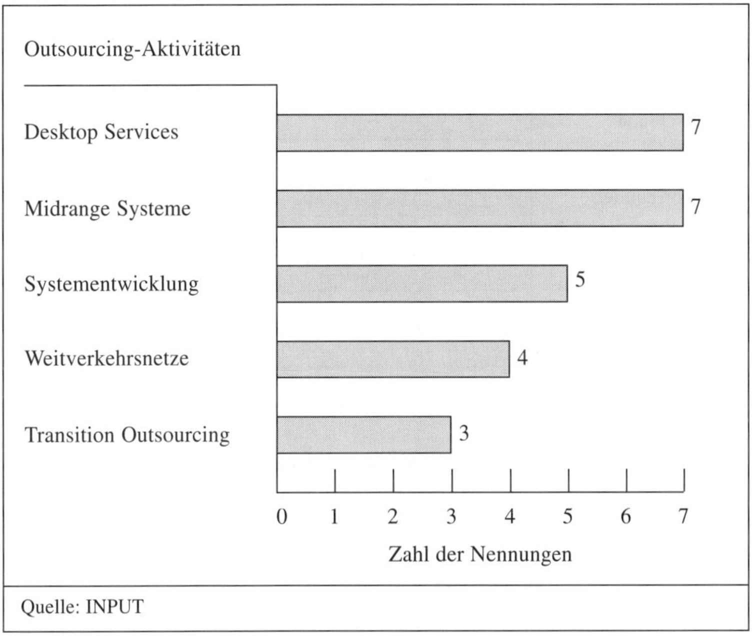

Abbildung 41: Mittel- bis langfristig geplante Outsourcing-Aktivitäten

Anbieter von Systems-Operations- und Applications-Management-Services berichten über nur sehr wenige Verluste gegen Ende des Vertrages infolge eines Anbieterwechsels. Dies ist als Anzeichen dafür zu interpretieren, daß eine ausgeglichene und vertrauensvolle Beziehung zwischen den befragten Anbietern und ihren Kunden aufgebaut werden konnte. So hat die eben erwähnte Analyse unter europäischen Kundenunternehmen unter anderem auch die folgenden Treueniveaus zu Tage gefördert (vgl. Abbildung 42).

5.8.5.2 Die Perspektive des IS-Managements

Die Verantwortlichen für die Informationsverarbeitungs-Funktion neigen grundsätzlich dazu, diesen Aspekt herunterzuspielen. Ist die Outsourcing-Entscheidung einmal getroffen und umgesetzt, wird der Gedanke an ein Zurückholen der Informationsverarbeitung um Jahre in die

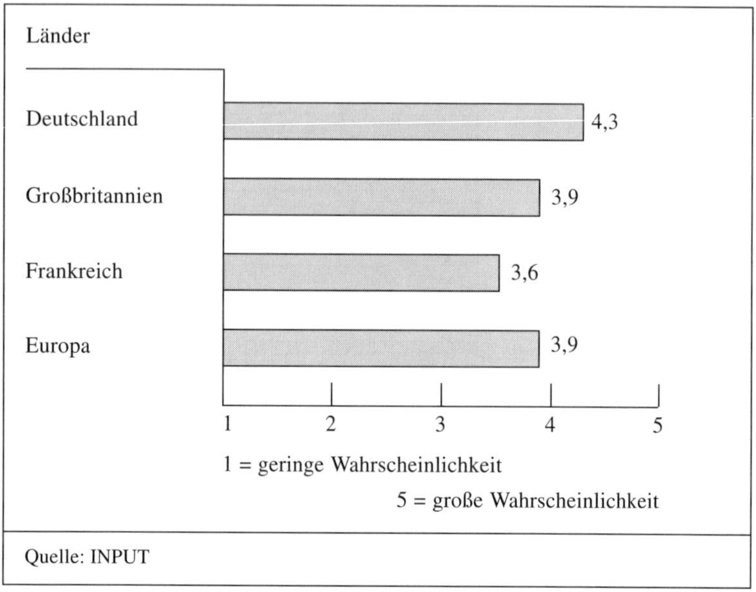

Abbildung 42: Wahrscheinlichkeit der Fortsetzung bestehender Outsourcing-Partnerschaften

Zukunft verschoben. Typische Aussagen von IS-Verantwortlichen lauten: »Nie wieder ein Rechenzentrum fahren!« Andere wiederum kommentieren, daß das Rechenzentrum in fünf Jahren nicht mehr sein wird als eine »processing utility«, und können sich zumindest keine strategischen Gründe mehr für ein Zurückholen der Informationsverarbeitung vorstellen.

Eine Entscheidung, größere Applications-Management- und Systems-Operations-Prozesse nach Vertragsende wieder einzulagern, wird allerdings bei Eintritt eines signifikanten und unerwarteten Kostensprungs, einem »Kardinalfehler« des Anbieters oder bei der Entscheidung, die zugrundeliegende Informationstechnologie zu wechseln, wieder wahrscheinlich. Dies stellt gleichzeitig auch einen größeren Anreiz für einen Anbieterwechsel dar, der ohnehin mit steigender Wettbewerbsintensität auf dem Markt für Outsourcing-Dienstleistungen noch zunehmen wird.

6. Beispiel eines Outsourcing-Prozesses

Am Beispiel der Auslagerungsentscheidung eines größeren Dienstleistungsunternehmens soll der Praxisbezug einzelner Phasen des im vorhergehenden Kapitel dargestellten Outsourcing-Zyklusses noch transparenter werden. INPUT begleitete und unterstützte den Outsourcing-Kunden bei der Durchführung seines Vorhabens. Die Ausführungen sind geeignet, um die Gründe, die ein Unternehmen zu diesem Schritt veranlassen, und die Probleme, die hierbei auftauchen können, beispielhaft zu verdeutlichen.

Zu dem Zeitpunkt als INPUT in den Auslagerungsprozeß einbezogen wurde, lagen dem Outsourcer bereits zwei Angebote von externen IS-Dienstleistern vor sowie ein mit diesen Offerten konkurrierender Plan der internen IS-Abteilung. Ein weiteres Beratungsunternehmen war von Anfang an mit der Informationsbeschaffung im Hinblick auf potentiell in Frage kommende Outsourcing-Anbieter beauftragt worden. Ebenso übernahm dieser Berater die Analyse der Angebote und die Ausarbeitung eines Vertragsentwurfes.

INPUTs Aufgabe bestand in der Prüfung der vorliegenden Vertragsentwürfe und der Angebote auf Vollständigkeit und Konsistenz im Hinblick auf Branchenstandards. Darüber hinaus sollte INPUT Empfehlungen für Verbesserungen aussprechen.

6.1 Motive

Das Dienstleistungsunternehmen hatte aus folgenden Motiven heraus ein starkes Interesse an der Auslagerung seiner Informationsverarbeitungsaufgaben: Die Unternehmensleitung zeigte sich wenig zufrieden mit der Effektivität und Effizienz der Anwendungsentwicklungsaktivitäten. Projekte waren ständig im Zeitverzug und verschlangen sehr hohe Kosten. Der Durchführung mangelte es an der notwendigen Disziplin, so daß die entwickelten Anwendungssysteme im Nachhinein sehr viel komplexer und detaillierter als gefordert waren. Des weiteren machte den Verantwortlichen ein Anwendungs- und Wartungsstau zu schaffen, der die Leistungsfähigkeit der gesamten Organisation stark beeinträchtigte. Eine Auslagerung dieser IV-Aktivitäten an einen externen Dienstleister, so die Überlegung, würde ein höheres Kostenbewußtsein und eine stärkere Berücksichtigung der tatsächlichen Bedürfnisse der Endbenutzer zur Folge haben.

Was die Leistungsfähigkeit des Mainframes betraf, so waren die Reserven bereits ausgeschöpft, und eine entsprechend teure Aufrüstung (Upgrade) wäre erforderlich gewesen. Mit einer Auslagerung der Mainframe-Funktion konnte man hingegen ein Prozessorupgrade vermeiden. Das Unternehmen beabsichtigte außerdem, die IS-Abteilung geografisch zu verlegen. Eine Auslagerung würde den Umzug signifikant erleichtern und die damit verbundenen Risiken erheblich reduzieren. Ein Outsourcing hätte in dem vorliegenden Fall eine Umwandlung von fixen in variable Kosten zur Folge, was die Substitution des festen internen DV-Budgetblocks durch eine »Pay-on-demand«-Variable bedeutet. Dies würde es dem Unternehmen ermöglichen, seine Ausgaben je nach Rechnerleistungsbedarf zu steigern bzw. zu senken. Außerdem stellt dies einen Anreiz dar, nicht leichtfertig Ressourcen zu verschwenden. Nicht zuletzt bestand seitens der Unternehmensführung die Hoffnung, daß eine Auslagerung der Managementfunktionen der Informationsverarbeitung auch zu einer Reduzierung der Gesamtkosten beitragen werde. Offensichtlich war das Kostenargument ein gewichtiger Beweggrund.

Kommentar:
Mainframes: Hinsichtlich der Auslagerung der Großrechnersysteme und der Systemprogrammierung gab es von keiner Seite große Bedenken. Diese Aktivitäten wurden als strategisch kaum bedeutsam eingeschätzt. Der physische Standort der Erbringung dieser Serviceleistungen hatte überdies nur geringen Stellenwert, und ein Outsourcing würde auch die Relokation der IS-Abteilung erheblich vereinfachen.

Das IS-Management äußerte aber in bezug auf die Auslagerung der verteilten Anwendungssysteme (hierbei handelte es sich um das System/36 und die AS/400) einige Vorbehalte und verweigerte zunächst seine Zustimmung. An der Spitze der IS-Abteilung war man davon überzeugt, daß diese Aktivitäten von strategischer Natur und somit wettbewerbsentscheidend seien. Darüber hinaus war die Sorge groß, daß der potentielle Anbieter hinsichtlich der Applikationen nur wenig anzubieten haben könnte. Auch war in diesem Bereich nicht mehr mit Skaleneffekten wie im Falle der Auslagerung der Großrechnersysteme zu rechnen. Eine solche Sicht der Dinge läßt jedoch die eigentlichen Vorteile einer Zusammenarbeit mit dem Outsourcing-Anbieter außer acht.

Zum einen besteht der kontinuierliche Zugang bzw. Zugriff auf neue fortschrittliche Technologien, da solche bereits vom Dienstleister eingesetzt werden. Zum anderen stehen dem Kunden bessere Unternehmensanalysetechniken und -methodologien zur Verfügung. Das Kostenbewußtsein wird durch die Inanspruchnahme externer Dienstleistungen d. h. ihrer variablen Preisgestaltung gesteigert.

Anwendungsentwicklung: Was diesen Aspekt betrifft, so existierten einige Bedenken bezüglich der bestehenden IV-Umgebung. Die IS-Abteilung war stark zentralisiert und mit dem eigentlichen Geschäft des Unternehmens nur wenig vertraut. Auch wurden keine konsistenten Kosten-Nutzen-Analysen der Projekte durchgeführt. Die Fachabteilungen schienen darüber hinaus bisher keine Verantwortung für die Systemkosten übernommen zu haben und standen gegenseitig im Wettbewerb um die knappen Entwicklungsressourcen. Die für die Entwicklung eingesetzten Tools, Methoden und Technologien lagen unter dem Branchenstandard.

Die Auslagerung dieser Aktivitäten an einen Applications-Operations-Anbieter mit den erforderlichen Anwendungsentwicklungs-Know-how erschien dem Unternehmen als probates Mittel, die bestehenden Probleme zu lösen. Die daraus resultierenden Vorteile sollten sofort ersichtlich werden.

6.2 Chronologie

Das Interesse an einem IS-Outsourcing wurde von einer Diskussion zwischen der Finanzabteilung des Unternehmens und einem Anbieter, der mit der Entwicklung eines neuen Buchführungssystems für das Unternehmen beauftragt worden war, angestoßen. Die Notwendigkeit, die Entwicklung dieses Systems »nach draußen« zu geben, resultierte aus dem Umstand, daß die interne IS-Abteilung zu dieser Zeit nicht über ausreichende Ressourcen verfügte, um ein neues Buchführungssystem zu entwickeln und zu implementieren. Das Ergebnis dieser Gespräche war, daß der Dienstleister ein entsprechendes umfangreicheres Outsourcing-Angebot unterbreitete.

Das Unternehmen führte daraufhin noch Gespräche mit drei weiteren Outsourcing-Anbietern und forderte einen von ihnen zur Angebotsabgabe auf. Das Angebot lag zwei Monate nach Vorlage der Offerte des ersten Anbieters vor.

Ein Beratungsunternehmen war in diesem Zusammenhang mit der Festsetzung der Spezifikationen, der Evaluierung der Angebote und der Entwicklung eines Vertragsentwurfes beauftragt. Nach einer ersten Analyse wurden die beiden Anbieter aufgefordert, ihre Angebote im Hinblick auf die gewünschten Spezifikationen zu modifizieren. Darauf hin antwortete der eine Dienstleister praktisch sofort mit einem fertigen Angebot und unterbreitete unaufgefordert eine Modifikation desselben zwei Monate später. Die Antwort des zweiten Anbieters traf ebenfalls beinahe sofort nach Aufforderung ein, doch unterbreitete dieser erst nach einer klärenden Nachfrage einen Monat später sein endgültiges Angebot.

Die interne IS-Abteilung wurde ersucht, eine Kostenprojektion für ihre Aktivitäten über den Zeitraum der nächsten sieben Jahre zu erstellen, die mit dem Umfang des Leistungsangebotes der externen Dienstleister vergleichbar war. Dies sollte einen direkten Vergleich der externen Angebote mit dem Angebot der internen IS-Abteilung sicherstellen. Der Kostenplan lag einige Wochen nach den entsprechenden Einreichungen der Anbieter vor, eine überarbeitete Projektion einen Monat später.

INPUT wurde an dieser Stelle in den Outsourcing-Prozeß einbezogen, um innerhalb von zwei Wochen eine Situationsanalyse durchzuführen. Diese Untersuchung förderte beträchtliche Differenzen zwischen den beiden Angeboten zutage. Daraufhin erfolgten weitere Diskussionen über einzelne Elemente mit jedem der beiden Anbieter, um bessere Informationen und Daten für die endgültige Analyse zu eruieren.

Sowohl INPUT als auch die Mitarbeiter des Unternehmens diskutierten anschließend die Kernpunkte mit den Anbietern ausführlich. In einigen Punkten konnte eine Klärung erzielt werden, und bestimmte Änderungen wurden ausgehandelt. Das Unternehmen trat anschließend in die Schlußverhandlungsphase mit dem von INPUT empfohlenen und später auch ausgewählten Outsourcing-Anbieter ein.

Kommentar:
Der beschrittene Weg erweist sich als sinnvoll und vernünftig. Zu Anfang des Prozesses wurde den Anbietern die Freiheit gelassen, jene Be-

reiche, die sie unterstützen wollen und können in gewissen Grenzen selbst festzulegen und zu identifizieren. Dies ist auch für den Kunden zunächst von Vorteil, um einen Überblick über die am Markt zur Verfügung stehenden Serviceangebote zu erhalten. Gleiches gilt auch für die spezifischen Outsourcing-Ansätze, das Niveau an Konsistenz und die Kosten. Die Durchführung von Vorgesprächen mit einer Reihe von Anbietern (in diesem Falle waren es vier) unterstützt den Kunden, den tatsächlich benötigten Umfang der Serviceleistungen genauer festzusetzen und einen geeigneten Anbieter auf der Basis des direkten Vergleiches der vorläufigen Angebote auszuwählen.

Wenigstens zwei konkrete Angebote sollten eingeholt werden. Mehr als drei Angebote jedoch verkomplizieren in der Regel den Outsourcing-Entscheidungsprozeß unnötig. Eine zuverlässige Inhouse-Schätzung der Kosten für vergleichbare interne Informationsverarbeitungs-Dienstleistungen ist eine notwendige Voraussetzung, um die mit der Anbieterlösung verbundenen Chancen und Risiken einzuschätzen. Ein Vergleich ausschließlich zweier externer Lösungen bietet keine beste Lösung, während die Gegenüberstellung der Angebote zweier Dienstleister und einer vergleichbaren Inhouse-Projektion zumindest das Erreichen einer guten Lösung sichert.

Das Einschalten externer Berater ist zweifellos sinnvoll. Es ist wenig wahrscheinlich, daß intern genügend Erfahrung mit der Durchführung eines Outsourcing-Projektes bzw. insgesamt ausreichendes Know-how darüber vorliegt. Gewiß verfügt die IS-Abteilung über große technische Expertise und umfangreiches Wissen bezüglich der Anwendungssysteme, aber dieses ist häufig einseitig geprägt. Unternehmensberater hingegen sollten über den notwendigen Erfahrungsschatz und über das entsprechende Know-how zum Gegenstandsbereich Outsourcing verfügen. In diesem Fall besaß es das ursprünglich beauftragte Beratungsunternehmen allerdings nicht. Folglich hatte der Outsourcer einige Schwierigkeiten, seine Auswahlentscheidung fundiert zu treffen. Das »Request for Proposal« (Aufforderung zur Angebotsabgabe) war ebenfalls sehr unbestimmt durchgeführt worden, so daß sich die Angebote einem direkten Vergleich weitgehend entzogen.

Erweisen sich die projizierten Kosten bei allen Anbietern als weitgehend vergleichbar, treten andere Kriterien als wichtige Anbieterselektionskriterien in den Vordergrund. So war dem Anbieter der kulturelle »fit« und das Vertrauen in eine langfristige und enge Unternehmensverbindung außerordentlich wichtig. Die Geschäftsbeziehung beinhaltete weiterhin den Transfer einer Anzahl von Mitarbeitern vom Kundenunternehmen zum Outsourcing-Anbieter. Die Zufriedenheit der Mitarbeiter ist dabei für den Erfolg der Beziehung auf beiden Seiten nicht zu unterschätzen. Es muß generell eine Situation wahrgenommen bzw. erzeugt werden, die den Anbieter, den Outsourcing-Kunden und die Mitarbeiter gleichermaßen zu »Gewinnern« macht. Dies darf allerdings nicht in der Art und Weise aufgefaßt werden, daß ein detaillierter, straffer Vertrag hierdurch überflüssig geworden wäre. Ein solcher Vertrag gewährleistet eine Minimierung des Risikos bei Problemen und Differenzen.

6.3 Analyse des Vertragsangebotes

INPUT hat die Schlüsselkomponenten jedes einzelnen Vertrages und die signifikanten Unterschiede geprüft. Daraufhin wurde eine finanzielle Analyse durchgeführt, die es erlaubte, die drei Outsourcing-Angebote auf eine vergleichbare Basis zu stellen.

Es wurden die folgenden 13 Schlüsselelemente verwendet. Die Fragestellungen sind ohne weiteres auch für andere Angebotsbeurteilungen geeignet. Sie spiegeln die grundlegenden Anforderungen eines Outsourcers an einen Outsourcing-Anbieter wider.

(1) Leistungsangebot:
Welche Funktionen und Bereiche können ausgelagert werden? Welche Serviceleistungen bietet der Outsourcing-Anbieter im einzelnen? Wer befaßt sich beispielsweise mit dem User Help-desk? Welche zusätzlichen Dienstleistungen werden angeboten bzw. können bezogen werden? Wie präsentiert sich der Dienstleister bei Verhandlungen? Wie umfangreich sind die Erfahrungen in den geforderten Servicebereichen? Liegen Referenzen für vergleichbare Projekte vor? Überzeugt das Angebot hinsichtlich seiner konzeptionellen Ausrichtung und Fachlichkeit? (Von Vorteil ist der Gebrauch einer Checkliste als Kontrollinstrument.) Bestehen Möglichkeiten, mittel- oder langfristig das Outsourcing auf andere Bereiche auszudehnen? Entspricht das Betreuungskonzept insbesondere während der Umstellungsphase von Eigenfertigung auf Fremdbezug und dem weiteren Prozeßverlauf den unternehmensindividuellen Bedürfnissen?

(2) Personal:
Verfügt der Dienstleister über ein auf die vorgesehenen Outsourcing-Bereiche zugeschnittenes personelles und organisatorisches Know-how? Wie wird die Überleitung von Mitarbeitern geregelt? Wer wechselt zum Outsourcing-Anbieter, verläßt das Unternehmen oder kündigt? Wie viele Mitarbeiter, deren Arbeitsverhältnis vom Outsourcing-Anbieter übernommen wird, müssen auch den Standort wechseln? Wer bezahlt das? (Im Beispiel übernahm der eine Anbieter die Kosten nicht, der andere Anbieter schlug diese Kosten auf den Angebotspreis auf.) Wer bezahlt die Einrichtungen, Services und den Support für das Personal, das den Anbieter wechselt, aber am Kundenstandort verbleibt? Welche Trennungsvereinbarungen existieren? Welche Arbeitsbeschäftigungszusagen werden gemacht? Wieviel zusätzliche Mitarbeiter werden bereitgestellt? (In diesem Fall benötigten die Bereiche Anwendungsentwicklung und -wartung beträchtliche Verstärkung.) Über welche Gehalts- und Tarifstrukturen verfügt der Anbieter? Besteht eine Vergleichbarkeit? Welche Vereinbarungen bestehen bezüglich Sozialleistungen, Gehaltserhöhungen etc.?

Einige dieser personellen Aspekte erscheinen auf den ersten Blick trivial, sie sind es aber keineswegs. Sowohl Anbieter als auch Kunde sind in diesen Punkten sehr »verwundbar«!

(3) Applikationsentwicklung und -wartung:
Welche Organisationseinheiten des Anbieters zeichnen hierfür verantwortlich? Wie groß sind die Personalressourcen? Wo werden diese lokalisiert sein? Welche Kommunikationskanäle und -medien werden genutzt? Welche Werkzeuge, Technologien und Managementprozesse werden eingesetzt? Wer stellt die Anwendungsentwicklungsumgebung zur Verfügung und wer bezahlt sie? (In diesem Falle erklärte sich der eine Anbieter dazu bereit, der andere nicht.) Welche fortschrittlichen Software-Kernels, -pakete, etc. werden genutzt? Welche Vereinbarungen werden bezüglich Entwicklung, Support und Wartung über die gesamte Dauer des Vertrages getroffen? Welche Rechte an »Third Party Software« besitzt der Kunde? Mit anderen Worten: Kann der Kunde auch Software-Pakete eines anderen Anbieters einsetzen?

(4) Hardware:
Welche Basis-Plattform wird genutzt? Wie wahrscheinlich ist ein Wechsel der Plattform während der Dauer des Vertrages? Werden die Hard-

ware-Systeme mit anderen Kunden geteilt? Welche Kapazitäten werden bereitgestellt? (In diesem Beispiel stellten beide Anbieter über sieben Jahre die identische Kapazität zur Verfügung. Dann versprachen sie Steigerungen der Verarbeitungs- (MIPS) und Speicherkapazitäten (DASD)). Wie verändern sich in diesem Zusammenhang die Kosten über den Vertragszeitraum? (In diesem Bereich konnte INPUT dem Kunden am meisten helfen.) Welche Vereinbarungen werden für das »pass through« (Durchreichen) von Technologien und bezüglich Preis-/Leistungsverbesserungen vereinbart? (Anfänglich existierten überhaupt keine.) Wird dem Kunden die kontinuierliche Teilnahme am technologischen Innovationsprozeß zugesichert?

(5) Software:
Wer besitzt die Software-Lizenzen und bezahlt die Wartungskosten? (Das eine Angebot schloß diese Kosten mit ein, das andere sah vor, daß der Kunde diese Kosten übernimmt.) Wer verhandelt mit »Third Party«-Software-Anbietern? Welche IV-Umgebungen (Betriebssystem, Netzwerkprotokolle, Datenbanksysteme, Benutzerschnittstellen) nutzt der Outsourcing-Anbieter und welche bietet er an? Wird sich der Kunde auf neue Standards, Namen, Job Control Sprachen etc. einstellen müssen? Ändert sich das User Interface?

(6) Netzwerk:
Welche Kommunikationseinrichtungen werden zur Verfügung gestellt? Stehen Konfigurationsänderungen des Netzwerkes bevor? Wer übernimmt die Verantwortung für remote devices, Terminaldrucker usw.? Welche Technologie wird genutzt? Wie werden remote devices konfiguriert? Wer übernimmt das Management entfernter lokaler Netzwerke (LANs)? Wer bezahlt die Kommunikationskosten? (Das eine Angebot beinhaltete alle Telekommunikationsleistungen und -kosten, das andere Angebot sah die Übernahme des Managements der Daten- und Telekommunikationsnetze vor, erwartete aber vom Kunden die Bereitstellung der gesamten Hardware und Software sowie die Übernahme der Kommunikationskosten.)

(7) Servicebereitschaft:
Welche Zusagen bestehen diesbezüglich? Wie ist die Bereitschaft und der Servicelevel (Qualität der Dienstleistung) aus der Sicht des Marktes

einzuschätzen (INPUT übernahm in diesem Falle die Bewertung.) Welche Serviceverfügbarkeit wird zugesichert? Welche Zielvorstellungen und Leistungsmaßstäbe existieren?

(8) Sicherheit:
Wie umfassend sind die Datenschutz- und Datensicherheitskonzepte des Dienstleisters? Ist die Systemsicherheit gewährleistet? Existieren Back-Up- und Disaster-Recovery-Konzepte? Sind Dateien und Programme ausreichend gesichert und geschützt?

(9) Kundenmanagement:
Welche Account-Management-Methoden werden vorgeschlagen? Wer ist für den Kontakt zum Kunden zuständig? Wie sind die Kommunikationsbeziehungen geregelt? Welche Schnittstellen werden eingerichtet? Wie setzt sich der Lenkungsausschuß zusammen? Wie werden Veränderungen kommuniziert? Welche Benachrichtigungen werden verlangt? Welche Zustimmungsprozesse werden angewendet? Wer ist für die Kapazitätsplanung, Abrechnung, Weiterbildung, Sicherheit und die tagtägliche Verwaltungsarbeit sowie die Vereinbarungen über die Servicebereitschaft verantwortlich? Wie ist das Reporting bezüglich der Inanspruchnahme der Kapazitäten, zuverlässiger Antwortzeiten usw. organisiert? (Viele dieser Details sollten in einem Handbuch definiert werden.)

(10) Audit:
Wie prüft und validiert der Kunde die Nutzung der Ressourcen? Welche Benchmarks (Vergleichs- bzw. Bezugspunkte) werden angewendet? Wie werden die ›Mannstunden‹ für Entwicklungsarbeiten abgerechnet?

(11) Vermittlung und Schlichtung:
Welche Vorgehensweisen sind bei Auftauchen bzw. zur Lösung von Konflikten vorgesehen? Wer übernimmt diese Aufgabe, und wie werden die Aufgabenträger ausgewählt?

(12) Vertragsende:
Wann und wie endet der Vertrag? Wie hoch sind die eventuellen Kündigungskosten? (In dem einen Fall war vor Ablauf von drei Jahren gar

keine Kündigungsmöglichkeit vorgesehen. Im vierten Jahr wäre eine Zahlung von 25 Prozent der verbleibenden Vertragssumme fällig geworden. Der andere Anbieter hätte eine Pauschalgebühr für die Kündigung nach zwei bis vier Jahren erhoben und eine geringere Gebühr für den Zeitraum danach.) Wer hält die Rechte an der entwickelten Software und an den Entwicklungsarbeiten zum Zeitpunkt des Vertragsendes?

(13) Finanzielle Konditionen:
Welche Gebühren, Kosten, Zahlungspläne existieren? (In dem einen Fall sollten die Gebühren über sieben Jahre konstant bleiben; im anderen Fall wollte der Anbieter eine sehr hohe Gebühr für das erste Jahr erheben und in den folgenden sechs Jahren geringere.) Wie werden Inflationserwartungen berücksichtigt? Existieren Vereinbarungen über eventuelle Anpassungen? Mit welchen Reaktionen des Anbieters ist auf Änderungswünsche hinsichtlich der bereitgestellten Kapazitäten zu rechnen? (Der eine Anbieter wollte nur Änderungen nach oben akzeptieren, der andere war sowohl mit einer Anhebung als auch mit einer Verringerung der Kapazitäten einverstanden.)

Die Ausführungen geben eine Vorstellung davon, wie ein Angebotsevaluierungsprogramm inhaltlich aussehen und strukturiert sein kann. In diesem konkreten Beispielfall wäre eine Verbesserung des Prozesses möglich gewesen, wenn der vom Unternehmen beauftragte Unternehmensberater in bezug auf die Festlegung von Anforderungsspezifikationen mehr Erfahrung gehabt hätte. Genaue Spezifikationen sind wie in allen anderen Bereichen des Computergeschäftes auch ein adäquates Mittel, um Mühen und Kosten eines Angebots- und Verhandlungsprozesses auf beiden Seiten zu reduzieren.

6.4 Empfehlungen

Ein potentieller Kunde sollte keinen Versuch auslassen, unklare Punkte im Angebot des Anbieters zu klären und anschließend mit den Vertragsverhandlungen wie folgt fortfahren:

- Aufforderung des Anbieters, entweder das Angebot zu modifizieren oder den vorgelegten Vertrag zurückzunehmen mit der Auflage, die geforderten Änderungen z. B. bezüglich Inflation, Fertigstellung der laufenden Entwicklungsarbeiten und weiteres nachzutragen.

- Aufbau eines Teams zur Entwicklung des Handbuches/Pflichtenheftes.
- Absicherung der Lösung »schwacher technischer Vertragsaspekte« und Dokumentation über die Vertragsdauer.

7. Fallstudien

Dieses Kapitel skizziert einige Fallbeispiele zu folgenden Outsourcing-Kategorien:

- Transition Management,
- Applications Maintenance,
- Platform Systems Operations,
- Applications System Operations,
- Desktop Services.

7.1 Transition Management

7.1.1 Fallstudie 1

Die folgenden Ausführungen illustrieren den typischen Einsatz des Transition Management am Beispiel eines großen Handelsunternehmens. Das Management dieses Unternehmens hatte Zweifel am Beitrag der Informationsverarbeitung zum Geschäftserfolg und mutmaßte, daß die bestehende Informationssystem-Infrastruktur den in jüngster Zeit eingetretenen Markt- und Wettbewerbsveränderungen nicht mehr ausreichend Rechnung trug. Dementsprechend wurde beschlossen, eine Neuentwicklung der Informationssysteme zu starten und die Mainframes »auszumustern«.

Die neuen Informationssysteme sollten von der internen DV-Abteilung entwickelt werden, der die Unternehmensleitung in hohem Maße vertraute und zu der sie gute Beziehungen pflegte. Um die IS-Abteilung aber auf den »richtigen Kurs zu bringen«, wurde es als notwendig erachtet, sie von allen Wartungs- und Supportaufgaben für die alten Systeme freizustellen.

Mit einem-Systems-Operations-Anbieter wurde daher ein entsprechender Transition-Management-Vertrag geschlossen. Das Großrechnersystem und die Infrastruktur wurde komplett vom Anbieter übernommen. Ebenso übernahm er die Verantwortung für den Betrieb der Systeme und die Wartung einiger Applikationen für einen Zeitraum von zwei Jahren.

Der Vertrag wurde regulär nach Ablauf beendet, als die alten Systeme nicht mehr benötigt wurden. Insgesamt zeigte sich der Anbieter sehr zufrieden mit den erhaltenen Serviceleistungen und dem Serviceniveau des Anbieters. Kleinere Probleme im operativen Bereich, die durch Mißverständnisse zwischen den Endbenutzern und den Rechenzentrumsoperatoren zustande kamen, konnten den Erfolg nicht trüben.

7.1.2 Fallstudie 2

Das zweite Fallbeispiel betrifft das regionale Rechenzentrum einer Gesundheitsbehörde in Großbritannien, das für die Bereitstellung von Verarbeitungsdienstleistungen (Processing Services), Software-Entwicklung, Evaluation und Akquisition sowie das Netzwerkmanagement jeder Bezirksbehörde in der gesamten Region verantwortlich war. Der politische Druck, die Datenverarbeitung unter Kostengesichtspunkten zu optimieren, war der entscheidende Auslöser für die Initiierung des Outsourcing-Prozesses. Hinzu kam, daß die Vorteilhaftigkeit der Bereitstellung von Rechnerleistung auf regionaler Ebene infolge der Verlagerung von Entscheidungsbefugnissen über den Einsatz zukünftiger Informationssysteme von den Bezirks- und Krankenhausebenen zunehmend in Frage gestellt wurde. Darüber hinaus war es nicht einfach, qualifiziertes Personal zu rekrutieren und zu motivieren. Ebensowenig waren die DV-Budgets auf regionaler Ebene noch den tatsächlichen Erfordernissen angemessen.

So wurde entschieden, die Verarbeitungsdienstleistungen auf regionaler Ebene für einen Zeitraum von zunächst fünf Jahren von einem Systems-Operations-Anbieter zu beziehen. Dieser mußte in der Lage sein, ein hohes Servicelevel und einen Preisschutz für die Gesundheitsbehörden auf Bezirksebene zu garantieren. Obwohl daraufhin die gesamten Prozesse auf den Systems-Operations-Anbieter übertragen wurden und den jeweiligen »Distrikten« volle IT-Unterstützung über die fünfjährige Vertragsdauer zugesagt wurde, stand es jeder Behörde frei, ihr eigenes lokales System zu betreiben oder einen Vertrag mit einem Anbieter ihrer Wahl zu schließen.

Der beauftrage Dienstleister wurde darüber hinaus aufgefordert, sich auch um die Übernahme weiterer IV-Bereiche und Applikationen zu bewerben. Allerdings hätte er sich in diesem Fall gegen andere Software- und Services-Anbieter zu behaupten. Es wurde dem Anbieter auch keine Zusage hinsichtlich der Übernahme irgendwelcher Entwicklungsaktivitäten gegeben.

Die Behörde zeigte sich sowohl mit dem Service im allgemeinen als auch mit entscheidenden Verbesserungen bei den Help-desk-Einrichtungen und der Eliminierung der Betriebsprobleme im Bereich der Weitverkehrsnetze sehr zufrieden. Dennoch hatte der Kunde eine pro-aktivere Haltung und eine schnellere Umsetzung hinsichtlich der Implementierung von Up-to-date-Systemen erwartet.

7.2 Applications Maintenance

Um eine höhere Wettbewerbsfähigkeit und eine größere Kundenorientierung zu verwirklichen, beschloß eine große Software-Unternehmensgruppe, ihr bisheriges Kernprodukt durch innovativere und fortschrittliche Software zu ersetzen. Zur schnellen Entwicklung des neuen Anwendungssystems sollte die DV-Mannschaft von allen Wartungsaufgaben für das »Alt-System« entbunden werden.

Bei der Applikation handelte es sich um ein großes Inventur- und Lagermanagementsystem, das an verschiedenen Standorten für regionale Aufgaben implementiert worden war. Das fünf Jahre alte Anwendungssystem wies erhebliche Mängel auf. So waren in der Vergangenheit schnelle Problemlösungen einer eleganten und soliden Lösung stets vorgezogen worden. Aufgrund der hohen Geschwindigkeit und des Mangels an Disziplin, mit dem aufgetretene Fehler korrigiert wurden, war das System außerordentlich anfällig geworden, und die Anwender hielten einen 24-Stunden-Notdienst für unbedingt erforderlich. Nicht überzeugend waren auch die Antwortzeiten des Systems, die in manchen Fällen bis zu 20 Minuten betrugen. Die Substitution durch ein besseres Software-Produkt sollte so bald wie möglich erfolgen. Insgesamt 23 Mitarbeiter des Outsourcing-Kunden waren bis dahin mit der Pflege und Unterstützung dieses Anwendungssystems betraut.

Der Wissenstransfer dauerte sechs Monate, bis 19 Mitarbeiter der internen Informationsverarbeitung von ihren Wartungsaufgaben freigestellt werden konnten. Darüber hinaus gab es aber auch einen beträchtlichen »Spin-off« des Wissenstransfers in umgekehrter Richtung zur DV-Mannschaft hin.

Der Outsourcing-Anbieter wendete effektivere Arbeitspraktiken an, um eine stabilere und zuverlässigere Software-Umgebung zu etablieren. Die Umsetzung führte in der Folge zu Antwortzeiten, die sich schließlich im Bereich von weniger als einer Sekunde bewegten. Die »laute« Unzufriedenheit unter den Anwendern des Systems wich einer »stillen« Zufriedenheit. Der 24-Stunden-Notdienst konnte zugunsten einer normalen Betriebsbereitschaft aufgegeben werden. Der in der Kategorie Systems Operations und bei Facilities Management Dienstleistungen üblicherweise vereinbarte Festpreis wurde als großer Vorteil empfunden.

Letztendlich entschied sich die Unternehmensleitung des Outsourcing-Kunden gegen die Entwicklung einer neuen Lösung und forcierte den Weiterbetrieb des alten Anwendungssystems. Die genaue Meßbarkeit und Quantifizierung der Resultate erwies sich dabei als Schlüssel zum Erfolg. Die meisten IS-Abteilungen verfügen nicht über die Werkzeuge und Managementtechniken, um die Leistungskriterien, an denen sowohl Endbenutzer als auch das IS-Management den Erfolg einer Applikation festmachen, hinreichend zu definieren und regelmäßig zu überprüfen. Gewöhnlich sind sie mit ihren »Feuerwehr-Aufgaben« schon genug ausgelastet. Ist der Kunde über verbesserte Antwortzeiten hinaus auch über die Kosteneinsparungen, die er mit dieser neuen Lösung erreicht, informiert, wird er nicht nur überlegtere Entscheidungen treffen, sondern auch eine höheres Kostenbewußtsein und eine klarere Vorstellung bezüglich seiner eigentlichen Informationsbedürfnisse und -anforderungen gewinnen.

Trotz des beträchtlichen Erfolges wurden keine weiteren Applikationen im Rahmen dieses Applications-Management-Abkommens vom Outsourcing-Kunden an den Dienstleister ausgelagert.

7.3 Platform Systems Operations

7.3.1 Fallstudie 1

Diese Fallstudie demonstriert die IS-Dienstleistung Platform-Systems-Operations am Beispiel eines Unternehmens aus der Fertigungsindustrie, das sein gesamtes Rechnungswesen und die Produktionsmanagementfunktion ausschließlich auf Mainframes beherbergte. Wie viele andere Unternehmen der diskreten Fertigung operierte auch dieser Anbieter in einem sehr wettbewerbsintensiven Marktumfeld und sah sich einem kontinuierlich steigenden Kostendruck ausgesetzt.

Die Unternehmensleitung war der Auffassung, daß zwar die Kontrolle über die Informationen sowie ihre Verfügbarkeit für das Management einen für den Unternehmensbestand kritischen Erfolgsfaktor darstellt, der Betrieb von Computerplattformen hingegen nicht. Das Unternehmen entschied sich für eine Auslagerung seiner gesamten Mainframe-Prozesse an einen Systems-Operations-Anbieter, behielt aber sämtliche Anwendungsentwicklungsaktivitäten im Haus.

Die Nutzenpotentiale aus Kundensicht lagen in den fixen jährlichen Kosten, der Vermeidung von Überstundenzuschlägen für das Betriebspersonal und der Übernahme der Equipment-Upgrades und Weiterentwicklung der Betriebssysteme durch den Dienstleister.

Die Kombination aus Serviceleistungen und Preis stellte sich als K.O.-Kriterium im Anbieterselektionsprozeß heraus. Aber auch auf die nachgewiesene technologische Expertise wurde großer Wert gelegt.

Die stark verbesserte Servicebereitschaft wurde als ein wichtiges Resultat des neuen Vertrages interpretiert. Allerdings gab das interne Entwicklungspersonal zu bedenken, daß es einige Zeit benötigen wird, sich auf die neuen Arbeitsbeziehungen zu ihren ehemaligen Kollegen, die nun als Angestellte des Outsourcing-Anbieters das System betreiben, einzustellen.

7.3.2 Fallstudie 2

Eine typische Aufgabe der Platform-Systems-Operations-Anbieter besteht in der Bereitstellung von Mainframe-Equipment und -Leistungen zu Fixkosten, wie in der vorherigen Fallstudie dargestellt wurde. Die zweite Platform-Operations-Fallstudie zeigt davon abweichend ihre Rolle in der Welt der Midrange-Systeme.

Wiederum handelt es sich um ein Fertigungsunternehmen. Die Geschäftsbereiche des Unternehmens waren vor kurzem dezentralisiert worden. Die bestehende zentrale mainframe-orientierte Informationsverarbeitung stand daher nicht länger im Einklang mit der Organisationsstruktur. Zudem hatten die einzelnen Geschäftsbereiche bereits auf Minicomputern basierende Lösungen adaptiert.

Dies verursachte eine Reihe von Problemen, deren Auswirkungen bis auf die Ebene der Finanzabteilung vordrangen und diese in eine Diskussion über betriebliche Tagesprobleme hineinzogen. Das Unternehmen beanstandete vor allem, daß der für die Minicomputer-Lösung verantwortliche IS-Anbieter die Komplexität der Prozesse weit unterschätzt hatte und schloß daher einen Vertrag über Platform Operations ab. Der beauftrage Systems-Operations-Anbieter »überführte« die Midrange-Computer in das eigene Rechenzentrum.

Die Nutzer empfanden die Umstellung als sehr gut bewerkstelligt und zeigten sich mit der »Unsichtbarkeit« des neuen Services, trotz einiger anfänglicher Verwirrung über den Nutzen des Anbieter-Hotline-Services, im Nachhinein sehr zufrieden. Eine nochmalige Überprüfung der Lösung durch die Endbenutzer zu einem späteren Zeitpunkt ist geplant.

7.4 Applications System Operations

7.4.1 Fallstudie 1

Infolge der Übernahme durch einen Mischkonzern wurde das Fertigungsunternehmen in diesem Beispiel restrukturiert und in einzelne Geschäftseinheiten dezentral organisiert. Vor dieser Reorganisation verfügte das Unternehmen über eine große IS-Abteilung, die die Verantwortung für die Mainframe-Systeme trug. Nach der Restrukturierung betrachtete man diese Informationsinfrastruktur nicht mehr länger als den Aufgaben und Anforderungen angemessen. Die Notwendigkeit, die Informationsverarbeitung an den veränderten Geschäftsbedürfnissen auszurichten, war evident und wurde nachdrücklich gefordert. Außerdem bestand die Ansicht, daß die interne Datenverarbeitung zu kostenintensiv sei.

Folglich wurde sie aufgelöst und die Verantwortung über die mainframe-basierten Systeme einem Systems-Operations-Anbieter übergeben. Dies war jedoch nur der Platform-Operations-Vertragsbestandteil, denn der gleiche Anbieter wurde beauftragt, auch die Entwicklung neuer midrange-basierter Lösungen zu konzipieren.

Das Unternehmen zeigte sich relativ zufrieden mit den Software-Entwicklungs- und -Supportfähigkeiten des Applications-System-Operations-Anbieter, obwohl einige Probleme hinsichtlich der Qualität der Rechenzentrumsdienstleistungen auftraten.

7.4.2 Fallstudie 2

Während die eben geschilderte Fallstudie ein typisches Beispiel für ein defensives Vorgehen eines Unternehmen in Richtung Applications System Operations darstellt, weil es auf Einflüsse von außen lediglich reagiert, handelt es sich im folgenden um einen pro-aktiven Ansatz eines Outsourcing-Anbieters.

Der Kunde, ein Unternehmen der Versicherungswirtschaft, erkannte die Notwendigkeit, neue Informations- und Anwendungssysteme zu entwickeln, um das Versicherungsgeschäft kundenorientierter unterstützen zu können. Gleichzeitig überforderten die hohen Investitionen in das Mainframe-Equipment und in die kundenspezifischen Software-Entwicklungsaktivitäten die Kapitalkraft des Versicherers.

Das Unternehmen entschied sich für einen Systems-Operations-Anbieter, der ihnen die Nutzung eines Mainframes ebenso wie die Weiterentwicklung der Anwendungssysteme gemäß ihren Anforderungen garantieren konnte. Der Verlauf der Geschäftsbeziehung sollte sich für den Outsourcing-Kunden als sehr zufriedenstellend herausstellen. Dennoch vergleicht das Versicherungsunternehmen laufend die Kosten gegenüber einer gleichwertigen Inhouse-Verarbeitung, um sicherzustellen, daß das Preis-/Leistungsverhältnis der externen Lösung für sie vorteilhaft bleibt.

Solange der Service auf die Mainframe-Plattformen beschränkt bleibt, dürfte der Vergleich zugunsten des Anbieters ausfallen. Der Kunde aber lenkt in jüngster Zeit seine Aufmerksamkeit verstärkt auf die Trends Downsizing und Unix-Systeme. Es ist sehr wahrscheinlich, daß das Versicherungsunternehmen zu einem späteren Zeitpunkt seine Inhouse-Systeme auf diese IS-Strukturen umstellen wird. Es ist größtenteils davon überzeugt, daß die operativen Aufgaben und das Management der Computersysteme in einer solchen Umgebung wesentlich einfacher und von ihnen selbst zu handhaben seien.

Dies wirft ein Licht auf die möglichen Schwierigkeiten und Risiken, denen Outsourcing-Anbieter aufgrund des allgemeinen Trends zum Downsizing gegenüberstehen können. In der nachfolgenden Fallstudie hingegen werden die damit verbundenen Chancen demonstriert.

7.5 Desktop Services

Es handelt sich hierbei um einen Desktop-Services-Outsourcing-Vertrag, der von einem großen Mischkonzern abgeschlossen wurde. Im Vordergrund stand der Fertigungsbereich, dessen Desktop-Funktionen an die Support- und Wartungsabteilung eines großen IS-Anbieters übergeben wurden.

Dazu wurde vom IS-Dienstleister eine im Hinblick auf die zahlreichen und verstreuten Niederlassungen des Kunden hohe geographische Abdeckung und Präsenz gefordert. Mehrere zehntausend PCs unterschiedlichster Marken und Konfigurationen sind Gegenstand des Vertrages. Das Hauptziel der Auslagerung bestand dem IS-Management zufolge in der »Säuberung« und Vereinfachung der heterogenen Informationsverarbeitungsumgebung.

Der Outsourcing-Kunde hatte bis zu diesem Zeitpunkt erhebliche Schwierigkeiten mit dem Management seiner unkontrollierten Desktop-Umgebung. Er war nicht in der Lage, Mengenrabatte durch große und konsistente Beschaffungsaufträge zu realisieren. Die Sicherstellung der Kompatibilität zwischen den verschiedenen im Einsatz befindlichen Software-Paketen war nach Aussage eines Verantwortlichen »ein wahrer Alptraum«. Darüber hinaus gestaltete sich die Aus- und Weiterbildung aufgrund der Verschiedenartigkeit der Systeme als sehr schwierig.

Bei den im Rahmen dieses Desktop-Services-Outsourcing-Vertrages vom Anbieter bereitgestellten Leistungen handelt es sich um Installation und »burn-in« (Initialtest einzelner Komponenten), Wartung, Helpdesk-Support, PC-Bestandsmanagement und -Bestandsführung und die Konzipierung eines Plans für Belegschaftskäufe. Dieser »Employee-purchase«-Plan ist eine relativ neue Vertragskomponente. Im Idealfall soll er die Angestellten entmutigen, Nicht-Standard-Artikel in den PC-Bestand hineinzukaufen. Auf diese Weise sollen diese mittel- bis langfristig aus der Systemumgebung entfernt werden.

Erste Priorität hatte die Zentralisierung der Funktion Beschaffung und Installation. Offensichtlich ist die Kontrolle des Beschaffungsprozesses eine Maßnahme, um schnelle Einsparungen und das Durchsetzen von Standardplattformen zu realisieren. Dieser Vertrag ist somit ein klassisches Beispiel dafür, daß eine externe Quelle die entscheidende Triebfeder für den fundamentalen Wandel sein kann. In diesem Fall betraf es die Wiedererlangung der Kontrolle über die Desktop-Umgebung, mit deren Bewältigung die interne Informationsverarbeitungs-Funktion weitgehend überfordert gewesen war. Auch die Durchführung der notwendigen Aus- und Weiterbildungsaktivitäten der IS-Abteilung war von Anwenderseite als mangelhaft beurteilt worden. Sie hatte sich als nicht genügend qualifiziert für diese Aufgaben erwiesen und die Erfüllung der Bedürfnisse nicht zur Zufriedenheit aller sicherstellen können. Dennoch wurde es von Seiten des Unternehmens vermieden, die komplette IS-Abteilung an den Anbieter abzugeben. Sie arbeitet nun als eine Art Subunternehmen, was sich nachträglich als Fehler herausstellen könnte.

Fallstudie	Transition Management		Applications Maintenance	Platform Operations		Applications Operations		Desktop Servives
	Fallst. 1	**Fallst. 2**		**Fallst. 1**	**Fallst. 2**	**Fallst. 1**	**Fallst. 2**	
Motiv	Freisetzung von Personal für Neuentwicklungen	keine Kernaktivität	Freisetzung von Personal Verbesserung des Benutzerservices	Mainframefunktionen kein Kerngeschäft	Probleme bei Betrieb und Bedienung der Midrange-Systeme	Dezentralisierung und Kostendruck	Kosten für Neuentwicklung	Vereinfachung Beschaffungsprozeß Rabatte Einführung von Standards
Anbieterselektionskriterium	technologische Kompetenz Standort Kosten	Preis	–	Kosten Servicelevel	bestehende Geschäftsbeziehung	–	nur sehr wenige Anbieter	Erfahrung hohe geographische Präsenz
Vertragsdauer	zwei Jahre	fünf Jahre	–	fünf Jahre	18 Monate	drei Jahre	drei Jahre; rollierender Zyklus	–
Gesamtzufriedenheit	hoch	hoch	gut	hoch	sehr hoch	hoch	zufriedenstellend	Vertragserneuerung
Positiv	hohe Effizienz der Abläufe	verbessertes Netzwerkmanagement	stark verbesserter Benutzerservices	verbesserte Servicebereitschft	Unsichtbarkeit des Services	Softwareentwicklungskompetenz	Anwendungsentwicklung Systemprogrammierung	–
Negativ	kleinere Probleme auf unteren Ebene	defensive Haltung des Anbieters	Fehlanzeige	Anpassung an neue Arbeitsbedingungen	»Kinderkrankheiten«	Inkonsistenzen bzgl. operativer Abläufe im RZ	hohe Flukutation	–

Abbildung 43: Zusammenfassung Fallstudien

Quelle: INPUT

8. Profil und Outsourcing-Angebot der Siemens Nixdorf Informationssysteme AG (SNI AG)

8.1 Unternehmensbeschreibung

Die Siemens Nixdorf Informationssysteme (SNI) ist eine Aktiengesellschaft. Sie ist eine eigenständige Gesellschaft des Hauses Siemens mit Geschäftssitzen in Paderborn und München. Die Informationstechnik (IT) ist ein Kerngebiet des Hauses Siemens.

Der Umsatz im Geschäftsjahr 1993/94 betrug 11,7 Milliarden DM. Die Anzahl der Mitarbeiter (umgerechnet auf Vollzeitmitarbeiter) belief sich im gleichen Zeitraum auf 39 100.

Die SNI unterhält vielfältige nationale und internationale vertriebliche Kooperationen. Die Partnerbeziehungen erstrecken sich auf die Kundenberatung und Projektunterstützung, die Vermarktung branchenspezifischer Software-Lösungen (Software-Partner) und den eigenverantwortlichen Vertrieb der SNI-Produkte und -Leistungen (Vertriebspartner).

Die SNI ist in die geschäftsführenden Einheiten Produktgeschäft, Lösungsgeschäft und Servicegeschäft gegliedert. Die Struktur der Einheiten orientiert sich an den Spielregeln und Erfolgsfaktoren der Geschäftsfelder.

Die Kernprodukte umfassen Produkt-, System- und Dienstleistungsangebote. Aus ihnen und dem IT-Know-how entstehen für die verschiedenen Marktsegmente weltweit und regionale Lösungsangebote. Die Leistungen und Kernprodukte im Überblick:

- das Universalrechner-System 7.500 unter dem Betriebssystem BS 2000/OSD, offen bezüglich Anwendersoftware- und Kommunikations-Schnittstellen;
- die offenen Unix[1]-Server mit den RISC-Familien RM 200, RM 400, RM 600;
- Desktop-Systeme von MS-DOS-PC bis zur RISC-Workstation-Familie RW;
- Datenbanksysteme wie das universelle Datenbanksystem UDS mit international kompatiblen Schnittstellen – sowie die Systeme Informix

1 Unix™ ist ein eingetragenes Warenzeichen der Unix System Laboratories Inc.

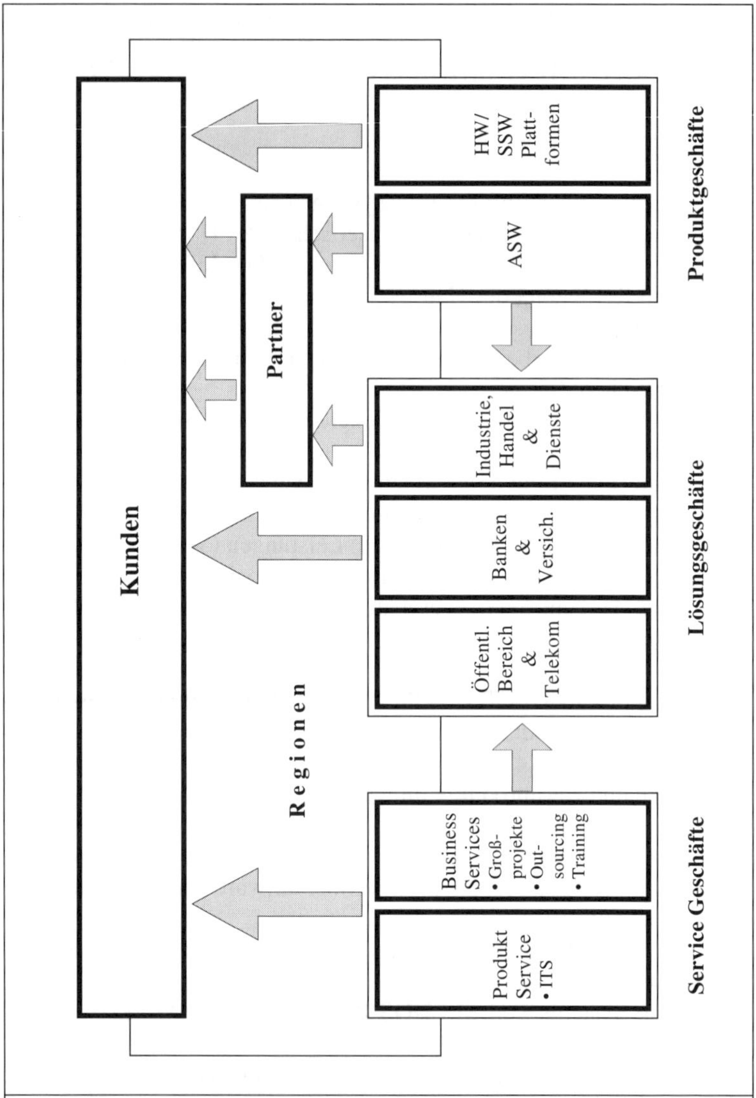

Quelle: Siemens Nixdorf

Abbildung 44: Organisation SNI

und Oracle aus strategischen Partnerschaften mit den gleichnamigen Unternehmen;
- das Kommunikationssystem Transdata mit den Funktionen Transview für das Netz-, System- und Applikationsmanagement;
- das Büro-System Ocis (Office Communication and Information System);
- Software-Entwicklungssysteme;
- Hochleistungsdruckersysteme;
- Kassen und Selbstbedienungssysteme;
- darüber hinaus bietet SNI an über 500 Stützpunkten einen gesamtheitlichen Service für alle IT-Leistungsbereiche.

8.2 Siemens Business Services

Siemens Business Services ist das gemeinsam von der Siemens Nixdorf Informationssysteme AG und der Siemens AG gegründete Systemhaus, das u.a. für die IS-Outsourcing-Aktivitäten verantwortlich ist. Es gehört zu 50 Prozent der Siemens AG und zu 50 Prozent der SNI AG. Zusätzlich zu den IS-Outsourcing-Aktivitäten sind die Geschäftsbereiche Management Consulting, Training und Ausbildung sowie Systemintegration bei diesem »Gemeinschaftsunternehmen« angesiedelt. Die Consulting Services umfassen dabei Management-Beratung, Business Reengineering, Organisations- und IT-Beratung. Für die Umsetzungsphase bei einem Outsourcing-Vorhaben wird die Übernahme der Generalunternehmenerschaft und das Change Management angeboten.

Der Gesamtumsatz des Systemhauses SBS wird 1994/1995 circa 788 Millionen DM betragen, wovon der überwiegende Teil konzerngebundenen Umsätzen zuzurechnen ist. Das Verhältnis von extern zu intern realisierten Umsätzen soll sich im Laufe der nächsten fünf Jahre immer mehr angleichen. Bis 1999 wird ein Umsatzwachstum von durschnittlich 13 Prozent jährlich anvisiert.

Ein wesentlicher Wettbewerbsvorteil der Siemens Business Services (SBS) liegt darin begründet, daß zusammen mit der Siemens AG Gesamtlösungen auf Businesslevel – und nicht nur auf das IT-Niveau beschränkt – angeboten werden können. So werden bereits Lösungen angeboten im Bereich Verkehrstechnik (Güterbahnhofsysteme, z. B. München, oder Flughafeninformationssysteme, z. B. Hong Kong), im Bereich öffentliche Kommunikationssysteme (Multimediaanwendungen), im Energieversorgungsbereich (landesweite Stromabrechnung in Malaysia über Netz: Projekt Tenaga) und im Bereich intelligente Netzanwendungen, wobei auch Betreiberfunktionen wahrgenommen werden (z. B. Billingsysteme für Mobilfunknetz in Indien (New Dehli)).

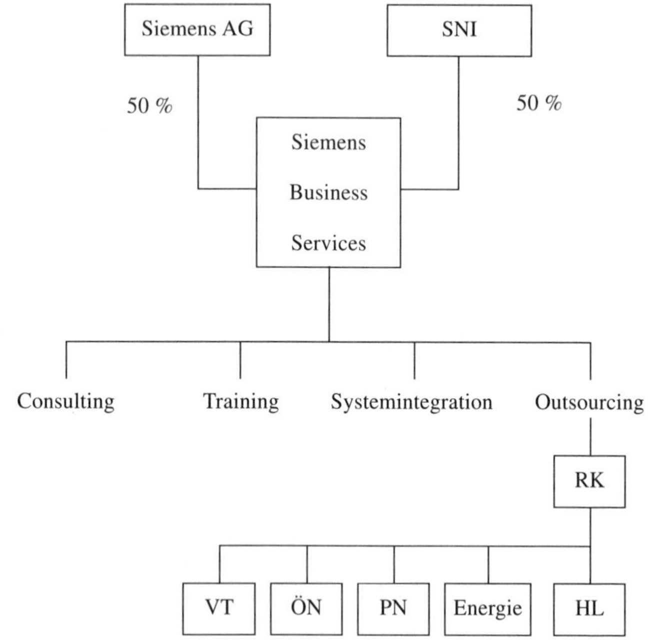

Quelle: Siemens Nixdorf

Abbildung 45: Siemens Business Services

Der allgemeine Trend im Outsourcing-Markt weg von der klassischen Facilities-Orientierung hin zu einer Orientierung an Geschäftsprozessen und umfangreichen Business-Lösungen wird von Siemens Business Services forcieret. Das Unternehmen ist, ähnlich wie die Mitbewerber EDS, debis, CSC und IBM-ISSC in der Lage, die gesamte Wertekette eines Unternehmens abzudecken.

8.3 Angebotsprofil – IS-Outsourcing

Das Outsourcing-Angebot der Siemens Business Services umfaßt System Operation (Platform Operations und Applications Operations), Desktop Services, Network Management und Applications Management auf der Basis einer leistungsfähigen Infrastruktur (vgl. Abbildung 46). Aktivitäten im Bereich der Übernahme ganzer Geschäftsfunktionen (Business Process) werden ebenfalls forciert.

8.3.1 System Operation

Siemens Business Services bietet eine Reihe von Ansatzpunkten, um die Daten und Prozeßsicherheit von IT-Systemen zu erhöhen und gleichzeitig die Kosten zu senken. Die gesamte Dienstleistungskette des modernen IT-Service wird beherrscht, und es kann ein umfassendes Leistungsangebot aus einer Hand angeboten werden: von Systeminstallation über Systemservice bis zu System Operation.

Mit dem Serviceangebot System Operation wird das komplette Management und die gesamte Betriebsführung der IT-Systeme und -Netze übernommen. Dabei ist das größte europäische Computerunternehmen nicht nur überall präsent, sondern es kann weltweit auf Know-how-Potential zurückgreifen, das auch in sehr speziellen Fragen Lösungen ermöglicht.

Im Rahmen einer langfristigen vertraglichen Partnerschaft übernimmt Siemens Business Services die Gesamtverantwortung für die Sicherheit, Verfügbarkeit und Wirtschaftlichkeit der Kunden-IV-Systeme. Dabei spielt es keine Rolle, ob die Systeme von Siemens Nixdorf oder anderen Herstellern kommen. Siemens Business Services bleibt der einzige Ansprechpartner für seine Kunden auch bei Problemen in Multivendor-Konfigurationen.

Im Rahmen von Platform und Applications Operations werden Data Center Services für die Betriebssysteme BS 2000, MVS (Multiple Virtual Storage) und VMS (Virtual Memory System) angeboten. Diese Services beinhalten Funktionen, die Voraussetzung für einen effizienten Rechenzentrumsbetrieb sind. Dazu gehört auch ein Control Center, das eine »pro-aktive« Steuerung der IT-Prozesse erlaubt. Beispiele:

- In Deutschland werden Outsourcing-Services für circa 50 Einheiten der Siemens AG erbracht, die über die ganze Region verteilt sind.

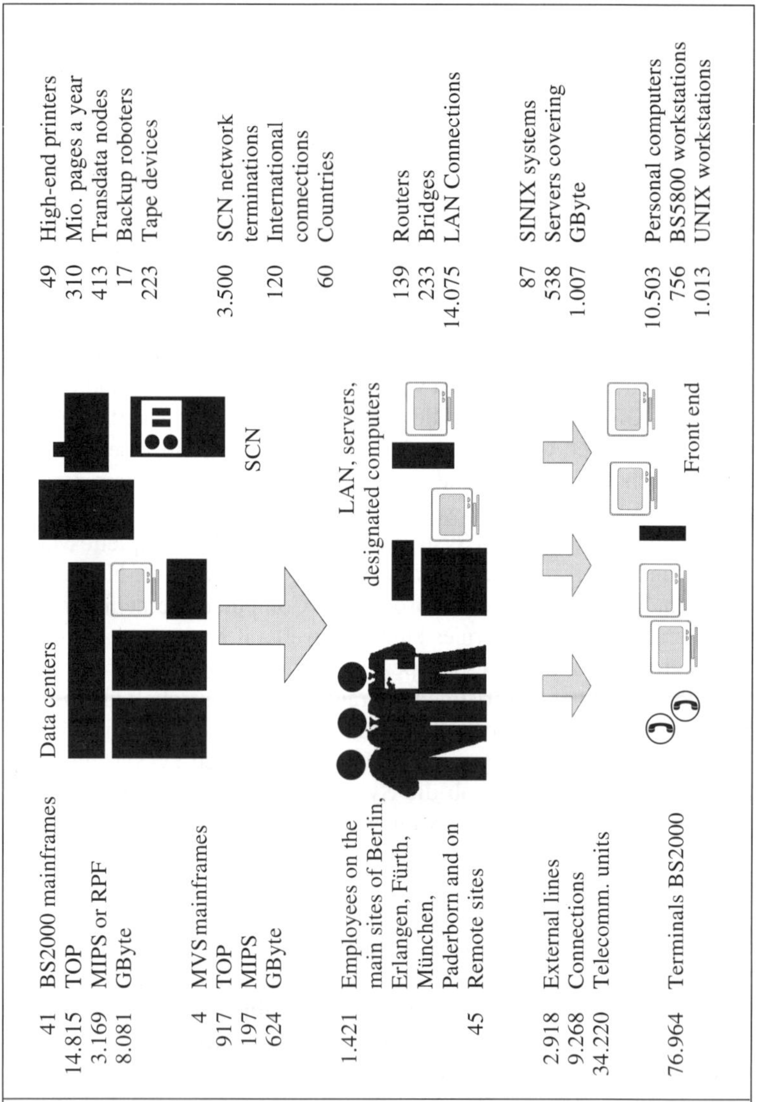

Quelle: Siemens Nixdorf

Abbildung 46: Siemens Corporate Computer and Network Services

Die Rechenleistung erfolgt an fünf Hauptstandorten mit insgesamt 3400 MIPS. Diese Leistung wird heute mit der Hälfte der 1992 eingesetzten Mitarbeiter erbracht.

- Weiterhin werden Services für externe Kunden erbracht. Ein Großteil sind Banken, die das Anwendungssoftware-Paket KORDOBA einsetzen. Externe Kunden sind u.a. Krupp Hoesch Stahl, AMC/ARG, Spardabank, Deutsche Direktbank, Lincas.

Das System Operation Leistungsangebot insgesamt ist modular aufgebaut. Hierzu zählen Basic Services, Administrative Services, Security Services, Optimization Services und Special IT-Services.

(1) *Basic Services:* Grundlage des System Operation Angebotes, mit dem SNI für einen reibungslosen Systembetrieb sorgt, sind die Basic Services. Sie umfassen:
   - End-user Call-desk: telefonische Anlaufstelle für alle Probleme der Endanwender.
   - Problem Management: Eingrenzung und Behebung von auftretenden Schwierigkeiten und Problemen im Netzwerk- und Systembereich.
   - Operations Management: Starten, Steuern und Überwachen sämtlicher Netzkomponenten, Systeme und Anwendungen.
   - Software-Distribution: Archivierung und Aktualisierung der Software-Produkte.
   - Configuration Management: logische Organisation von Systemen und Netzen.
   - Systems Monitoring: kontinuierliche Überwachung aller wichtigen Netzwerk-, Anwendungs- und System-Ressourcen.
   - Change Management: koordiniertes Vorgehen bei Konfigurationsänderungen.

(2) Mit *Administrative Services* übernimmt Siemens Nixdorf die aktive Verwaltung und Optimierung der IT-Systeme:
   - Inventory Management: Registrierung aller Hard- und Software-Produkte des Kunden in einer Bestandsdatenbank.
   - License Management: Lizenzmanagement, um Kosten für überflüssige Software-Lizenzen auf Null zu senken.
   - Accounting Management: Abrechnungsmanagement für eine genaue Kostenzuordnung.

- Contract Management: Verwaltung der Service-Verträge und Koordination aller Service-Leistungen.
- Procurement Support: herstellerunabhängige Unterstützung bei Auswahl neuer Hard- und Software-Produkte.

(3) Mit *Security Services* trägt Siemens Nixdorf der Tatsache Rechnung, daß die Daten in IT-Systemen das bedeutendste Betriebskapital darstellen und in vielen Fällen ihr Wiederbeschaffungswert unermeßlich ist.
- Security Management: Einsatz von Sicherheitssystemen, um den Zugriff Unbefugter auf die Computersysteme zu verhindern.
- Back-up Management: Ermittlung der Risikofaktoren für mögliche IT-Systemausfälle und Erarbeitung eines Sicherheitskonzeptes für die Daten. Sicherstellung des schnellen »Hochfahrens« nach Systemausfall.

(4) Zur Optimierung des Systems bietet SNI die *Optimization Services* an:
- Performance Management: Durchführung von Trendanalysen zum frühzeitigen Aufspüren von Engpässen. Durchführung von Tuning-Maßnahmen.
- Capacity Management: Verbesserung der IT-Abläufe, um vorhandene Speicherkapazitäten optimal auszunutzen.
- Cost Management: Die kostenbewußte Nutzung und Weiterentwicklung der IT-Ressourcen des Kunden wird im Rahmen von Kostenanalysen aufgezeigt.

(5) Das Angebot an *Special IT-Services* zeigt, daß die Gesamtverantwortung bis ins Detail übernommen wird.
- Data Output Management: Steuerung des gesamten Druckbetriebes.
- Database Administration: Sicherheit und Verfügbarkeit der Datenbank wird gewährleistet. (Installation von Serverprogrammen, Steuerung des Zugriffes zur Datenbank, Überwachung der Performance der Datenbank, Speicherverwaltung)
- Office Communication Management: Regelung des Zugangs zu Fax, BTX, Telebox, Cityruf und elektronischen Mailings. Festlegung des Zugriffs auf zentrale Verfahren und operationale Daten.

8.3.2 Desktop Services

Das Desktop Services Angebot von Siemens Nixdorf umfaßt die folgenden Dienstleistungen:

PC-Portfolio-Management: Beratung bei Einsatz der Desktop-Geräte (Hard- und Software); Unterstützung bei der Auswahl neu anzuschaffender Geräte.

Netzwerkservice: Beratung bei der Auslegung und Planung des gesamten Netzwerkes (Hardware, Software, Safety und Security) und dessen Erweiterung; Projektleitung für die Koordination und Durchführung; Test und Inbetriebnahme.

Installations-Service: Installationsplanung (einschließlich Umzüge); Installation der Hard- und Software; Funktionstest, Benutzereinweisung.

Benutzer-Service: zentrales Problemmanagement mit Entgegennahme von Problemmeldungen der Anwender, Erfassung und Dokumentation in einem Problem-Management-System; Diagnose und Problembehebung im gesamten IT-Umfeld (Hardware, Software, Netzwerke); zentraler Ansprechpartner für alle IT-Aufgaben einschließlich Standard-Office-Software (z. B. Help-desk-Hotline für Microsoft-Produkte, Novell); Update-Service, Installation von neuen Software-Versionen; Upgrade-Service, Installation von Hardware-Komponenten; Service für Zubehör und Verbrauchsmaterial.

Software-Service: Software-Aktualisierung für alle Arbeitsplätze (Installation von Updates und neuen Releases); Software-Verteilung (Konfiguration, Installation und Verteilung der Client-Software von einem zentralen Server); Help-Desk-Hotline; Maintenance.

Netzwerkmanagement/Remote Services: Verwalten des Netzes und dessen Benutzer; Netzwerksafety (Netzüberwachung, Optimierung, Datensicherung); Netzwerksecurity (Zugriffsverwaltung, Passwort); Diagnose von Hard- und Software-Problemen per LAN/WAN.

Hardware-Service: Störbeseitigung und Vor-Ort-Service bei herstellerübergreifender Hardware (Multivendor-Service); Computer-Clean (Reinigungsdienste für IT-Geräte).

Asset-Management: Inventarisierung und Optimierung des IT-Bestandes.

Security Management: Erstellen und Durchführen von Sicherheitskonzepten; Maßnahmen zur Datensicherheit (Schutz vor Viren); Notfallvorsorge (Back up Service).
Benutzerschulung: Erstellen und Durchführen von Ausbildungsplänen.
Entsorgung: Recycling der IT-Geräte und umweltgerechte Entsorgung.

Beispiele:
- Für über 10000 Endbenutzer, die auf ca 150 autarke LANs an verschiedenen Standorten verteilt sind, werden u.a. folgende Services angeboten.
- Endbenutzerservice für vernetzte und unvernetzte PCs (z.B. Inbetriebnahme, Hoch- und Umrüstungen, Help-Desk und lokale Unterstützung mit vereinbarter Reaktions- und Problemlösungszeit, Virenprophylaxe.

8.3.3 Network Services

Basis für das Serviceangebot ist das Siemens Corporate Network (SCN), das von externen Kunden benutzt werden kann und in das Kundennetze eingebunden werden können. Das Siemens Corporate Netwok ermöglicht weltweite Daten-, Text-, Bild- und Sprachkommunikation.

8.3.4 Applications Management

Das Geschäftssegment Applications Management läßt sich einteilen in Pflege (»korrektiv«), Anpassung (»adaptiv«) und Weiterentwicklung (»evolutionär«). *Pflege* umfasst die laufende Wartung der Anwendung bestehend aus regelmäßiger Überprüfung, Fehlerdiagnose und -korrektur, Korrekturauslieferung und Hotline Support. *Anpassung* meint die laufende Anpassung an Systemeumgebung und geänderte Vorschriften einschließlich Ablaufgarantie bei Plattform-Upgrade für SNI-Plattformen bzw. Ablauftest und Machbarkeitsstudie bei Fremdplattformen. *Weiterentwicklung* beinhaltet die funktionale Weiterentwicklung der Anwendung mit Funktionserweiterungen, Leistungsverbesserungen und Modernisierung (Oberfläche, Programmiersprache) bis hin zur Migration.

Der Leistungsumfang und die Angebotsbedingungen für die drei Stufen des Applications Management sind im folgenden angeführt.

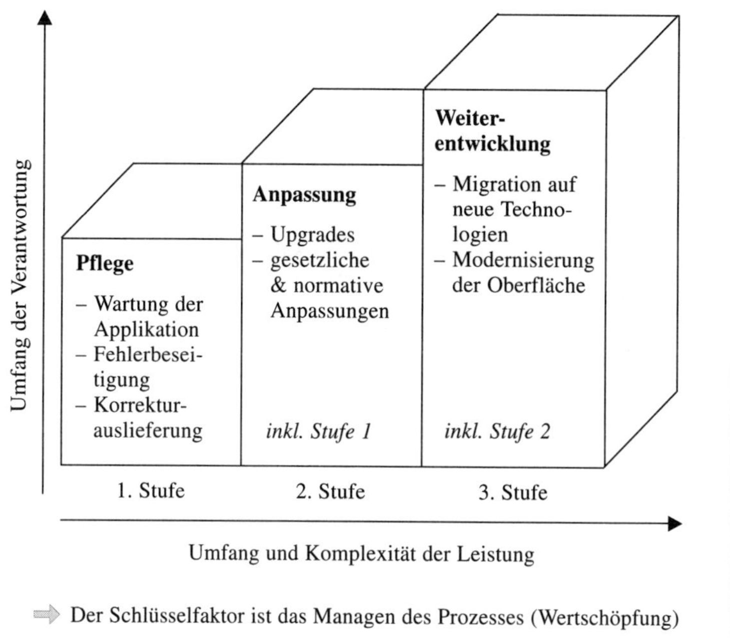

Quelle: Siemens Nixdorf

Abbildung 47: Applications Management als Prozeß

Es wird zunächst hohe Priorität auf die von SNI selbst entwickelten Applikationen gelegt. Von SNI entwickelte Applikationen sind u. a.: betriebswirtschaftliche Lösungen wie COMET, SILINE, BS2000 basierte Lösungen mit UDS, SESAM und GOLEM, KORDOBA im Bankenbereich Archivlösungen und Vorgangsbearbeitung (z. B. Krankenscheinverwaltung), Kommunallösungen mit K3.

Nicht von SNI entwickelte Applikationen, für die jedoch ausreichend Know-how im Unternehmen vorhanden ist, da diese Standardcharakter haben, wie z. B. R/3, zählen ebenfalls zu den prioritären Anwendungen. Schwerpunktbranchen sind zunächst Industrie, Handel, Dienste, öffentliche Auftraggeber und Banken und Versicherungen.

SNI hat Applications Management Anteile auf dem Mainframe-Markt

Leistungsangebot:

Pflege der Anwendung während der gesamten Vertragsdauer:
- Problemannahme und -behandlung (»Hotline«), Lösungsangebot falls außervertraglich
- »Early Warning« für mehrfach eingesetzte Software/Konfiguration
- Fehlerdiagnose, kurzfristige Vorablösung und -korrektur
- Auslieferung und Installation des Korrekturstandes (inkl. Dokumentation)

Angebotsbedingungen:
- Machbarkeitsanalyse (Voraussetzung für Kalkulation)
- Standardvertrag mit individuellen Ergänzungen (z. B. Hotline-Leistung, Korrekturauslieferungs- und Installationsbedingungen)
- »Übernahmetest« (technischer und funktionaler Ablauf der übernommenen Version)
- Leistungsangebot immer für die letztausgelieferte Version der Anwendung und festgelegte Umgebung
- festbenannter Ansprechpartner beim Kunden

Preis:
- Festpreis nach individueller Kalkulation

Quelle: Siemens Nixdorf

Abbildung 48: Applications Management – Stufe 1: Pflege

(BS 2000) und dem Client-Server-Markt. Für eine glaubwürdige Darstellung des Applications-Management-Geschäftes am Markt besitzt das Unternehmen folgende Qualifikationen:

- State-of-the-art-Kenntnisse mit Ausblick auf zukünftige Entwicklungen Anwendungs-Know-how,
- umfassende Erfahrung im Customizing von Anwendungen,
- systemtechnisches Know-how (z. B. für Umstellung auf C/S),
- Abschätzung der Auswirkungen von Anwendungsänderungen auf Systemverhalten (Managen des Risikos),
- Serviceerfahrung,
- kritische Mitarbeiterzahl,
- Know-how zu angrenzenden Gebieten,
- stabile, flächendeckende Infrastruktur (z.B: Customer Call desk),
- internationale Präsenz,
- one-stop-shop (»alles aus einer Hand«).

Leistungsangebot:

Anpassung der Anwendung an Systemumgebung, geänderte Vorschriften:
- Ablaufgewähr bei Plattform-Upgrade (für SNI-Plattformen)
- Herstellung der Ablauffähigkeit bei Fremdplattformen (Zusatzpreis)
- Anpassung an gesetzliche, tarifliche oder Normänderungen
- Anpassung an geänderte Betriebsparameter, wenn ohne Funktionsumfang möglich
- regelmäßige Durchsprache von Anwendungsanforderungen (»Beratervertrag«)

Angebotsbedingungen:
- Definition der SNI-Plattform (SNI-Produkte, die zum Ablauf der Anwendung benötigt werden
- Definition der im Festpreis enthaltenen Änderungen durch Vorschriften (z. B. Postleitzahlen)
- individuelle Festlegung von möglichen Betriebsparameter-Anpassungen

Preis:
- Festpreis bei individuell definiertem Leistungsumfang
- sonst nach Aufwand

Quelle: Siemens Nixdorf

Abbildung 49: Applications Management – Stufe 2: Anpassung

Leistungsangebot:

Funktionale Weiterentwicklung der Anwendung:
- Funktionserweiterungen
- Leistungsverbesserungen
- Modernisierung der Anwendung (Oberfläche, Programmiersprache)
- Umstellung auf neue Plattform (Client/Server)

Angebotsbedingungen:
- Machbarkeitsanalyse

Preis:
nach Aufwand

Quelle: Siemens Nixdorf

Abbildung 50: Applications Management – Stufe 3: Weiterentwicklung

Abbildungsverzeichnis

Die Autoren

Cunningham, Peter A., geboren 1943, Studium der Physik am Imperial College, London; M.P.A. (Technology of Management) an der American University, Washington, D.C. Zwischen 1964 und 1974 für ICL im Bereich Systemsoftware-Entwicklung und für C-E-I-R in den USA im Bereich Systementwicklung und -management tätig sowie bei Management Science Amerika für DV-Projekte im öffentlichen Sektor und im Industriesektor verantwortlich. Peter A. Cunningham war eines der Gründungsmitglieder und Präsident von J.W. Goodhew and Associates, Inc., einer IT-Beratungsfirma, die auf die Fertigungsbranche und den Behördensektor spezialisiert ist. Seit 1974 Gründer und Präsident von INPUT, einem weltweiten Marktforschungs- und Beratungsunternehmen für Anbieter und Kunden von IT-Services. Peter A. Cunningham ist Mitglied der Britischen Computer Society und der Worshipful Company of Information Technologists.

Fröschl, Friedrich, geboren 1951, Dr. rer. nat., Studium der Physik und Mathematik an der Universität Regensburg, 1975 Diplom und 1979 Promotion zum Dr. rer. nat. Von 1979–1981 Software-Ingenieur/Projektleiter Softlab GmbH, von 1981–1986 Übernahme der DV-Planung für Messerschmitt-Bölkow-Blohm GmbH (MBB) und Hauptabteilungsleiter für Informationstechnologie des Unternehmensbereiches Luftfahrt. Im April 1986 Wechsel zu Digital Equipment GmbH als Programm Manager für Büroinformationssysteme. Aufbau und Leitung des Großprojektzentrums, Leitung aller Kompetenz-/Projektzentren in Deutschland, 1989 dann Mitglied der Geschäftsleitung Deutschland. Ab 1991 alleiniger Geschäftsführer der Computer Sciences Corporation (CSC) in Deutschland und Mitglied des Europäischen Management Boards von CSC Europe, zusätzlich Geschäftsführer der neuen CSC-Outsourcing GmbH. Seit Januar 1995 Mitglied der Geschäftsführung der Siemens Nixdorf Informationssysteme AG und verantwortlich für den Bereich Business Services.